Herderbücherei INITIATIVE 10
Band 9510

Überleben und Ethik

Die Notwendigkeit, bescheiden zu werden

Herderbücherei INITIATIVE 10

Herausgegeben von
Gerd-Klaus Kaltenbrunner

Herderbücherei

Originalausgabe
erstmals veröffentlicht als Herder-Taschenbuch

Verlag Herder Freiburg · Basel · Wien
Freiburger Graphische Betriebe 1976
ISBN 3-451-09510-6

Inhalt

Vorwort des Herausgebers

Es ist heutzutage von so vielen Krisen die Rede – Krisen in den internationalen Beziehungen, Wirtschaftskrisen, Bildungskrisen, Krisen der Kirchen und so weiter –, daß es bisweilen schwerfällt, das Schlagwort Umweltkrise nicht für eine vorübergehende Modevokabel zu halten. Doch würde man mit solcher Bagatellisierung der Situation, in der wir uns befinden, wirklich gerecht? Mag die Weltgeschichte schon von jeher eine solche des Untergangs gewesen sein, so erscheinen manche zivilisationskritische Warnungen und Prognosen, die zum Teil schon vor mehr als einem halben Jahrhundert Georges Sorel, Ludwig Klages, Oswald Spengler und Friedrich Georg Jünger ausgesprochen haben, im Horizont der Erfahrungen unserer Zeit noch als zu wenig düster. Der seit zwei Jahrhunderten triumphierende Fortschrittsglaube – der Glaube an die unbegrenzte Machbarkeit aller Dinge und den Segen zunehmender Naturbeherrschung – ist unmittelbar nach seinen größten Siegen in eine tiefe Krise geraten, von der er sich kaum mehr erholen wird. Lange Zeit verdrängte Tatsachen und Erkenntnisse machen deutlich, daß die moderne wirtschaftlich-technische Entwicklung, die von Europa ihren Ausgang genommen hat, auf Grenzen gestoßen ist, hinter denen es nur mehr die Katastrophe gibt. Gegen die Berechnungen des „Club of Rome“ von 1972

sind manche begründete Einwände erhoben worden, doch die Grundaussage von den „Grenzen des Wachstums" blieb davon unberührt. Harte Tatsachen zwingen uns zu der Einsicht, daß wir vor wirklichen Grenzen stehen. Unabhängig davon, ob nun die Überlebenschancen der Menschheit bis zum Jahr 2000 oder noch etwas darüber hinaus reichen, gilt es für uns, die Erfahrung anzuerkennen, daß es überhaupt Grenzen gibt.
Wo 1950 zwei Menschen wohnten, werden es 1990 vier sein und um 2020 acht – in Mitteleuropa wohl weniger, doch in Indien, Ceylon, Südostasien und Lateinamerika vielleicht sogar sechzehn bis zwanzig. Der italienische Wirtschaftshistoriker Carlo Cipolla sprach angesichts dieses Trends von einer „Malthusschen Falle", die uns zu verderben droht. Eine über das Wachstum der Nahrungsmittelproduktion hinausgehende Bevölkerungsexplosion ist für weite Bereiche der Erde kein widerlegtes Theorem, sondern grauenhafte Wirklichkeit. Bereits heute lebt über ein Drittel der Menschheit in ständigem Hunger. – Mit diesen Entwicklungen geht einher der immer noch zunehmende Raubbau an den Mineral- und Energieträgervorkommen unseres Planeten, die Anreicherung der Luft mit schädlichem Kohlendioxyd, die Verseuchung der Böden und der Gewässer durch Pestizide und andere Chemikalien, die Zerstörung der Landschaften durch Industrialisierung, Zersiedelung und Massenverkehr sowie die galoppierende Liquidierung wild lebender Tierarten. In den ersten achtzehn Jahrhunderten unserer Zeitrechnung starb durchschnittlich alle 55 Jahre eine Säugetierart aus, in unserem Jahrhundert wird hingegen jährlich eine Art ausgerottet. Bereits vor Jahren sagte Rachel Carson einen „stummen Frühling" voraus, in dem keine Vögel mehr singen werden. Wie berechtigt diese Warnung gewesen ist, bestätigen die letzten Meldungen aus der Bundesrepublik und Italien.
Allmählich wird klar, daß eine Bewältigung der Umweltkrise nicht von einem emsigen Herumpfuschen an den momentan ärgerlichsten Symptomen und von einer bloßen Perfektion der herkömmlichen technischen Methoden zu erwarten ist. Es geht nicht nur um solche Detailfragen, wie man den Müll zweckmäßig beseitigt oder ob man die Naturschutzgebiete vermehren soll. Über Umweltkrise und Umweltschutz ist bereits viel geredet, geschrieben und veröffentlicht worden. Es gibt auch eine gewisse ökologische Betrieb-

samkeit, die höchst eigensüchtigen Interessen dient, und eine fatalistische Umweltapokalyptik, die nur Gerede mit Entlastungsfunktion ist[1]. Doch haben wir bereits den ganzen Umfang und die tieferen Gründe jener Krise erfaßt, die den Fortbestand des Lebens auf Erden zunehmend in Frage stellt?

„Die Verwüstungen, die der Mensch angerichtet hat, bringen die Naturbeziehungen durcheinander und zerstören das von der Natur eingerichtete Gleichgewicht...; und nun rächt sie sich selbst an dem Störenfried, indem sie ihren destruktiven Energien freien Lauf läßt... Die Erde ist nahe daran, für ihren vornehmsten Bewohner unbewohnbar zu werden; ein weiteres Zeitalter menschlicher Kriminalität und Kurzsichtigkeit – und sie wäre endgültig in einen Zustand herabgesetzter Produktivität, einer zerstörten Erdoberfläche, klimatischer Extreme versetzt, so daß allgemeines Elend, Barbarei, wenn nicht gar die Auslöschung der menschlichen Rasse die Folgen wären." Diese Worte stammen nicht aus dem Jahre 1976; sie wurden vor mehr als einem Jahrhundert von dem Amerikaner George Perkins Marsh geschrieben. Marsh sah hellsichtig voraus, „daß der Mensch Kausalketten in Gang zu setzen vermag, die das Antlitz der Erde derart verwüsten, daß es an den Mond erinnert"[2]. Auch sein Zeitgenosse, der französische Geograph Élisée Reclus, sah in der Verantwortungslosigkeit des Menschen gegenüber der Erde die Ursache des Untergangs der Zivilisationen.

Bereits vor dem Ersten Weltkrieg sagte Ludwig Klages in einem Vortrag, daß der zivilisatorische Fortschritt „wie ein fressendes Feuer" über die Erde hinfege, „und wo er die Stätte einmal gründlich kahl gebrannt, da gedeiht nichts mehr, solange es noch Menschen gibt". Der moderne Mensch habe sich „zerworfen mit dem Planeten, der ihn gebar und nährt"; in muttermörderischer Wut verheere er das Leben der Erde und damit die Grundlage seiner eigenen Existenz[3]. Die größenwahnsinnige Bezeichnung „Weltgeschichte" stehe nur für eine kurze „Unterbrechung des kosmischen

---

1 Vgl. Harald Sioli (Hrsg.): Ökologie und Lebensschutz in internationaler Sicht. Freiburg i.Br. 1973, S. 7.

2 Zitiert bei J. C. Cobb: Der Preis des Fortschritts. München 1972, S. 29.

3 Ludwig Klages: Mensch und Erde. Zehn Abhandlungen. Stuttgart 1956, S. 14, 21, 22f.

Verlaufs", die bald ihr Ende finden werde: „Es will uns scheinen, die Selbstzerfleischung habe mit so gewaltigen Stößen eingesetzt, daß schwer zu entscheiden sein möchte, was eher kommt: der Mensch als bewußtlose Maschine oder der Erdball ohne Menschen", „Untergang aller oder Automatisierung aller."[4]

Diese Beispiele beweisen, daß es an frühen Warnern nicht gefehlt hat. Die Entwicklung zur „Ökokatastrophe" war abzusehen. Doch bis weit in die sechziger Jahre unseres Jahrhunderts hinein wurden jene, die sich kritisch über die Gefahren des Fortschritts zu äußern wagten, als zivilisationsfeindliche Romantiker und Reaktionäre abgestempelt[5].

Heute sind die alarmierenden Zeichen allenthalben so sichtbar geworden, daß man von einer geschichtlichen Krise im Sinne Ortega y Gassets sprechen kann. Grundlegend neu an der gegenwärtigen Krise, die sowohl die Geschichte des Menschen als auch der Natur erfaßt hat, ist ihr planetarischer, im strengsten Sinne weltgeschichtlicher Charakter. Neu ist die Globalität der sich abzeichnenden Engpässe und Überbeanspruchungen, während die ökologischen Herausforderungen früherer Zeiten lokaler und partieller Natur waren. Die Krise ist total, weil sie nicht mehr durch ein Ausweichen in andere Landstriche oder durch technologische Palliative gemeistert werden kann. Sie erfordert eine fundamentale Umstellung unserer Art zu leben, zu denken und zu handeln. Sie erfordert eine neue Ethik.

Ethik kommt von *Ethos*. Dieses griechische Wort wird meistens, so auch in Kröners „Philosophischem Wörterbuch", mit Sitte, sittlichem Charakter, moralischer Gesinnung übersetzt. Diese Verdeutschungen sind modern, sie treffen nicht den ursprünglichen Sinn, der eine kosmische Aura hat. Ethos bedeutet nämlich Aufenthalt, Ort des Wohnens, den offenen Bezirk, worin der Mensch lebt, wohnt und sich aufhält[6]. Ethik wäre demnach das umsichtige Bedenken des Aufenthalts des Menschen und des einem menschlichen Wohnen entsprechenden Verhaltens.

---

[4] Ludwig Klages: Der Geist als Widersacher der Seele. Bonn [5]1972, S. 1222, 1204.

[5] Vgl. G. H. Schwabe: Zur Mechanik der Ökokatastrophe. In: Harald Sioli (Hrsg.), a.a.O. Anm. 1, S. 355–389; ders.: Fünfzig Thesen zur Umweltkrise. In: Scheidewege, Jg. 2, H. 1 (1972) S. 26–37.

[6] Vgl. Martin Heidegger: Über den Humanismus. Frankfurt a.M. 1975, S. 39ff.

Solche Besinnung auf den ursprünglichen Sinn von Ethos vermag den Weg zu weisen zu einer neuen Ethik, die nicht nur unser Verhalten zu unseresgleichen, sondern auch zu der uns tragenden und umgreifenden Natur bedenkt. Bereits Albert Schweitzer hat mit Nachdruck darauf hingewiesen, daß der große Mangel aller bisherigen Ethik darin bestehe, nur auf das zwischenmenschliche Verhalten bezogen zu sein. Es ist dies zumindest der Mangel der in der Neuzeit dominierenden westlichen Ethik. Sogenannten primitiven Gesellschaften war und ist der Gedanke durchaus vertraut, daß sie Biocoenosen, „Lebensgemeinschaften", sind, denen Menschen, Tiere, Pflanzen und als belebt vorgestellte Dinge in gleicher Weise angehören. Für die Zunis oder die Arapesch, mit denen uns die aufschlußreichen Bücher von Ruth Benedict und Margaret Mead bekannt gemacht haben, ist die Erde weniger ein Objekt von Ausbeutung und Herrschaft, sondern ein zu pflegender Garten. Theodore Roszak zitiert eine kalifornische Wintu-Indianerin, die das Naturverhältnis ihrer schamanischen Kultur mit der kainitischen Brutalität des weißen Mannes vergleicht: „Die Weißen haben sich nie um Land, Wild oder Bär gekümmert... Wir fällen die Bäume nicht. Wir benutzen nur trockenes Holz. Aber die Weißen ... fällen die Bäume und töten alles. Die Bäume sagen: ‚Tut es nicht. Es schmerzt uns. Verletzt uns nicht!' Aber sie fällen den Baum und zerhacken ihn... Wie kann der Geist der Erde den weißen Mann lieben? Wo immer der weiße Mann sie berührt hat, wurde sie wund."[7]

Beispiele wie dieses zeigen, wieviel ökologische Weisheit in den magisch-totemistischen Vorstellungen von Wildbeuter-, aber auch primitiven Feldbauer- und Tierzüchtergemeinschaften enthalten ist. Aufs stärkste abhängig von der Natur, insbesondere von den Lebensgewohnheiten der zu jagenden oder auch zu zähmenden Tiere, handeln diese „Wilden" mit einer verblüffenden Einsicht in die Notwendigkeiten biotischer Zusammenhänge. Dieses Gefühl einer geheimnisvollen Gemeinschaft alles Lebendigen, einer kosmischen Sympathie, war auch noch einer Hochkultur wie dem alten China vertraut. Wie abergläubisch die Gedankenwelt des *fêng-shui,* der die Wohnsitze der Toten mit denen der Leben-

[7] Vgl. Theodore Roszak: Gegenkultur. Düsseldorf – Wien 1971, S. 363f.

den in Einklang bringenden chinesischen Geomantik, uns auch erscheinen mag, auf jeden Fall hat sie zur außergewöhnlichen Schönheit der Landschaften, Straßen, Städte und Brücken des Reiches der Mitte beigetragen.

Die durch das Christentum möglich gewordene Befreiung des Menschen aus dem Bann eines magisch-mythischen Weltverständnisses hat die neuzeitliche Verwandlung der Natur in ein Objekt schrankenloser Ausbeutung zumindest mitbedingt. Bestimmend für die christlich geprägte Zivilisation des Westens ist die Idee einer absoluten Sonderstellung des Menschen gegenüber der Natur. „Bin ich denn meines Bruders Hüter?“ Die überheblich-brutale Haltung Kains bestimmte lange unser Verhältnis zur außermenschlichen Natur. In dem göttlichen Auftrag an den ersten Menschen: „Seid fruchtbar! Mehret euch! Füllet die Erde! Macht sie euch untertan!“ (Gen. 1,28), wollte man geradezu die Magna charta rücksichtsloser Naturbeherrschung und anthropozentrischen Hochmuts sehen, obwohl sich in der Bibel auch andere Stellen finden lassen, die dem Menschen ein weniger „imperialistisches“ Verhältnis zur außermenschlichen Umwelt nahelegen, etwa Gen. 2,15: „Der Herr Gott nahm also den Menschen und setzte ihn in Edens Garten, daß er ihn bebaue und pflege.“

Es ist angesichts der Drohung einer Ökokatastrophe die Grundfrage unserer Zeit, ob unter den Bedingungen einer wissenschaftlich-technologischen Zivilisation, die eine Rückkehr zu einem mythischen Naturverhältnis nicht zuläßt, Natur dennoch als Gegenstand ethischen Handelns, ja geradezu als Partner des Menschen begriffen und so etwas wie ein Recht auch des außermenschlichen Lebens begründet werden kann. Unsere Umwelt und wir selbst als Gattung werden nur dann überleben können, wenn nicht bloß halbherzige Ad-hoc-Maßnahmen ergriffen werden, sondern wenn es zu langfristiger Planung aufgrund einer neuen ökologischen Ethik kommt. Dazu bedarf es einer neuen Vision des Menschen, seiner Stellung und seiner Aufgaben in der Natur, einer neuen Sensibilität für die komplexen Bedürfnisse des Biosystems und eines neuen Denkens, das unsere Erde primär als Heimat und Haus *(oikos)* auffaßt, als „Wohnort“ (Carl Ritter) und „Erziehungshaus“ (Herder) des Menschen.

Eine solche kosmosfreundliche Ethik würde anerkennen, daß uns die außermenschliche Natur nicht nur Mittel, sondern möglicherweise auch Ziele geben könne. Sie würde die blinde Expansion einer selbstzweckartigen Naturbeherrschung als das durchschauen, was sie ist: als selbst noch naturwüchsig in einem barbarischen Sinne. Die emanzipatorisch-progressistische Annahme, daß zunehmende Herrschaft über die Natur abnehmende Herrschaft des Menschen über den Menschen ermögliche, ist uneinsichtig, da der Mensch selbst Teil der Natur und einbezogen in die Kreisläufe des Lebens ist[8].

Eine kosmosfreundliche Ethik, die nicht nur innermenschheitliche Nachbarschafts- und Gegenwartsethik, sondern eine die Biosphäre einbeziehende Umweltethik wäre, würde davon ausgehen, daß politisches Handeln, gesellschaftliche Planung und Rechtsschöpfung nicht länger allein von den aktuellen Bedürfnissen konkurrierender Gruppen oder dem Gegensatz zwischen Individuum und Gesellschaft ausgehen können. Sie wäre *re-ligio* in einem noch diesseits aller konfessionellen Besonderungen verstandenen Sinn und damit praktischer Widerspruch zu jener anthropozentrischen Sophistik, für die der Mensch das Maß aller Dinge ist. Sie wäre eine *Ethik der Grenze.* Als Ethik der Grenze würde sie nicht nur die zwar banale, obwohl häufig vergessene Tatsache reflektieren, daß unsere Erde endlich ist, sondern auch die geschichtliche Erfahrung, daß die unseren eigenen Fortbestand gefährdende Instabilität aller Lebensverhältnisse um so größer wird, je mehr wir uns als angeblich autonome, keine höhere Norm als die der Machbarkeit anerkennende „maîtres et possesseurs de la nature“[9] gebärden.

Ethik der Grenze ist jedoch nur der negative Aspekt dessen, was positiv *Ethik von Gesamtsystemen* heißen könnte. Eine solche Ethik würde durchaus auch einer christlichen Begründung fähig sein, insbesondere von einer Schöpfungstheologie her, die, mit Paul Schütz, in der Bewahrung der Welt das eschatologische Amt des Menschen erblickte. Doch darüber hinaus wird eine kosmosfreundliche Ethik auf vorchristliche Einsichten, Erfahrungen und

---

[8] Vgl. Robert Spaemann: Die Aktualität des Naturrechts. In: Naturrecht in der Kritik, hrsg. von Franz Böckle und Ernst-Wolfgang Böckenförde. Mainz 1973, S. 268f.

[9] René Descartes: Discours de la méthode pour bien conduire sa raison et chercher la vérité dans les sciences (1637), cap. 6.

Maßstäbe zurückgreifen müssen, auf das Denken der Vorsokratiker, des alten China und den Schatz ökologischer Weisheit, der sich, wie bereits kurz erwähnt, hinter so vielen Tabus außereuropäischer Kulturen verbirgt [10]. In dieser Hinsicht könnten die unterentwickelten Völker durchaus die weltgeschichtliche Aufgabe haben, die entwickelten zu zivilisieren.

Es gilt, eine ganze Reihe von Normen, Leitbildern und Hoffnungen zu begraben und unter den Trümmer- und Schrotthalden des Fortschrittsglaubens einige vergessene wieder zu entdecken. Wie nie in der Geschichte zuvor dazu verurteilt, die physischen Voraussetzungen unserer eigenen Existenz sicherstellen zu müssen, können wir nicht umhin, den anthropozentrischen Hochmut der Neuzeit abzulegen. Es gilt, bescheidener zu werden. Es gilt, zu erkennen, daß das, was wir Über-leben nennen, nur möglich ist als ein Unter-leben, als ein Leben in Ordnungen und gemäß Gesetzen, die wir nicht geschaffen haben, deren Ernst sich jedoch an den langfristigen Folgen ihrer Mißachtung einsehen läßt.

Der zehnte INITIATIVE-Band „Überleben und Ethik" will zu diesem notwendigen Umschwung unseres Denkens beitragen. Philosophen, Theologen, Mediziner, Biologen und Soziologen untersuchen die tieferen Ursachen, die zur gegenwärtigen Krise geführt haben, und entwerfen verschiedene Ansätze zu einer Therapie aus dem Geist einer ökologischen Ethik der Grenze und des Maßes. Diese Ethik ist nicht das Gegenteil einer Ethik der Freiheit. Freiheit ist nicht Maßlosigkeit. Freiheit ist immer Freiheit innerhalb von Grenzen und schließt ein: die Freiheit, sich Grenzen zu setzen. Albert Camus, der Philosoph des homme revolté, hat deshalb nicht nur Prometheus gehuldigt, sondern auch Nemesis, der Göttin des Maßes und der Grenze. Er meinte: „Ein Denken, das den Widersprüchen der Revolte unserer Zeit gerecht werden will, müßte eine Inspiration von dieser Göttin erbitten." [11] Nemesis ist freilich auch die Göttin des rächenden Schicksals, die Hochmut und Gewalttätigkeit unerbittlich straft. So erschreckend das Ausmaß der uns von einer Ethik der Grenze auferlegten Aufwendungen, Leistungen und Verzichte auch erscheinen mag, es wird noch um

[10] Vgl. Georg Picht: Die Wertordnung einer humanen Umwelt. In: Merkur, Jg. 28, H. 315 (August 1974).

[11] Albert Camus: Der Mensch in der Revolte. Hamburg 1953, S. 301.

ein Mehrfaches wachsen, wenn die fällige Wende weiter verzögert wird. Das Jahr 1975 hat uns darüber belehrt, daß trotz der weltweiten Beliebtheit des Wortes „Demokratie“ die Zahl der autoritären, totalitären und neo-cäsaristischen Systeme ständig zunimmt. Wer die im Hinblick auf das Überleben des Lebens notwendigen Opfer als unzumutbar ablehnt, ist mitverantwortlich, wenn die Bedingungen für ein menschenwürdiges Dasein in einer einigermaßen ausbalancierten Ökosphäre sich so weit verschlechtern, daß nur mehr bioprotektionistische Diktaturen glaubhaft die Sicherung des Überlebens – allerdings unter Opferung aller geschichtlich erworbenen Freiheiten – versprechen werden können.

„Die Menschen eignen sich für die bürgerliche Freiheit in genauem Verhältnis zu ihrem Willen, ihrem eigenen Appetit moralische Fesseln anzulegen. Die Gesellschaft kann nicht existieren, ohne daß irgendwo eine Bremse des ungezügelten Willens und des Appetits eingebaut wird, und je weniger die Menschen selbst in ihrem Innern darüber verfügen, desto mehr muß sie ihnen von außen auferlegt werden. Es ist in der ewigen Ordnung der Dinge beschlossen, daß Menschen mit ungezügeltem Charakter nicht frei sein können.“

Burke hat diese Sätze lange vor der Heraufkunft der Umweltkrise geschrieben. Dennoch bekräftigen sie jenes Ethos der Selbstbegrenzung, ohne daß unsere Hoffnung auf Überleben eitel ist. Es geht um den Ausgleich der immerwährenden Spannung zwischen Prometheus und Nemesis, zwischen Welteroberung und Weltbewahrung. Dieser Ausgleich ist nur möglich, wenn es dem Menschen gelingt, auch die außermenschliche Natur als Gegenstand ethischer Verantwortung und sich selbst als Hüter einer Pflegschaft zu verstehen, die er möglicherweise allein sehen kann, aber nicht geschaffen hat.

Die durch Jahrtausende verbreitete Überzeugung, daß Flüsse, Berge, Wälder und Seen eine Seele haben, ist weniger abergläubisch als der Wahn, daß knapp zwei Jahrhunderte moderner Technik uns dazu berechtigen, uns zu rücksichtslosen Herren der Erde aufzuspreizen.

Der Herausgeber

RUDOLF ZIHLMANN

Auf der Suche nach einer kosmosfreundlichen Ethik

Die Nachrichten über die Bedrohung unserer Umwelt häufen sich. Große Ströme sind bereits biologisch tot. Das gleiche Schicksal greift auf die Meere über. Die Ausrottung ganzer Tierarten ist eine Frage der Zeit. Weite Landstriche sind zu künstlichen Wüsten geworden. Die architektonischen Bestände werden verdrängt von kalten Konstruktionen, die sich durch wuchernde Zellteilung zu vermehren scheinen. Fast täglich lesen wir Meldungen wie diese:
„Rund zwanzig Millionen Tonnen Staub, Ruß, Giftstoffe und Abgase aller Art werden in der Bundesrepublik in einem Jahr in die Luft geschleudert, eine Menge, mit der 800 000 Güterwagen beladen werden könnten.“ [1]
In solchen Nachrichten erreichen uns Antworten besonderer Art, Antworten in einer bedrohlichen Sprache der Natur und in einer ebenso bedrohlichen Sprache der vom Menschen geschaffenen Welt. Vereinfacht könnte man sagen: „Wie man in den Wald ruft, so tönt es zurück.“
In diesen Antworten der Außenwelt wird ein Urteil über den Menschen gesprochen, ein Urteil nicht nur über seine Techniken, Methoden und Pläne, mit denen er der Natur und der Materie gegenübertritt, sondern vor allem und zuerst ein Urteil über seine innere Gesinnung und Gesittung, das heißt: über sein Ethos im tiefsten Sinne.

Wenn gesagt wird, daß die gefährdete Außenwelt ein Urteil über uns spricht, so betrifft dieses Urteil nicht nur moralische, sondern vor allem auch Seinsqualitäten. Wir werden nicht bloß als moralisch Handelnde vor die Schranken geführt, sondern in erster Linie als Da-seiende, als eine Ganzheit, als Mensch. Dies sei gesagt, weil die Gefahr besteht, daß die Frage nach der Ethik des Überlebens bei moralischen Gesichtspunkten anhebt und sich dabei in vordergründigen Erwägungen verliert. Das Ethos gehört zwar zum tragenden Grund des Lebens und ist sozusagen eine der Eigenschaften des Kosmos selbst. Was jedoch in der Sprache des Alltags unter Moral oder Ethos verstanden wird, besitzt gewöhnlich nicht den Tiefgang und die Ursprünglichkeit, die der Moral oder dem Ethos eigentlich zukommen sollten, sondern ist zumeist verwoben mit oberflächlichen Konventionen und mit der Schwerkraft des tatsächlich Geübten oder eben nicht Geübten. Deshalb kann uns der Appell an die „Moral" auch bei unseren nächsten Schritten vorerst nicht weiterhelfen.

Eine Tagebuchnotiz von Sigmund Freud

Das Bewußtsein, daß die Umwelt antwortet und uns einen Spiegel vorhält, ist heute im Wachsen begriffen. Der Lernprozeß, den wir, in diesen Spiegel blickend, antreten müssen, ist lang und beschwerlich. Und es gehört zu den guten Vorzeichen, daß heute vermehrt auch Wissenschaftler sich diese Einsichten zu eigen machen. Für Joachim Illies sind Innenwelt und Umwelt aufeinander bezogen wie zwei sich ergänzende Aspekte eines Ganzen: „Die sterbenden Wälder und die stinkenden Flüsse geben gewissermaßen ein letztes Notsignal, halten uns einen Spiegel vor für das, was in uns an Wäldern gestorben ist, an Flüssen stinkt."[2]

Das neuartige „Spiegelgleichnis", das uns hier vor Augen geführt wird, kann unerwartete Früchte tragen, weil es uns in Zusammenhänge einzuführen vermag, die – zum Urwissen der Menschheit gehörend – seit langer Zeit verschüttet sind, wie so vieles, was der auszehrenden und zugleich rasanten „Logik der Verdinglichung", die uns zu beherrschen sucht, nicht entspricht.

1938 trägt Sigmund Freud folgendes in sein Tagebuch ein:

„Räumlichkeit mag die Projektion der Ausdehnung des psychischen Apparates sein. Keine andere Ableitung wahrscheinlich.“
Das Zitat findet sich in einer Schrift des Religionsphilosophen Leopold Ziegler, die 1951 erschien und aktueller ist denn je[3]. Ziegler gehört in die erste Reihe der Deuter unserer Zeit. Die „neue Wissenschaft“, von der er spricht, ist die Naturwissenschaft der Neuzeit und ihre Methode, mit der sie die Natur erklärt, beherrscht und nutzbar macht. Ziegler stellt fest einen Zuwachs an Außenwelt und einen Schwund an Innenwelt. Das große Übergewicht der raum-zeitlich ausgedehnten, meß-, zähl- und wägbaren Gegenstände führe zu einer kosmologischen Gleichgewichtsstörung, zu einem Verhängnis von weltgeschichtlichem Ausmaß. Die verwaiste Ideenwelt vermöge den Wettbewerb mit der Außenwelt nicht mehr aufzunehmen. Die stellenlos gewordene Innenwelt wandert vom Ich zum Es ab. „Verlarvt... kehren nunmehr die veräußerten Innenwelten unfehlbar wieder.“ Während der Mensch nach außen die Welt als Usurpator behandelt, verliert er, „innerlich ein Anarchist, ja Nihilist, fortschreitend jede Fähigkeit, die Welt und sich nach Zwecken, Zielen, Werten sinngemäß zu ordnen“ (S. 82ff.). Räumlichkeit ist danach eine Projektion der Psyche, eine unbewußte Verauswärtigung der Tiefenseele. Raum ist ein „Hinauswurf“ aus der unbewußten Innenweltlichkeit der Seele (S. 122ff.).
Wir dürfen also Innen- und Außenwelt nicht länger als voneinander getrennte Größen behandeln, etwa im Sinne: innen ist das Reich der Subjektivität, außen das Reich des Objektiven. Vielmehr sind Innen und Außen, Mensch und Umwelt, korrespondierende, und das will sagen: einander antwortende Größen.

Der verlorene Kosmos

Wenn die Außenwelt eine auseinandergefaltete Innenwelt darstellt, vermögen wir in der Außenwelt eine Bestandsaufnahme der inneren Welt vorzunehmen. Eine solche „Inventur“ setzt allerdings voraus, daß wir den Gedanken an Zwecke ausschalten. Ein Falter, ein Kristall, eine Blume haben *kein* Wozu und *kein* Wofür. Sie stellen sich selber dar, und in dieser Darstellung geben sie uns Einblicke in den Seinsgrund. Der Kosmos offenbart sich in diesen und in zahllosen anderen Gestalten. Jeder Falter ist gleichsam ein Fenster, das uns Einblick gewährt in die Tiefen des Seins. Dasselbe gilt für den Kristall, die Blume, den Baum und für alles, was die Schöpfung an Formen und Gestalten vorzeigt; in diesem Sinne spricht Novalis von den „Figuren, die zu jener großen Chiffernschrift zu gehören scheinen, die man überall, auf Flügeln, Eierschalen, in Wolken, im Schnee und Kristallen und in Steinbildungen, erblickt“[4].

So müssen wir auch die künstlichen Landschaften, die der Mensch in Raum und Zeit hineinstellt, Städte wie Maschinen, von einem zwecklosen Standort aus betrachten, als seien es Geschöpfe der Natur. Nur so zeigen sie uns ihr wahres Wesen und den Zusammenhang, aus dem sie stammen, die Eigenart ihrer geistigen Herkünfte.

Was nimmt ein wacher Sinn wahr, der von einem alten Stadtteil in eine der neuen Vorstädte wandert, wie sie in den letzten Jahrzehnten hundertfach entstanden sind? Zuerst einmal einen rapiden Wechsel des substantiellen Klimas. Der Weg führt vom Gestalthaften ins Ungestalte. Den Schauplätzen schwingender Rhythmen und spielender Spannungsbögen, die den Eindruck organischen Wachstums vermitteln, folgen die antlitzlosen Monotonien in Beton und Glas, folgt die lärmende Verstraßung. Mit Recht spricht man hier von Agglomerationen, Anhäufungen. Die Architektur hat das Feld geräumt, hat es dem Geist der Langeweile überlassen und seinen amorphen Konstruktionen. Es sind Psychogramme einer erblindeten Imagination, Materie gewordene Alpträume des Entwerdens.

Der suchende Sinn ertastet hier kaum einen Ort der Ruhe, kaum eine Oase des Lebens in diesen künstlichen Wüsten. Wir sind Zeugen einer Verödung des Raumes, aber auch der Zeit, und zwar einer Verödung, die vom Innern des Menschen ihren Ausgang nimmt. Dazu gehört das Gefühl, man bewege sich, trotz der Ballung von Materie, in unwirklichen Kulissen, das Gefühl, die Wirklichkeit habe sich zurückgezogen und habe Raumprothesen hinterlassen. Ort und Zeit als lebendige Größen sucht man hier umsonst, und wenn es ein Leiden des Raumes und ein Leiden der Zeit gibt, dann wäre der Ort dieses Leidens hier zu suchen, in diesen Hades-Landschaften, die uns zu den ersten Stufen der

Lagerhaltung des Menschen hinführen (wir haben inzwischen auch die folgenden kennengelernt...)
Es ist eine Welt ohne Kosmos, der wir hier begegnen, eine Umwelt, die entstanden ist ohne „kosmische Einwirkung" und ohne die Maßstäbe, die der wache und erkennende Mensch im Geist der Schöpfung vorfinden kann. Eine Welt ohne Kosmos ist zugleich eine Welt ohne Maßstab, ohne innere Struktur, ohne Nomos, ohne inneres Gesetz. Es ist eine anomische Welt, die uns hier begegnet. Das Wort *anomos* im Sinne von gesetzlos ist schon bei Hesiod zu finden. Durkheim hat das Wort *Anomie* in der Soziologie in Umlauf gebracht. Es bezeichnet das Klima einer entstalteten und entwirklichten Welt, wie wir sie geschildert haben.
Wenn wir von Anomie sprechen, sagen wir eigentlich zuwenig. Es handelt sich nicht bloß um einen Mangel an kosmischen Strukturen, nicht bloß um das Fehlen eines inneren Gesetzes. Daß die Gesetze des Staates sich ständig vermehren, widerspricht dem Gesagten nicht; im Gegenteil. Vielmehr besitzt die Außenwelt, wie sie unsere Landschaften prägt und wie sie auch auf die gewachsenen und organischen Bestände übergreift, eine kosmos-feindliche, eine geradezu „ent-kosmisierende" Tendenz. Dem Angriff fallen die anspruchsvolleren Strukturen, Ausformungen und Rhythmen in der Zeit wie im Raume zum Opfer. Dem entstaltenden Sog, der von diesen Beständen ausgeht, kann sich auch der Mensch nicht entziehen. Auf ihn und seine Innenwelt wirken diese Bestände nicht nur anomisch, sie werden also nicht nur als Mangel empfunden, sondern sie wirken als eine den Nomos auszehrende und in diesem Sinne als eine nomophagische Macht.
Zum nomophagischen Raum und zur nomophagischen Zeit gehört nicht nur die Feindschaft gegen den Kosmos. Zur Verschlossenheit dieser künstlichen Welt gehört auch eine untergründige Neigung für das Termitenhafte, für mechanische Disziplinierungen und sektenhafte Zusammenschlüsse, teils unter ideologisch-politischem Vorzeichen, teils unter dem des offenen Terros. Zerstörung und Selbstzerstörung gehen bei den Minderbrüdern des Abgrundes, denen wir heute auf vielfachen Wegen begegnen, ineinander über. Ihnen allen ist das eine gemeinsam: der Aufruhr gegen alles Vorbildhafte, wie immer dieses legitimiert werde, letztlich der Aufruhr gegen den Kosmos selbst.

Der abwesende Mensch

In der Außenwelt wird also ein Inneres, in der „Veräußerung" eine Innenwelt sichtbar. Das Lebensbedrohende, dem wir auf Schritt und Tritt begegnen, nimmt seinen Anfang also nicht in einem Draußen, sondern in uns selbst. Es ist die „Verauswärtigung" eines inneren Wesenszuges. Was wir in der Außenwelt wahrnehmen, läßt also Rückschlüsse zu auf die Beschaffenheit ihres Herstellers: des Menschen. Das rational Konstruierte, kühl Festgestellte, das Verhärtete und zugleich Willensmäßige, das als beherrschender Wesenszug unsere künstlichen Umwelten kennzeichnet, ist zugleich auch eine Charakterisierung der inneren Eigenschaften und der psychischen Struktur des Menschen. Was uns auffällt, ist das Primitive dieser Konstruktionen, verglichen mit den Schöpfungen der Natur, einem Baum etwa, einem Fruchtstand, einer Vogelfeder. Was wir vor allem wahrnehmen, ist ein Manko: das Verstummen der Symbolsprache, der Sprache also, die auch ein Menschenwerk im Universalen zu verankern vermag.
Ist der Mensch in dieser Welt ohne Kosmos überhaupt noch anwesend? Besitzt er in ihr noch eine Gegenwart? Sind die möglichen „Farben" seiner Anwesenheit unter seinen harten Zugriffen nicht allmählich erloschen? Die Frage nach der Anwesenheit des Menschen ist verknüpft mit der *Idee der Repräsentation.* Bis in die Neuzeit hinein sah sich der Mensch eingebettet in das kosmische Ordnungsgefüge. Er sah sich als Geschöpf unter Geschöpfen, als kleinen Kosmos im großen, umgreifenden Kosmos. Erkennen war vor allem ein Empfangen, ein lebendiges Abbilden, der dynamische Vorgang eines Angleichens der Erkenntniskraft an die Erscheinungen draußen. Erkennend ahmte der Mensch das zu Erkennende nach. Erkenntnis war um Einlaß werbende Begegnung, war Nachahmung, *Mimesis.* In diesem nachahmenden Gestus verbarg sich das Geheimnis der Gestalt, und so war der Mensch Repräsentant der kosmischen Ordnung. So galt er als *capax universi,* als befähigt, das Universum wahrzunehmen, ein lebendiger Spiegel des Kosmos zu sein. Kosmos wird hier nicht im Sinne der Wissenschaften verstanden, sondern vor allem als Inbegriff der überaus reich orchestrierten Schöpfung, als ein Universum voller Symbole, eine qualitative Unendlichkeit: Kleid und

Umschwung Gottes. „Innen“ und „außen“ wurden nicht als endgültig geschieden betrachtet.
Die Ströme dieser kosmischen Erfahrung verlieren sich in der Neuzeit, und damit verliert der Mensch seine ursprünglichen Beziehungskräfte. Das großangelegte Werk, das Thomas von Aquino im hohen Mittelalter schuf, wurde später zum Steinbruch für trockene Begrifflichkeiten. Dies ein Bespiel für viele. Paracelsus, ein Zeitgenosse von Luther, beschwört noch einmal die Beziehungskräfte des Menschen und seine ursprüngliche kosmische Verbundenheit. Von ihm führt auch eine geistige Brücke zur Tagebuchnotiz von Sigmund Freud; wie wir gesehen haben, bezeichnet Freud die Räumlichkeit als eine Projektion der Psyche. Paracelsus sagt, geleitet von derselben Intuition: „Ein Zimmermann ist ein Samen seines Hauses. Wie er ist, so wird auch sein Haus. Denn seine Imagination macht das Haus.“[5]
Aus diesem Geiste einer wahrhaft umfassenden und humanen Ökologie (*oikos* = Haus) müßte ein neues Ethos der Gestalt entwickelt werden – ein Ethos, geboren aus und eingeübt in der Begegnung mit dem Gestalthaften auch und vor allem in der außermenschlichen Natur, geboren aus dem verehrenden und schonenden Umgang mit diesen Gestalten. In diesem Umgang können wir auch erkennen, daß die unbewußte und sozusagen vegetative Intelligenz dieser Gestalten auf eine Weise feiner organisiert ist als das, was menschliche Intelligenz, auf sich selbst gestellt, zumeist hervorbringt. In dieser verehrenden Begegnung vermag auch die innere Bildwelt des Menschen sich zu erneuern – die aus dem Verborgenen heraus wirkende und steuernde Kraft der Imagination.
Es kann nicht übersehen werden, daß in der christlichen Theologie und Moral auch eine machtvolle kosmos- und naturfeindliche Grundströmung wirksam wurde, eine Grundströmung, die sich in der Folge auch den verschiedenen Spielarten des säkularisierten Geistes mitteilte. Der menschliche Eifer, Gott als den absoluten und von seiner Schöpfung zu trennenden Allherrscher zu verkünden, hat den Kosmos in den Augen des Menschen entwertet, hat ihn zur „bloßen Materie“ werden lassen, zu jener Erde, die sich der Mensch vor allem untertan zu machen hat. Hinzu kam eine ebenfalls völlig „unkosmische Moral“, geprägt von einer verdinglichenden Gesetzlichkeit, eine Moral ohne menschliches Profil.

Ist es nicht so – wiederum eine Fragestellung von Leopold Ziegler –, daß die Idee eines Gottes ohne Kosmos *(Theos Akosmos)* notwendigerweise zur Idee eines Kosmos ohne Gott *(Kosmos Atheos)* führte? Zu einer Moral auch, die im Kosmos nicht das erhabene Kleid der Gottheit sieht, sondern wiederum „bloße Materie", Objekt grenzenloser Zwecksetzungen und grenzenloser Nutzung. Begegnen wir hier nicht wiederum, von einer anderen Seite her, jenem „rätselhaften Drang, die Welt in ihrer prangenden Erscheinungsfülle geringer zu veranschlagen als vordem"[6].

Ethos als lebendige Gestalt

Die gerechte Verteilung der Güter dieser Erde wird vordringlich bleiben. Und doch kann dieser Gesichtspunkt nicht allein maßgebend sein. Wir wissen, daß die Rohstoffe nicht unbeschränkt vorhanden sind und daß sie auch für den produzierenden Teil der Menschheit einmal zur Neige gehen.
Ein Ethos des Überlebens hat daher nicht nur den Gesichtspunkt der ausgleichenden Gerechtigkeit, sondern den bisherigen Sozialbegriff überhaupt zu sprengen. Die bisherigen Versuche, das „Reich des Menschen" aufzurichten, stoßen an Grenzen. Diese Versuche standen unter dem Vorzeichen eines autonomen Willens und einer autonomen Vernunft. Wir sehen heute, daß dieser Weg unsere eigenen Lebensgrundlagen bedroht und zutiefst in Frage stellt. Der Mensch kann sich nicht länger als alleiniger Teilhaber und socius der Errichtung einer gerechten Ordnung zuwenden. Die Maßstäbe, die er sich für das Werk seiner autonomen Vernunft selber gesetzt hat, reichen nicht aus. Diese Maßstäbe kehren sich heute vielmehr gegen den Menschen selbst; sie drohen sein eigenes Werk zu zerstören.
Der bisherige anthropozentrische Begriff des Sozialen hat sich als zu eng erwiesen. Dieser Begriff muß aufgesprengt werden. Sinnkreis und Horizont des menschlichen Daseins müssen neu geöffnet werden auf die *ganze Erscheinungsfülle des Lebens* hin. Den Gestalten des Lebens und der Materie selbst in allen ihren Erscheinungsformen ist auf eine neue Weise Einlaß zu geben in die menschliche Ökumene. Wir können nicht mehr länger so tun, als

ob der Weltstoff unendlich wäre und als ob es noch einen weiten Wilden Westen gäbe, in den der Mensch ausweichen könnte.
In der Umbesinnung, die notwendig geworden ist und die sich auch von außen her aufnötigt, hat sich der Mensch auf eine neue Weise dem Universum, das auch ihn trägt und ernährt, zuzuwenden. Er ist diesem Universum solidarischer verbunden, als er glaubt. Diese neue Zuwendung läßt sich nur verwirklichen, wenn die Kräfte der Wahrnehmung, die in uns lahm und blind geworden sind, zu neuem Leben erweckt werden.

Von der Notwendigkeit einer ökologischen Ethik

Ethik ist die Wissenschaft vom lebendigen Verhalten des Menschen. Zu diesem lebendigen Verhalten gehört, Antwort zu empfangen und Antwort zu geben, gehört die Beziehungskraft, die wir als Verantwortung bezeichnen. Martin Buber spricht einmal von der „dialogischen Gewalt der Situation“, in der ein lebendiges Ethos sich verwirklicht.
Wir haben vom Aufsprengen des bisherigen Begriffs des Sozialen gesprochen und vom Einbeziehen auch der außermenschlichen Natur, des Kosmos, in den Sinnkreis des Humanen. Dadurch erfährt das, was als human gilt, weil es ebenfalls zur Lebensgenossenschaft des Menschen gehört, eine Ausdehnung auf neue Beziehungsfelder, einen Zuwachs an Qualität. In dieser Zuwendung erweitert sich auch das Wirkfeld des Ethos. Es drängen sich neue Dimensionen des Gewissens – der *conscientia* – hinzu. Dies gilt in verschiedener Hinsicht. Wird der Raum nicht bloß als eine ausgedehnte Sache verstanden, sondern als besondere Qualität, gibt es hinfort auch ein Raumgewissen und eine entsprechende Verantwortung; so wie es auch ein Zeitgewissen und eine entsprechende Verantwortung gibt. So kehren wir aus den Verstiegenheiten unserer abstrakten Absenzen zurück zu den konkreten Gestalten. Wir kehren zurück in die Welt als Ereignis. Der Umgang mit dem Gestalthaften nimmt selber die Weise des Ereignisses an. Gestalthaft ist auch der Weg, den ein jeder als sein eigener zu finden, zu erkämpfen und zu „erleben“ hat. Die lebendige Gestalt entwirft je und je aus sich selbst heraus das Gestalthafte in einem gleichsam

mimetischen Schöpfungsakt. Wo lebendige Raum- und Zeitgestalt in eins fallen, wo wir dem Ereignis hier und jetzt seinen Ort einräumen und seine Zeit gewähren, da tritt das Ethos hervor aus der Erstarrung des Gesetzes und des Buchstabens – da wird Ethos zur lebendigen Gestalt, und da gewinnt das Ethos seine ursprüngliche Dynamis zurück.

Wenn heute von der pluralistischen Gesellschaft gesprochen wird, tun wir gut, uns klarzusein darüber, daß dieser Pluralismus nicht ein natürliches Ergebnis darstellt, sondern vor allem ein Sichabfinden mit historischen Tatsachen. Der abendländische Geist ist seiner vorherrschenden Struktur nach nicht geeignet, die Vielfalt von Gestalten zu erfassen und diesen Gestalten eine glaubwürdige Legitimation zu geben. Das unableitbar Gestalthafte und die „Vielstimmigkeit" des Kosmos überfordern die herkömmlichen Denkformen. Die Vielstimmigkeit des Gestalthaften kann nur von einer Lehre des Lebendig-Konkreten, nur von einer „Philosophie der Leiblichkeit" seinsgerecht verstanden werden. Und in den Mittelpunkt einer solchen Philosophie gehört notwendigerweise die Lehre vom lebendigen Verhalten des Menschen, die Ethik einer lebendigen Gestalt und als ein lebendig Gestalthaftes.

Nicht das Gleichgewicht des Schreckens verbürgt uns das Überleben. Soweit die Frage des Überlebens überhaupt an den Menschen gestellt werden kann, ist die Antwort in einem Gleichgewicht ganz anderer Art zu suchen. Wir können es das kosmische Gleichgewicht nennen – ein lebendiges Gleichgewicht zwischen dem Menschen und der Schöpfung, in der er lebt, ein dialogisches Gleichgewicht lebendiger Gestalten, in das auch die Außenwelt einbezogen wird. Ein Gleichgewicht, wie es herauszuwachsen vermag aus dem Ethos einer gleichsam kosmischen Ökologie.

Anmerkungen

1 Neue Zürcher Zeitung Nr. 93, 23. 4. 1975, S. 7.
2 Joachim Illies: Umwelt und Innenwelt, Herderbücherei. Freiburg i.Br. 1974, S. 116.
3 Leopold Ziegler: Neue Wissenschaft. München 1951, S. 120.
4 Novalis: Die Lehrlinge zu Sais.
5 Zitiert aus Remo Buser: Ausdruckspsychologie. München – Basel 1973, S. 36.
6 Leopold Ziegler: Überlieferung. München 1948, S. 470.

HANS SACHSSE

Der Mensch als Partner der Natur

Überlegungen
zu einer nachcartesianischen Naturphilosophie
und ökologischen Ethik

Ist die Natur beseelt?

Der moderne Mensch ist der Natur gegenüber in eine paradoxe Situation geraten: Unseren Naturwissenschaften verdanken wir ein ständig vermehrtes Wissen von der Natur, gleichzeitig aber scheinen die Verbundenheit mit der Natur und das Verständnis für die Natur mehr und mehr abhanden zu kommen. Wir müssen uns heute fragen, ob wir uns der Natur gegenüber richtig verhalten. Mit dem bisherigen Konzept von der Beherrschung der Natur sind wir in eine Sackgasse geraten; wir stoßen auf ernste Grenzen, ja es bestehen begründete Befürchtungen, daß sich die Natur sozusagen rächen könnte für das, was wir ihr angetan haben. Und nicht nur zur Natur als Umwelt, sondern auch zur eigenen Natur, zur naturhaft-physiologischen Bedingtheit des eigenen Körpers steht der moderne Mensch verquer. Wir traktieren uns mit Wirkstoffen zur Anregung und Beruhigung, wir bremsen und steuern mit Hormonen das Fortpflanzungsgeschäft, wir haben es verlernt, die Sprache der vegetativen Funktionen unseres Körpers zu verstehen, und behandeln dieses komplizierte Gefüge herrisch und verständnislos mit Leistungsansprüchen und treiben es voran wie einen störrischen Esel. Die Folge sind Zivilisationskrankheiten, Herzin-

farkte, Neurosen, Hysterien oder – weniger auffällig, aber nicht ungefährlicher – Verlust ausgeglichenen Urteils, inadäquate Reizbarkeit und Frustrierbarkeit und auch Mangel an Fingerspitzengefühl und Intuition. Aber auch wenn wir unseren Körper schlecht behandeln und ihn nur noch als Lust- und Leistungsmaschine verstehen, so wird er trotzdem niemals aufhören, unsere höheren geistigen Funktionen zu beeinflussen, er kann sich – wenn bildliche Sprache erlaubt ist – für schlechte Behandlung recht hinterhältig rächen. Wir müssen uns fragen: Ist unser Verhältnis zur Natur und unser Verhalten der Natur gegenüber noch natürlich?
Unser heutiges Naturverständnis ist weitgehend vom Christentum geformt worden und hat dann, mit dem Anbruch der Neuzeit, durch die Philosophie Descartes' seine bestimmende Prägung erhalten. In pointierter Weise hat sich hierzu der Theologe Friedrich Gogarten geäußert. Die Welt, der Kosmos der Griechen, sei für den vorchristlichen Menschen die letzte göttliche Wirklichkeit gewesen. Es heißt weiter: „Es ist die geordnete, im Gesetz verfaßte Welt, von der der christliche Glaube frei macht.“[1] Bei dem Pauluswort „Alles ist erlaubt, aber nicht alles ist zuträglich“ (1 Kor. 10,23) sei „erlaubt“ zu verstehen „im Sinne des Machthabens zur eigenen Entscheidung... Und zwar in bezug auf ‚Alles‘. Nämlich alles, was der Mensch in der Welt, in ihren Beziehungen und Ordnungen tut.“[2] Damit ist die Welt dem Menschen vollständig zu seiner Verfügung in die Hand gegeben. Auch in der pastoralen Konstitution des Zweiten Vatikanums „Kirche und Welt“ wird der Begriff der Natur, der in dem der Welt mitenthalten ist, sehr wenig gewürdigt. Dort heißt es: „Der nach Gottes Bild geschaffene Mensch hat ja den Auftrag erhalten, sich die Erde mit allem, was zu ihr gehört, zu unterwerfen und die Welt in Gerechtigkeit und Heiligkeit zu regieren.“[3] Es sei offenbar, „daß der Mensch auf Erden die einzige von Gott um ihrer selbst gewollte Kreatur ist“[4]. Wir wollen hier die Frage offenlassen, ob die christliche Offenbarung nur diese Interpretation zuläßt – immerhin hat es auch den heiligen Franz von Assisi gegeben, der die Tiere und Gestirne seine Geschwister genannt hat. Aber in seiner historisch maßgebenden Gestalt hat das Christentum die Natur abgewertet, sie als seelenlos oder gar als Versuchung zur Sünde bezeichnet und primär als das Objekt menschlicher Bearbeitung verstanden.

Die Auffassung von der Natur als dem seelenlosen Stoff in des Menschen Hand hat in der mechanischen Naturphilosophie Descartes' eine Zuspitzung erhalten. Die Natur versteht Descartes als die res extensa, als das Ausgedehnte, als eine Zusammenfügung mechanischer Teile. Die Tiere bezeichnet er als kunstvolle Automaten[5], und von der Herztätigkeit heißt es, daß sie mit der gleichen Notwendigkeit erfolge, wie der Mechanismus einer Uhr aus Kraft, Lage und Gestalt ihrer Gewichte und Räder erfolge. Descartes spürt die weittragende praktisch-technische Fruchtbarkeit seines mechanischen Modells: die Natur als Stoff in der Hand des Menschen als Konstrukteurs! In seiner Schrift vom richtigen Vernunftgebrauch schreibt er, daß seine Methode uns zu „Herren und Besitzern der Natur" machen werde, und er erwähnt in diesem Zusammenhang bereits die medizinisch-biologische Steuerung des Menschen[6]. Es hat in den folgenden Jahrhunderten noch den Streit zwischen den Mechanisten und den Vitalisten gegeben, aber mit dem Sieg der Mechanisten um die Jahrhundertwende hat sich das cartesianische Naturbild derart durchgesetzt, daß eine andere Deutung der Natur als die stofflich-mechanische zumeist überhaupt als „unwissenschaftlich" abgelehnt wird. Es ist verständlich, daß eine solche Naturauffassung keine Basis für eine ökologische Ethik liefern kann: Das Material steht nun einmal dem, der es besitzt, uneingeschränkt zur Verfügung, und er wird damit ohne Hemmung nach seinem Gutdünken verfahren.

Aber wir müssen uns heute unvoreingenommen die Frage vorlegen, ob die cartesianische Naturphilosophie nicht einer Revision bedarf[7]. Ist die Frage, ob die Natur beseelt ist, im Hinblick auf unseren heutigen Wissensstand ohne weiteres von der Hand zu weisen? Die Annahme von der Beseeltheit der Natur gehört zu dem ältesten Glaubensgut der Menschheit. Dem erwachenden Bewußtsein begegnet als erstes das *Du,* der lebendige Partner. Demgegenüber ist der Begriff der Sache bereits ein abgeleitetes Abstraktum, eine Verarmung der Wirklichkeit. Die animistischen Vorstellungen der Frühzeit betrachten die Natur mit Scheu und Verehrung als ein übermächtiges Wesen. Mit der Seßhaftwerdung, mit dem Übergang zur historischen Zeit der Agrarhochkulturen, wird das Verhältnis des Menschen zur Natur vertrauter: Der Mensch zähmt die Natur, er macht sie sich dienstbar und erntet ihre Früchte, aber er besiegt sie dadurch, daß er ihr gehorcht, indem er sich hegend und pflegend ihr anpaßt. Dabei wird ihm die Natur Leitbild und Vorbild, das Wort „natürlich“ gewinnt eine ethische Bedeutung. Den Lauf seines Lebens versteht er analog dem Gang der Jahreszeiten: Frühling, Sommer, Herbst und Winter, und aus dem Erlebnis, daß im neuen Jahr die Erde wieder aufbricht, schöpfen die Mythen die Hoffnung, daß auch der Mensch dereinst wieder auferstehen wird. Die Hochkulturen mit ihrer Agrarwirtschaft haben unsere ethischen Grundbegriffe geprägt. Schiller hat diese Lebenshaltung im Lied von der Glocke anschaulich geschildert, und in überragendem Range ist Goethes Denken ein vielfältiges Gespräch mit der von ihm verehrten Natur. In seinem Todesjahr nach der Echtheit der Bibel befragt, antwortet er: „Was ist echt als das ganz Vortreffliche, das mit der reinsten Natur und Vernunft in Harmonie steht?“[8] Die Darstellung der Landschaft als Ausdruck religiöser Offenbarung ist das Ziel der Kunst Caspar David Friedrichs.

Diese Beispiele, die sich leicht vermehren lassen, zeigen, daß hier unabhängig von der cartesianischen Naturkonzeption ein ganz anders gearteter Natursinn, sozusagen nebenher, erhalten geblieben ist. Es stellt sich die Frage, ob es sich hierbei um romantische Schwärmerei handelt oder ob ein derart partnerschaftliches Verhältnis zur Natur mit unseren modernen naturwissenschaftlichen Erkenntnissen zu vereinbaren ist und unserer Naturerfahrung nicht besser gerecht wird als die auf Stofflichkeit und Mechanik ausgerichtete Vorstellung von Descartes. Diese Frage ist wichtig, denn es kann nicht unser Anliegen sein, eine Gegenposition zu Wissenschaft und Technik, die ja die Basis unseres Lebens bilden, aufzubauen; vielmehr suchen wir Gesichtspunkte, um diese Funktionen, die unserer Kontrolle zu entgleiten drohen, in das Leben wieder sinnvoll einzugliedern. Dazu bedarf es zunächst einiger begrifflicher Abgrenzungen.

Seele ist nicht Bewußtsein

Das Wort Seele hat sich im Laufe der menschlichen Geschichte mit vielfältigen Bedeutungen aufgeladen. Wir müssen nach einem allgemeinen Begriff suchen, der historisch legitimiert ist, möglichst viele Bedeutungen umfaßt und gleichwohl klar zu handhaben ist. Das lateinische wie das griechische Wort für Seele, *anima* und *psyche*, bedeuten ursprünglich Lufthauch, dann Atem, Lebensodem, Lebenskraft. Hier ist die Seele als Wesensmerkmal alles Lebendigen verstanden, und identifiziert wird sie am *Stoffaustausch* mit der Umgebung, wie wir heute sagen würden. Damit ist in der Tat ein untrügliches Merkmal des Lebendigen erkannt: Der Stoffaustausch liefert die Energie, die erforderlich ist, um den zerbrechlichen, entropiearmen und sogenannten stationären Zustand, in dem sich die Lebewesen befinden, aufrechtzuerhalten[9]. Charakteristisch für alles Lebendige zum Unterschied vom Toten (nur Stofflichen) ist ferner die *Eigengesetzlichkeit* der Bewegung, sein Wachsen und die Entfaltung seiner Form. Wir wollen nun im folgenden unter Seele nicht mehr und nicht weniger verstehen als die Bezeichnung für diese Autonomie des Lebendigen, für diese Struktur, die der Entwicklung und Entfaltung der Organismen im Austausch mit der Umwelt je bestimmte, eigene Linien vorschreibt, die – zwar verborgen, aber doch unzweideutig – die Eigenart der jeweiligen Lebewesen festlegen. Es sei noch einmal ausdrücklich betont, daß der Begriff von Seele, den wir hiermit verwenden, aus der vorchristlichen Tradition stammt und allgemeiner ist als der theologisch-christliche Begriff der unsterblichen Seele.

Zu trennen von dem Begriff der Seele ist der des Bewußtseins. Das Bewußtsein können wir als einen besonderen, sehr „gehobenen" Zustand der Lebendigkeit verstehen, der zwar Seele zur Voraussetzung hat, aber nicht für die Seele überhaupt kennzeichnend ist. Auch der Schlafende und der Bewußtlose haben Atem und Seele, und auch Kindern, die wir für ihre Handlungen noch nicht verantwortlich machen, weil sie nicht bewußt gehandelt haben, werden wir die Seele kaum absprechen. Den verschiedenen Stufen der Lebendigkeit Rechnung tragend, nimmt *Aristoteles* verschiedene Arten der Seele an: den Pflanzen spricht er die ernährende Seele (treptike) zu, den Tieren zusätzlich die wahrnehmende (aisthetike) und dem Menschen neben den ersten beiden die denkende (noetike) zu[10]. *Galenos,* der Leibarzt Marc Aurels, hat die Dreiteilung in vegetative, sensitive und rationale Seele übernommen und zu ihrer Verbreitung im Mittelalter beigetragen. Der Vorteil dieser Einteilung besteht darin, daß hier die Seele eine vom Bewußtsein unabhängige Funktion hat.

Die Vermengung der Begriffe Seele und Bewußtsein hat unter anderem auch zu der Auffassung geführt, daß jeder finale Prozeß das Ergebnis einer bewußten Absicht sein müsse. Wer das Naturgeschehen final und nicht kausal verstehe, verwende metaphysische Vorstellungen zur Erklärung naturwissenschaftlicher Sachverhalte. Aber hier ist eine logische Besinnung am Platze! *Finis* und *telos* bedeuten nicht Absicht, sondern Ende und Ziel. Eine Betrachtungsweise ist final oder teleologisch, wenn sie davon ausgeht, daß ein Prozeß einen bestimmten, von Beginn an festgelegten Endzustand – anthropomorph gesprochen: ein Ziel – erreicht. Wird aber *ein gesetzmäßiger Zusammenhang aufgefunden, so läßt derselbe sich ebensogut final wie kausal interpretieren:* wenn das Nachfolgende vom Vorhergehenden bestimmt ist, muß der Prozeß zu einem Ende führen, das von Anfang an festliegt, und wenn er zu einem bestimmten Ende führt, so kann das Vorhergehende in bezug auf das Nachfolgende nicht beliebig sein. Bei einem gesetzmäßigen Zusammenhang macht es keinen Unterschied, ob ich sage: das Ende hängt vom Anfang ab oder der Anfang vom Ende. Ich kann mathematisch ebensogut das Frühere durch das Spätere ausdrücken wie umgekehrt; ich kann in meiner Gleichung ebensogut t_1 wie t_2 als unabhängige Variable wählen, Anfang und Ende bedingen sich gegenseitig. So hat man bekanntlich aus den Newtonschen Gleichungen das Prinzip der kleinsten Wirkung abgeleitet, bei dem der Gesamtverlauf eines Prozesses durch das am Ende erreichte Ergebnis charakterisiert ist. Im übrigen ist aber *weder* die Ursache *noch* der Zweck zu beobachten; was der Naturforscher allein feststellen kann, ist der funktionale Zusammenhang, das *Wie*, die *causa formalis* des Aristoteles, nicht aber das Warum und das Wozu. Die Ursache ebenso wie der Zweck sind Vorstellungen, mit deren Hilfe wir eine vorgefundene Gesetzlichkeit deuten, um sie uns verständlicher zu machen[11].

Eine physikalische Deutung des aristotelischen Entelechie-Begriffes

Die nächste Frage lautet: Können wir im Bereich des Lebendigen mit solcher Gesetzlichkeit rechnen, spielt nicht für die Entwicklung und Entfaltung der lebendigen Formen der *Zufall* eine viel größere Rolle als in der Mechanik? Demgegenüber ist festzustellen, daß die neuere biologische Forschung Gesetzmäßigkeiten entdeckt hat, die die Rolle des Zufalls stark einschränken. Betrachten wir zunächst die ontogenetische Entwicklung! Der Molekularbiologie ist es gelungen, die sogenannte *genetische Information* zu entziffern, die Tatsache, daß in der chemischen Struktur der DNS-Moleküle der Chromosomen der Keimzelle die Veranlagung festgelegt ist, die jedem Organismus mitgegeben ist. Die chemische Struktur dieser DNS-Moleküle bestimmt, welche Art Lebewesen aus dieser Keimzelle hervorgehen wird, und steuert Wachstum und Entwicklung, ähnlich wie das Programm das Verhalten eines geregelten Systems in Wechselwirkung mit der Umwelt auf dem Weg zu seinem Gleichgewicht steuert. Insbesondere handelt es sich bei den Organismen um *lernende* Systeme; das sind solche, bei denen durch das in der Veranlagung festgelegte Programm nur die grundsätzliche Ausrichtung, die Rahmenbedingungen für die Entwicklung vorgegeben sind, während das System selbst, den jeweiligen Umweltgegebenheiten Rechnung tragend, die optimale Verwirklichung des Programms aufsucht. Aus der Eichel kann nur ein Eichbaum heranwachsen, aber welche Gestalt er im einzelnen hat, hängt von dem Boden, der Sonne, dem Wind und dem Wetter ab. Die *Finalität des Programms schließt das historische Schicksal mit seinem Einfluß auf den Endzustand nicht aus.*

Das Erstaunliche bei der Gesetzlichkeit der ontogenetischen Entwicklung ist der *Formenreichtum – wir sagen: der Informationsgehalt – der DNS-Moleküle.* „Die Form eines Atoms oder Moleküls kann nie die Form eines Affen oder Löwen sein“, hatte Driesch gesagt, um die Epigenesis, das Eingreifen des Schöpferischen während des Entwicklungsprozesses, zu begründen[12]. Aber die Molekularbiologie hat in den Genstrukturen einen Spezifikationsgrad entdeckt, der keineswegs geringer ist als der der fertigen Lebewesen! Wenn auch zwischen diesen chemischen Strukturen und den

Gestalten der Lebewesen keine anschauliche Ähnlichkeit besteht, so existiert doch ein strenger naturgesetzlicher Zusammenhang. Daß vor unseren Augen Formen aus dem Nichts zu entstehen scheinen, hat nur seinen Grund in der außerordentlichen Kleinheit dieser Strukturen, die die genetische Information darstellen und die sozusagen als *konzentrierteste Form* den Entwicklungsprozeß auf ein bestimmtes Ende hinsteuern.

Aber nicht nur die Entwicklung der Individuen, sondern auch die Entstehung des Lebens auf der Erde und dessen Entfaltung zu immer höheren Formen sind nach dem heutigen Erkenntnisstand kein Prozeß, den man je nach Geschmack als Geschenk des Zufalls oder als Wunder bezeichnen kann, sondern das Ergebnis von Naturgesetzen. Manfred Eigen konnte zeigen, daß der Maßstab, nach dem die Selektion auswählt und damit die Entwicklungsrichtung bestimmt, in den Anfangsbedingungen des gesamten Entwicklungsprozesses bereits vorgegeben ist. Dieser Maßstab ist also nicht selbst ein Ergebnis der Evolution, er ist auch nicht zufälliger Natur, und es geht bei ihm auch nicht um die Eignung zum Überleben[13], sondern der Selektionswert ist durch physikalische Größen charakterisiert, die nicht erst ein Ergebnis der Biosphäre sind, es handelt sich vielmehr um Bildungs- und Zerfallsgeschwindigkeiten von Molekülen und um einen quality factor[14], Konstanten, die durch die Struktur der Materie, durch die *Form zu Beginn des Weltprozesses* bestimmt sind. In diesem Sinne kann man bei der Evolution von einer durch die Anfangsbedingungen festgelegten Evolutionsstrategie sprechen[15]. Der Zufall spielt dabei eine gewisse Rolle; er wird sozusagen in Dienst gestellt, um die Möglichkeiten für die Optimierung abzutasten. Nach diesem Schema läuft im Prinzip bereits jede chemische Reaktion ab: infolge der Wärmebewegung (das ist der Zufall) stoßen die Moleküle unregelmäßig zusammen. Aber meist ist nur ein recht kleiner Teil dieser Stöße erfolgreich und führt zur Umsetzung, die übrigen treffen eben etwas daneben und passen nicht zu dem Erfolgsmaßstab der Reaktion, der durch die Molekülkonstellation und durch die Kraftfelder der Reaktionspartner bestimmt ist. Das ist das Verfahren von Versuch und Irrturm, das trotz der Mitwirkung des Zufalls zielgerichtet ist, wenn aufgrund der physikalischen Gesetze ein Optimum vorgegeben ist[16].

Diese der chemischen Reaktionskinetik entstammenden Überlegungen erlauben auch eine Antwort auf die Frage, der der Neodarwinismus immer etwas hilflos gegenüberstand: Wie kommt es überhaupt zur Höherentwicklung? Die Tendenz zum Überleben kann schlecht der Antrieb sein, die Steine haben bisher noch alles überlebt, und zumeist sind die niederen Organismen dauerhafter als die zerbrechlichen, entropieärmeren höheren. Aber nicht gemäß der Eignung zum Überleben wählt die Selektion aus, sondern aufgrund des *Wettbewerbs der Reaktionsgeschwindigkeiten*[17]. Wenn für chemische Umsetzungen mehrere Reaktionswege offenstehen, wird der Stofffluß denjenigen wählen, der am schnellsten, am leichtesten zur Umsetzung führt. Nun ist es eine Eigenart der chemischen Bindungskräfte, daß Moleküle mit komplizierten Strukturen in der Lage sind, schneller zu reagieren. Von dieser Tatsache macht man in der chemischen Technik bei der Verwendung von Katalysatoren Gebrauch, die die chemischen Reaktionen dadurch beschleunigen und steuern, daß sie mit den Reaktionspartnern komplizierte Zwischenverbindungen bilden. Zumeist sind Katalysatoren um so wirksamer, je differenzierter ihre Struktur ist, und unsere technischen Katalysatoren werden noch bei weitem von den organischen Katalysatoren, den Enzymen, übertroffen, sowohl bezüglich des Differenzierungsgrades wie der Beschleunigerwirkung. Der physikalische Wertmaßstab der Selektion bevorzugt daher komplizierte Systeme, weil diese im Wettbewerb der Reaktionsgeschwindigkeiten die Möglichkeit schnelleren Reagierens bieten. Das bedeutet, daß der von den physikalischen Konstanten der Atome und Moleküle gesteuerte Optimierungsprozeß naturgesetzlich zu einer Aggregation des Stoffes und zu einer Entfaltung immer differenzierterer und höherer Formen führt, so wie bei der Abkühlung des Wasserdampfes am Ende die schönen Eisblumen entstehen.

Man hat sich soviel den Kopf darüber zerbrochen, wie die Entwicklung geordneter, entropiearmer Formen mit dem Gesetz von der Vermehrung der Entropie vereinbar sei. Es ist sogar vermutet worden, daß das Entropiegesetz für die Lebensprozesse nicht gelte. Aber das ist ein Irrtum. Die treibende Kraft jeder Veränderung ist der Abstand vom Gleichgewicht, und das Gleichgewicht ist der Zustand maximaler Entropie, der molekularen Unordnung, wie man sagt. Die Lebensprozesse machen da keine Ausnahme: aber ihre *Aufbauprozesse sind naturgesetzlich verkoppelt und getragen von Abbauprozessen, und zwar derart, daß im Gesamtergebnis die Entropie immer zunimmt.* Der Weg über die entropiearmen, komplizierteren Formen wird nur deshalb eingeschlagen, weil er, wie erwähnt, der schnellere ist. Das Komplizierte entstehe daher immer nur auf Kosten der Entropievermehrung und molekularer Unordnung. Alles Lebendige ist auf den Stoffaustausch mit der Umwelt – auf den „Hauch", das mythische Merkmal der Seele – angewiesen, und der Stoffwechsel sorgt dafür, daß in der Bilanz aller Lebensprozesse die Entropie zunimmt, und zwar um so schneller, je lebendiger die Systeme sind. Um es mit einem Bilde zu veranschaulichen: die Entropiedifferenz, der Abstand vom Gleichgewicht, ist der Dampf, der die Züge vorwärtstreibt; der Weg, den sie einschlagen, hängt von den Schienen ab, von den Kraftfeldern der Moleküle, und diese sind derart beschaffen, daß ein scheinbarer Umweg über kompliziertere Strukturen der leichtere und schnellere Weg ist.

So wie das Gesamtsystem unserer Welt seinem Gleichgewicht zustrebt, so verändert sich auch jeder Organismus in der Richtung auf die für ihn geltenden Gleichgewichtsbedingungen; auch hier ist der Abstand vom Gleichgewicht, die Ist-Soll-Differenz, die treibende Kraft. Ist diese Differenz Null, ist der Sollwert erreicht, so befindet sich das System im Gleichgewicht. *Der Sollwert ist daher die Bezeichnung des Gleichgewichtswertes*[18]. Ein Programm schreibt eine zeitliche Folge von Sollwerten vor; so enthält das Programm einer Waschmaschine die Operationen des Einweichens, Waschens, Spülens und Trockenschleuderns. Programmregelungen spielen in der Biologie eine große Rolle. Der Gang der Körpertemperatur im 24-Stunden-Rhythmus ist eine derartige Programmregelung, desgleichen Atmung, Stoffwechsel, Wachen und Schlafen und ferner langfristige periodische Prozesse und schließlich auch das Wachsen, Altern und Sterben. Komplizierte Prozesse können sehr lange bis zu ihrem Endzustand unterwegs sein, so wie das Wasser aus dem Hochgebirge erst über vielfache Umwege und nach Bewältigung mannigfacher Hindernisse seinen Gleichgewichtszustand, seinen Sollwert, nämlich das Meer, erreicht.

Kommen wir auf die physikalischen und biologischen Vorstellungen von Aristoteles zurück. Die Dinge – schreibt er – suchen ihren natürlichen Ort auf und bleiben dort in Ruhe[19]. Das ist offenbar der Gleichgewichtswert, an dem die Bewegung ein Ende hat. Wir müssen hier bedenken, daß Aristoteles einen umfassenderen Begriff von Bewegung verwendet als die Newtonsche Mechanik. Er unterscheidet *vier Arten der Bewegung,* das Wachsen und Schwinden der Menge und die Bewegung bezüglich der Beschaffenheit, der Qualität und des Ortes[20]. Wenn wir mit einem Begriff wiedergeben wollen, was er unter Bewegung versteht, paßt wohl am besten der Begriff der Veränderung. Die Veränderung kommt also an dem natürlichen Ort der Dinge zur Ruhe, das ist in der Tat ein allgemeines Naturprinzip, wenn wir den „natürlichen Ort" als den dem jeweiligen System eigenen Gleichgewichtszustand interpretieren. Über die Seele macht nun Aristoteles insbesondere drei Aussagen: a) Sie ist die *Form* eines natürlichen Körpers, der potentiell Leben besitzt[21]. b) Sie ist selbst zwar unbewegt[22], aber doch die *Ursache der Bewegung* (im Sinne der Veränderung, des Wachstums, der Entwicklung)[23]. c) Sie bewegt den Körper *auf ein bestimmtes Ziel* hin. Aristoteles bezeichnet die Körper als Werkzeuge der Seele[24] und nennt die Seele die Entelecheia des Körpers. Entelecheia, ein von ihm gebildetes Kunstwort, ist zu verstehen als Verwirklichung in bezug auf die Vollendung, das Wort enthält den Stamm *telos,* das Ende, das Ziel[25].

Die von Aristoteles verwendete Charakterisierung der Seele trifft in überraschender Weise *auf unseren modernen Begriff des Programms zu.* Das Programm als genetische Information ist die konzentrierteste Form, die uns in der Natur begegnet. Diese Form ist selbst unbewegt, aber dennoch die Ursache der Bewegung, indem sie durch die Vorgabe der Sollwerte, der Gleichgewichtswerte, die Ist-Soll-Differenz schafft und durch ihre Struktur im einzelnen die Weisen der Veränderung, der Entwicklung und des Verhaltens bestimmt. Der Zusammenhang von Struktur und Verhalten ist das zentrale Thema der gesamten Programmierwissenschaft. Die Beziehung zwischen vorgegebener Form und Entwicklungstendenz wird besonders deutlich im Begriff der Stoiker von den *logoi spermatikoi,* wörtlich „Samen-Worten" im Sinne von Keimkräften. Hier ist fast wörtlich der Begriff der genetischen

Information vorweggenommen. Und schließlich ist dem Programm bereits zu Beginn der Endzustand, der Gleichgewichtswert, beschrieben. *„Programm“ besagt, daß der Endzustand und der Weg zum Endzustand im Anfangszustand enthalten sind.* Das ist aber wohl das, was Aristoteles gemeint hat, wenn er die Seele die Entelechie des Körpers nennt.

Ein wesentliches Ergebnis dieser Überlegung ist, daß es *nicht nötig ist, zur Deutung zielgerichteten Verhaltens, das uns in der organischen Natur als Entwicklung, Wachstum und Entfaltung der Formen so eindrucksvoll entgegentritt, außerphysikalische Kräfte anzunehmen,* wie die Vitalisten geglaubt hatten. Es ist an der Zeit, den Finalismus von seiner metaphysischen Überfrachtung zu trennen. Die Physik und die Biologie des zwanzigsten Jahrhunderts haben uns einen Einblick in einen zuvor nicht geahnten Reichtum ultramikroskopischer Formen gewährt, Formen, die sich über höchst komplizierte physikalische, chemische und physiologische Prozesse zugleich als Bestimmungsfaktoren der Eigengesetzlichkeit des Lebendigen erweisen. Schließlich ist es ja auch eine wesentliche Aufgabe der Wissenschaft, solche Vorformen, die als Anfangsbedingungen den Verlauf von Prozessen beeinflussen, zu ermitteln. Physikalisch gesprochen, gibt es nur *drei Gruppen* determinierender Faktoren für einen Prozeß: erstens die *Naturgesetze,* das sind die allgemeinen, im Geschehen sich wiederholenden Regelmäßigkeiten; zweitens die je besonderen, am Beginn des Prozesses stehenden singulären Ereignisse, die *Anfangsbedingungen,* die die Eigenart des Prozesses bestimmen und die man als sein Programm bezeichnen kann (insbesondere dann, wenn diese Anfangsbedingungen eine hochstrukturierte Form aufweisen); schließlich die im Laufe des Prozesses noch hinzutretenden *Randbedingungen,* die den Einfluß der Umwelt wiedergeben und das historische Schicksal des Geschehens ausmachen. Dabei sind die älteren, früheren Bedingungen immer Prägungen und Rahmenbedingungen für die jüngeren, späteren. So ergibt sich schließlich, daß wir die Seele in dem allgemeinen Sinn der vegetativen Seele des Aristoteles und des Galenos als das Programm eines geregelten Systems verstehen können, daß seine Entwicklung und seine Eigengesetzlichkeit bestimmt. – Damit haben wir zunächst einmal abgegrenzt, was wir *naturwissenschaftlich* als Seele verstehen wollen. Der Begriff der Seele geht aber nicht in der naturwissenschaftlichen Bedeutung auf, er hat für uns ein ethisches und weitgehend auch religiöses Gewicht. Um an diese Bedeutung heranzukommen, müssen wir uns nun mit der Funktion des Bewußtseins und der Beziehung des Bewußtseins zur Seele befassen.

Vom Sinn des Schmerzes

Die Frage, ob wir einem Gegenüber, einem Menschen, einem Tier, einer Pflanze, einem Computer, Bewußtsein zusprechen sollen, ist problematisch. Eine unmittelbare Erfahrung haben wir nur von unserem eigenen Bewußtsein, alle Rede von Fremdbewußtsein beruht auf theoretischen Annahmen. Nun kommt hinzu, daß das Bewußtsein mit sehr verschiedenen Graden der Deutlichkeit auftritt und sich gegen das Unbewußte ohne feste Grenze in stetigem Übergang verliert. Wo eine Grenze für den Bereich des Bewußtseins zu ziehen ist, ist daher vom Ermessen nicht unabhängig. *Teilhard de Chardin* hat das Bewußtsein als eine grundlegende Möglichkeit alles Existierenden bezeichnet und es, wenngleich in schwächsten Graden, auch der Materie zugesprochen[26]. Diese Auffassung wird verschiedentlich, häufig in abgewandelter Form, vertreten. Ihr zufolge haben auch alle Tiere und Pflanzen Bewußtsein, und man kann schließlich auch vom Bewußtsein des Wasserstoffatoms reden. Wir möchten im folgenden den Begriff des Bewußtseins enger fassen, da er sonst gegen das Unbewußte und das Bewußtlose, das es doch auch gibt, gar nicht mehr abgrenzbar ist. Wir wollen mit *bewußt nur solche Ereignisse bezeichnen, über die derjenige, dem sie widerfahren, in Worten oder verständlichen Gesten Auskunft geben kann.* In diesem Sine kann man zwischen bewußten und unbewußten Wahrnehmungen unterscheiden. Wenn sich ein Gegenstand unserem Auge nähert, reagieren wir mit einem Lidschlag; wenn die Helligkeit zunimmt, reagieren wir mit der Verengung der Pupille. Hier werden Daten der Umwelt wahrgenommen, aber sie werden ohne Beteiligung des Bewußtseins, subkortikal, wie wir sagen, verarbeitet. Der überwiegende Teil der vom Individuum empfangenen Daten wird unbewußt verarbeitet[27]. Bewußt sind nun diejenigen Wahrnehmungen, über die ich noch eine zusätzliche Information erhalte, die darin besteht, daß ich von ihnen weiß. Das Bewußtsein bezeichnen wir demgemäß als das *Vermögen der Wahrnehmung von Wahrnehmungen.* Dabei richtet sich im Bewußtsein die Aufmerksamkeit nicht zunächst auf den Gegenstand, den Verursacher der primär unbewußten Wahrnehmung, sondern sie wendet sich von diesem zurück auf die Wahrnehmung selbst, auf ihren Inhalt. In diesem Sinne kann man sagen, daß das Bewußtsein verkoppelt ist mit *dem Vermögen zur Reflexion.*

Das Bewußtsein ist im Laufe der Evolution in Erscheinung getreten. Eine frühe und zugleich eindringliche Wahrnehmung des Bewußtseins ist *der Schmerz.* Der reflexive Charakter dieser Wahrnehmung ist deutlich: den Gegenstand, den Verursacher der Wahrnehmung erfahren wir primär gar nicht, sondern nur ihren Inhalt, die Weise, wie es schmerzt. Auf der primitivsten Stufe kann daher das Individuum aus der Schmerzerfahrung nur die Konsequenz ziehen, seine Lage durch regellose Probierbewegungen zu verändern, ein Verhalten, das sich bis zur Panik steigern kann.

Wir fragen nun: Wie kommt es im Laufe der Evolution zur Schmerzempfindung? Von der Selektion werden bei der Auslese die Eigenschaften bevorzugt, die im Wettbewerb der Reaktionsgeschwindigkeiten einen Vorsprung gewähren. Wir nennen solche Eigenschaften auch *biopositiv* oder biologisch sinnvoll. Worin besteht die biologische Funktion des Schmerzes? Er ist offenbar ein *Alarmsignal.* Wenn der Bereich, der unbewußt verarbeitet werden kann, überschritten wird, wenn der Lidschlag nicht mehr ausreicht, um den Fremdkörper vom Auge fernzuhalten, dann kommt die Wahrnehmung als Schmerz zum Bewußtsein. Kybernetisch gesprochen, ist der Schmerz ein Signal eines Grenzwertgebers, er meldet, daß infolge überhöhter Ist-Soll-Differenz der Regelbereich der subkortikalen Datenverarbeitung die Störung nicht mehr lokal bewältigen kann, daß das Individuum als Ganzes betroffen ist. Diese Gefahranzeige steuert das Verhalten in biopositivem Sinne. Das bedeutet, daß die Schmerzempfindung von der Evolution herausgezüchtet wird.

Bei der Schmerzerfahrung wird ein weiteres wichtiges Merkmal des Bewußtseins deutlich, seine Ich-Bezogenheit. Indem der Schmerz das Individuum total betrifft, wirkt er gleichzeitig als

Konstituens seiner Bewußtwerdung. Dasjenige, was im Schmerz bewußt wird, ist jeweils die singulare Gegebenheit des Individuums, und zwar in bezug auf eine äußere Konstellation. So tritt im Schmerz erstmalig das Ich in das Bewußtsein: *Ich* leide, *mir* tut etwas weh. Der Schmerz ist offenbar der *erste Anstoß zur Organisation des Bewußtseins von uns selbst. Hermann Schmitz,* der mit besonderer Subtilität der Phänomenologie der inneren Erfahrungen nachgespürt hat, zitiert in Abwandlung von Descartes: *Doleo, ergo sum*[28].

Gewissen als Urform des Bewußtseins

Auch bei der weiteren Entwicklung bleibt die alarmierende und mahnende, die verhaltenssteuernde Funktion dem Bewußtsein eigen. Bewegungen und Veränderungen erregen vorzüglich deswegen unsere Aufmerksamkeit, weil sie Störungen und Gefährdungen bedeuten können. Den Schuh spüren wir erst, wenn er drückt. Sorge und Bedrängnis sind es, die uns wachrütteln, der Abstand vom Soll ist es, der zum Bewußtsein kommt. Das gilt nicht nur für die Situationen, in denen wir uns befinden, sondern auch in unserem Verhalten ist es vorzüglich die Differenz gegen das Soll, die wir in uns erfahren. Wir bezeichnen dieses Gefühl als die *Stimme des Gewissens.* Nennen wir den Schmerz einen Vorläufer des Bewußtseins, so ist das Gewissen die Ur- und Grundform des Bewußtseins. Das bedeutet: Im Bewußtsein kommt das Programm, kommt die Seele als richtungweisende und verhaltenssteuernde Instanz zur Erfahrung. Das erinnert an die aristotelische Formulierung, daß die Seele, wie es scheine, das Lebewesen durch eine Art Entschluß und Gedanken in Bewegung setze (Von der Seele, 406b). Wir können auch sagen: Die Verhaltenssteuerung, die die natürliche Funktion eines jeden Programms ist, ist beim Menschen auf den höheren, zentralen Stufen ein bewußter Prozeß.

Aber hier ist eine wesentliche Einschränkung zu machen: Unsere Seele, unsere Bestimmung erscheint uns niemals als Ganzes, niemals explizit, sondern es ist immer nur die Ist-Soll-Differenz (und auch diese nur aus Anlaß des Ist), die uns bewußt wird. Es ist

die Unzulänglichkeit, die Unvollkommenheit, das Ungenügen am Ist, an den Dingen wie an uns selbst, was wir erleben. In die Welt des Ist sind wir ganz eingebettet. Unsere Vorstellungen, unsere Sprache haften an der Gegenstandswelt, und nur mit dem Hinweis auf Istwerte können wir uns ausdrücken und mitteilen. Daher ist auch die Sprache vom Sollen auf das Ist bezogen, aber im Sinne der Kritik und der Verneinung. Das Gewissen sagt uns nicht, was wir tun sollen, sondern was wir *nicht* tun sollen, und nicht das gute, sondern das schlechte, das quälende Gewissen ist die prägnante Erfahrung. Das bedeutet: Unsere Seele ist unserer Selbsterkenntnis weitgehend verhüllt, unser Bewußtsein hat nur beschränkten Zugang zu unserem Programm.
Wir können uns die Frage vorlegen, warum das so ist, warum unser Ziel nicht konkreter vor unseren Augen stehen kann. Darauf läßt sich antworten, daß es so *konkret noch nicht existiert,* ein lernendes System – und der Mensch ist in sehr ausdrücklichem Sinne ein lernendes System – besitzt sein Programm nur als Ausrichtung; im konkreten Detail muß das Ziel, lernend und den Umweltgegebenheiten Rechnung tragend, erst noch ausgearbeitet werden. Mitgegeben ist uns *nur die Aufgabe, nicht aber die Lösung.* Zur Orientierung im Dasein ist die Ausrichtung auf das Soll allein nicht hinreichend. Die Lösung der Aufgabe erfordert vielmehr auch eine intensive, lernende Auseinandersetzung mit den Istwerten; um ein Ziel zu erreichen, muß man auch den Weg kennen, der zum Ziele führt.

Bewußtsein und Evolution

Die weitere Entwicklung der Lernfunktion des Bewußtseins im Gang der Evolution ist mit der Entwicklung der Assoziationsfelder im Großhirn verkoppelt. Diese Gehirnpartien sind der Ort, an dem Erfahrungsdaten – gemäß ihrer Bedeutung für das Individuum bewertet – eingespeichert und dem Bewußtsein wieder präsentiert werden können. Mit der Ausrichtung auf allgemeine, sich wiederholende und für das Individuum bedeutungsvolle Umweltdaten unter Abstraktion vom wechselnden, konkreten Detail gelingt es der Erinnerung, Regelmäßigkeiten – Strukturen des

Ereignisstroms – festzuhalten und zunächst in groben und später in verfeinerten Zügen ein *Modell der Wirklichkeit* aufzubauen. Anhand dieses Modells kann nun das Bewußtsein in viel umfassenderem Maße die biopositive Funktion der Voraussicht erfüllen, die beim Schmerz erstmalig in Erscheinung trat. An dem inneren Modell können weitläufige Alternativen durchgespielt, miteinander verglichen und bewertet werden. Dieser Prozeß kommt uns als Überlegung zum Bewußtsein.

Wir müssen uns den *biologischen Vorsprung dieses Verfahrens* vergegenwärtigen. Jeder Entwicklungsschritt ist, wie wir sahen, das Ergebnis eines Abtastens von Möglichkeiten, eines Verfahrens von Versuch und Irrtum. Bei der unbewußten Natur ist jeweils das Individuum der Einsatz für den Tastversuch; demgegenüber gestattet das innere Modell, den Versuch an ihm als an einem Stimulator durchzuführen. Das führt zu zwei sprunghaften Veränderungen im Evolutionsprozeß. Einmal findet die sogenannte Verschwendung der Natur ein Ende. Von den niederen Tieren fallen vor der Geschlechtsreife Hunderttausende der Selektion zum Opfer, auch bei den höheren sind es immer noch über neunzig Prozent. Diese Versuche zur Abtastung der Wirklichkeit verlaufen beim Menschen unblutig; der Einsatz ist nicht das Leben; was ausgemerzt wird, sind falsche Vorstellungen, falsche Hoffnungen[29]. Dieses Verfahren ist nicht nur viel „humaner", es bringt auch eine *unvergleichliche Beschleunigung des Evolutionsprozesses* mit sich: Der Modellversuch verläuft fast „zeitlos" im Vergleich zur Wirklichkeitserprobung über das Mutations-Selektions-Verfahren. Natürlich hängt beim Modellverfahren der Erfolg stark von der Qualität des Modells, von dem Umfang und der Genauigkeit seiner Wirklichkeitsentsprechung ab. Nun ist es aber möglich, dieses Modell – es ist das Bild der Wirklichkeit, über das wir verfügen – in gegenseitiger Ergänzung und Kritik als menschliche Gemeinschaftsleistung zu erstellen. So kommt es insbesondere mit der Entdeckung der Schrift und der Tradierung der Erkenntnis zu einer weiteren Steigerung der Entwicklungsgeschwindigkeit, deren Beschleunigungspotential uns heute immer stärker bewußt wird.

Interessanterweise ist es das Bewußtwerden des *Sollens,* das uns zur Erfassung der Istwerte, zum Ausbau des inneren Modells drängt. Die *normative* Komponente drängt auf den Ausbau der kognitiven. „Bedenke, was du tust", lautet die moralische Forderung, die jeder Verantwortlichkeit zugrunde liegt. *Im Bewußtsein erfahren wir, daß wir uns um das Bewußtsein bemühen sollen.* Denn wir erleben, daß unsere Bewußtseinsinhalte von unserem Willen mit beeinflußt werden. Daher werfen wir auch jemandem Fahrlässigkeit oder Leichtfertigkeit oder Unaufmerksamkeit vor, wenn er sein Bewußtsein nicht genügend mobilisiert hat. Im Sinne solcher Verpflichtung, sich genügend zu bedenken, ist es auch zu verstehen, daß das Christentum die *Klugheit als eine Tugend* bezeichnet.

Normative und kognitive Funktion des Bewußtseins

Die kognitive und die normative Funktion des Bewußtseins ergänzen sich. Das innere Modell, die Wissenschaft, liefert uns die Kenntnis über die Sachverhalte in Form von Wenn-dann-Aussagen: Wenn du das und das tust, wird das und das der Fall sein. Die Auswahl zwischen den dargebotenen Alternativen ist Angelegenheit des wertenden Bewußtseins. Sind die Argumente für und wider vorgebracht, so bleibt ein Spielraum, in dem wir auf unser Wertgefühl angewiesen sind. Diese Entscheidungen nennen wir frei, da sie nicht durch Sachverhalte determiniert sind. Die Bewährung bei den freien Entscheidungen bezeichnen wir als *sittliche* Qualität. Die sittliche Leistung besteht im „Bedenken" sowie in der Bewertung der Folgen. So werden die Strukturen des Handelns konkretisiert. Das Bewußtsein ebnet den Weg des Handelns, es wirkt so mit auf dem Weg der Evolution und steht wie alles Geschehen unter der Spannung zu seinem Gleichgewicht[30]. Letztlich ist es die *Evolutionsrichtung selber, die uns als Wert zum Bewußtsein kommt.* Ohne Zögern sprechen wir von einer Höherentwicklung von den Steinen über die Pflanzen und Tiere bis zum Menschen; die in dieser Entwicklung hervortretende Form ist es, die wir als *Wert* ansprechen. Und bei diesem Entwicklungsprozeß ist das Bewußtsein nicht nur Zuschauer, sondern in seinen biopositiven Funktionen höchst aktiver Mitwirkender, und das bedeutet, daß wir auf Bewußtsein drängen und das *Bewußtwerden selbst als*

Wert erleben. Was wir im *Bewußtwerden erfahren, ist letztlich das Hervortreten und die Entfaltung des Lebens selber.* Freilich stehen wir dem Bewußtsein nicht ohne Zwiespältigkeit gegenüber: mit dem Fortschritt der Evolution wird auch das Risiko des Scheiterns deutlich, die große biopositive Leistung des Bewußtseins muß der Mensch mit der Last der Sorge und des Zweifels bezahlen.

Wir müssen an dieser Stelle noch auf eine rätselvolle Eigenschaft des Bewußtseins hinweisen. Wir können uns die Frage vorlegen: *Ist eigentlich die Tatsache, daß uns etwas bewußt wird, daß wir Schmerzen empfinden, daß wir Erlebnisse und Vorstellungen haben, erforderlich für die physiologischen Funktionen der Vorwarnung und der Orientierung? Ist sie nötig für die Steuerung durch das Programm, für den Aufbau eines Weltbildes in Form eines inneren Modells, für die Reflexion und die durchreflektierte Entscheidung?* Wir müssen diese Frage verneinen. Alle geregelten Systeme, ob bewußt oder nicht, werden durch ihr Programm, durch ihre Ist-Soll-Differenz gesteuert. Das innere Modell kann durch das Sammeln von Erfahrungen lernender Maschinen aufgebaut werden, derartige Systeme sind bereits technisch realisiert. Reflexion bedeutet, daß ein Modellbestandteil, eine Symbolgruppe zum Gegenstand weiterer Informationsverarbeitung gemacht wird – das leistet jeder Computer, und er kann auch derart geschaltet werden, daß diese Operation beliebig iterierbar ist. Auch die Kommunikation, die Informationsübertragung, ist nicht auf Bewußtsein angewiesen. Es können durchaus Bestandteile der inneren Modelle und Ergebnisse der Informationsverarbeitung zwischen verschiedenen Computersystemen ausgetauscht werden, sie können auch in einem Zentralsystem koordiniert und zu einem Ganzen integriert werden. Auch die Entscheidung zwischen Alternativen und, bei Konflikten von Maßstäben, die möglichst weit zu treibende Reflexion auf höhere Maßstäbe sind maschinell darstellbar. Alle geschilderten Prozesse sind nicht darauf angewiesen, daß sie mit Empfindung und Bewußtsein verknüpft sind. Bei organischen wie bei technischen Systemen kennen wir eine Unzahl von Abbildungs- und Steuerungsprozessen, die unbewußt verlaufen. *Warum es bei den höheren, komplizierteren organismischen Prozessen zum Phänomen des Bewußtseins kommt, wissen wir nicht. Teilhard de Chardin* hat das Hellwerden des Bewußtseins als eine notwendige Begleiterscheinung zunehmender Komplexität angesehen. Aber seine Auffassung ist schwer zu akzeptieren, da wir zahlreiche überindividuelle Systeme kennen, die komplizierter als individuelle sind, da sie die individuellen als Subsysteme enthalten, ohne über ein Totalbewußtsein zu verfügen, das die Erlebnisinhalte aller Glieder umfassen könnte. *Das Bewußtsein in seiner empirischen Erfahrbarkeit ist streng auf den Bereich des Individuums beschränkt.* Mit dem Staat kann man nicht sprechen, höchstens mit seinen Vertretern, die ihn aber immer nur unvollkommen vertreten können.

Wenn uns die biologische Funktion des Bewußtseins problematisch wird, weil das, was mit den bewußten Prozessen verkoppelt ist, im Prinzip auch ohne Beteiligung des Bewußtseins denkbar ist, dann können wir auch nichts darüber sagen, warum die Selektion im Laufe der Evolution das Bewußtsein herausgezüchtet hat. Warum ist dann von der natürlichen Auslese die sensible, die schmerzempfindliche organismische Welt, wie das offensichtlich der Fall war, bevorzugt worden, wenn die ganzen Steuerungsmechanismen auch ohne Glück und Schmerz, auch ohne Einsicht, Zweifel und Sorge möglich sind? Biologisch könnte man sich die Entwicklung des Bewußtseins durch die Annahme erklären, daß es pleiotropisch[31] mit Genen verknüpft ist, die für die aufgezählten biopositiven Funktionen verantwortlich sind, daß es aber selbst atelisch oder bioneutral ist. Aber man widerstrebt wohl der Annahme, daß ein so eindrucksvolles und erschütterndes Vermögen eine an sich überflüssige Begleiterscheinung sein soll. Eine andere Annahme wäre, daß das Bewußtsein schon im Schoße der Evolution vorgesehen ist, daß es aber eine *Funktion hat, von der wir zur Zeit noch gar keine Vorstellung haben.* Ohnedies ist ja das meistzitierte Ziel der Evolution, das Überleben der Art, eine recht dürftige Annahme, denn der Erhaltung und Perfektionierung eines Zustandes läßt sich kein Sinn abgewinnen, wenn der Zustand nicht als solcher sinnvoll ist. Wenn man diesen Gedanken verfolgt, kommt man in den Bereich metaphysischer Vorstellungen: Der Mensch sei für das Glück oder für die Seligkeit geschaffen – auch wenn er dieses Ziel so häufig verfehlt. Aber auch die Fehlleistungen würden dem Evolutionsgesetz entsprechen, dem zufolge es stets unendlich viel mehr vergebliche Ansätze gibt als Treffer.

Die Funktion des Bewußtseins ist deshalb für uns so schwer verständlich, weil alles, was wir rational verstanden haben, auch maschinell und ohne Bewußtsein realisierbar ist. Bezüglich dieser Aporie scheint unsere Rationalität auf eine absolute Grenze zu stoßen: *Entweder wir werden die Funktion des Bewußtseins nie begreifen, oder wir benötigen dafür völlig andere Formen des Verstehens.*

Wir wollen an diesem Punkt die Spekulation über die Funktion des Bewußtseins abbrechen und es als eine Tatsache hinnehmen, daß auf unserer Welt das zielorientierte Verhalten individuell begrenzter organismischer Systeme auf höherer Stufe ein bewußtes Verhalten ist. Und damit können wir zusammenfassend das Bewußtsein, das Vermögen der Reflexion, als das Organ ansprechen, das uns unsere Seele, nämlich die Sollwerte unserer Programmierung, in der Auseinandersetzung mit den jeweiligen situationsbedingten Istwerten zur Erfahrung bringt.

Ethische Schlußfolgerungen

Kehren wir abschließend zu der eingangs gestellten Frage zurück. Wir sind von der These der Beseeltheit der Natur ausgegangen und haben weiterhin festgestellt, daß die Seele als Steuerfunktion und als richtungweisende Instanz im Bewußtsein zur Erfahrung kommt. Kommen wir auf unsere Ausgangsfrage zurück: Welchen Sinn soll es haben, und welche Konsequenzen hat es für unser Verhalten, wenn wir Systemen, denen wir Bewußtsein absprechen, dennoch eine Seele zusprechen? Zwar steht diese Annahme mit unserer naturwissenschaftlichen Erkenntnis, wie wir festgestellt haben, nicht in Widerspruch, aber ist sie nicht trotzdem überflüssig? Das ist eine Frage an die Naturphilosophie. Wir wollen im folgenden fünf Argumente anführen, die *für* die These sprechen. Dabei ist wesentlich, daß wir, wie eingangs betont, mit unserer herrschenden Auffassung von der Natur offenbar ethisch in eine Sackgasse geraten sind.

1. Der moderne Mensch hat vergessen, daß er ein *Glied der Natur* ist. Die radikale Trennung in res cogitans und res extensa, in das Objekt Natur und das Subjekt Mensch, verzerrt das wirkliche Ver-

hältnis. Der Mensch besteht viel zu sehr aus Natur und ist viel zu sehr von der Natur abhängig, als daß er sie als reines Gegenüber betrachten könnte. Moderne Naturwissenschaft lehrt uns, daß der scharfe Dualismus des Descartes unhaltbar ist. Insbesondere hat die Quantentheorie gezeigt, daß der Mensch nicht nur Zuschauer, sondern auch Mitspieler im Drama des Lebens ist (Niels Bohr). Der Beobachter schaut nicht mit dem Auge Gottes von oben auf die Dinge herab, sondern er ist aus gleichem Stoff wie die Natur, und sein Beobachten ist ein physikalischer Prozeß; er mischt sich damit in das Geschehen hinein und stört damit dessen Ablauf, so daß das Beobachtete vom Beobachter mitbestimmt wird. Diese Erkenntnis hat eine Revision des physikalischen Weltbildes zur Folge gehabt. Wir lernen heute immer mehr, daß es der Eigenart der Natur nicht gerecht wird, sie nur als Objekt, als Materie, als gestaltbaren Stoff zu betrachten, da es sich bei ihr um hochstrukturierte Gebilde und nicht um eine amorphe plastische Masse handelt. Gewiß kann man sie als Stoff nehmen, aber dann entstellt oder vernichtet man ihre Strukturen. Man kann auch den Menschen als Objekt, als Masse verwenden, man kann ihn degenerieren, doch wir empfinden dies als Unrecht, weil man ihm damit die ihm innewohnende Möglichkeit, sich zu verwirklichen, nimmt. Aber auch die Natur hat ihre eigenen Programme, physikalisch gesprochen: ihre Bestimmung, die auf Verwirklichung angelegt ist. Diese Strukturen, die wir ihre Seele nannten, gibt es unabhängig davon, ob es den Menschen, den die Natur als ihr letztes Glied hervorgebracht hat, gibt oder nicht. Es ist unklug von dem Menschen, diese Strukturen zu vernichten, da er von ihnen mitbestimmt und mitgetragen ist. Indem er, aus dem gleichen Schoß stammend, zum Mitwisser dieses Verwirklichungsprozesses der Evolution geworden ist, kommt es ihm vielmehr zu, die Natur nicht nur in ihrem Bestand zu erhalten, sondern ihr bei der Verwirklichung zu helfen, die seine eigene Verwirklichung wieder stützt.

2. Die Idee von der Beseeltheit der Natur schafft einen gewissen Respekt vor der Natur, sie schafft ein Verhältnis, das nicht auf Beherrschung und Vergewaltigung beruht, sondern auf *Partnerschaft.* Die Partnerschaft ist nicht unbegründet, denn der gesamte Bereich der Natur ist durch viele Gemeinsamkeiten untereinander verbunden. Es gibt die Blutsverwandtschaft alles Lebendigen. Der

gesamten organischen Welt gemeinsam ist das asymmetrische Kohlenstoffatom, mit der animalischen Natur gemeinsam haben wir den gleichen genetischen Code und zahlreiche physiologische Wirkstoffe. Mechanismen und Steuerungsprozesse des Menschen sind vielfältig in der ganzen organischen Welt verwurzelt. Auch im Querschnitt durch die Zeit ist die Koexistenz alles Lebendigen ein offenes System, das durch den Fluß des Stoffwechsels miteinander verbunden und aufeinander angewiesen ist. Und schließlich hat sich im Entwicklungs- und Eingliederungsprozeß des Menschen über Jahrhunderttausende der unbewußte Aufbau eines der bereits bestehenden Natur angepaßten inneren Modells vollzogen. So kommt es, daß wir angeborene Grundkategorien von Raum, Zeit, Kausalität haben und andere, zum Teil sehr detaillierte Erwartungswerte, die auf die Natur passen. Das erstaunliche Vermögen intuitiven Erratens, das geniale Menschen in hervorragendem Maß besitzen, läßt sich verstehen als eine Rückbesinnung auf verborgene Gemeinsamkeit zwischen der Wirklichkeit und ihrem unbewußten Modell in uns. Platon hat in feiner psychologischer Beobachtung hier von Wiedererinnerung gesprochen. Heute neigen wir dazu, über unserer Aktivität das Hineinhorchen zu versäumen, und unser Erziehungswesen vernachlässigt die Selbsterforschung und die Schulung intuitiver Fähigkeiten.
Von *einem Partner kann man lernen.* Unser Gehirn arbeitet zwar schnell, aber die Natur hat in langen Zeiträumen Produkte hervorgebracht, die der Mensch noch auf keine Weise nachahmen kann. Und die Ingenieure haben festgestellt, daß die Experimentiermethode der Evolution gleichfalls einer Evolution und Weiterbildung unterliegt[32], daß die Evolution eine Strategie benutzt, die einem scharfsinnigen mathematischen Optimierungsverfahren ebenbürtig ist[33], und daß der Ingenieur von diesem Methoden lernen kann. Der Aspekt der Partnerschaft öffnet erst den Blick für tieferes Verständnis. Verstehen kann man nur, was man ernst nimmt. Sowenig, wie wir einen Menschen verstehen können, wenn wir nicht auf ihn hinhören, so wenig erschließt sich die Natur dem Verständnis, wenn wir uns nur überlegen, was wir mit ihr anfangen können.
3. Die These von der Beseeltheit der Natur weist dem Menschen den rechten Ort in der Natur an und lehrt ihn auf diese Weise,

bescheiden zu sein. Die Vorstellung, der Mensch sei der Schöpfer seiner selbst, ist von arger Selbstüberschätzung verzerrt. Betrachtet man die Geschichte der Evolution als einen Schöpfungstag, so ist der Mensch erst im Lauf der letzten Sekunde in Erscheinung getreten auf der Grundlage einer Entwicklung, die vieltausendmal mehr Zeit beansprucht hat, als er bislang existiert hat. Welche Arroganz, anzunehmen, alles Existierende hätte keinen Wert an sich und sei nur für ihn geschaffen, bloß weil er der letzte und jüngste Ansatz der Natur ist! Seine Aufgabe ist vielmehr, ein unendliches Erbteil der Natur zu verstehen, zu bewahren und sinnvoll, durch Einsicht in das Gegebene, weiterzuentwickeln. Würden wir die gegenwärtige Zeit als die Stunde Null betrachten und jetzt sozusagen in neuem Beginn darangehen, die Zukunft nach Gutdünken zu gestalten, so kann nur ein völliges Wertchaos die Folge sein, denn woher sollten überhaupt Werte in Sicht kommen, wenn nicht aus Programmen, aus vorgegebenen Bestimmungsstücken?
Der Mensch ist einer der zahlreichen Tastversuche der Natur, er hat bislang die kürzeste Existenzdauer hinter sich und gehört gewiß zu den *hochriskanten Naturentwürfen.* Er muß davor bangen, wie unzählige Arten vor ihm in Kürze wieder als Fehlversuch aus dem Evolutionsprozeß ausgeschieden zu werden. Deshalb geht es darum, aus einer offenen, nüchternen Naturerkenntnis zu einer besseren Selbsterkenntnis, zu einer naturwissenschaftlich fundierten Selbsteinschätzung zu kommen. *Der Weg zur Natur ist auch der Weg zu uns selbst.* Hier gibt es Versäumnisse des Christentums, das in der Thematisierung humaner Eigenart und Verantwortung den Menschen zu radikal aus der Natur herausgelöst und ihr gegenübergestellt hat. Das hat über den Prozeß der Säkularisierung dazu geführt, *daß der Mensch seinen Ort in der Welt verloren hat.* Die asiatischen Religionen hingegen haben den Zusammenhang zwischen Mensch und Natur weit weniger geleugnet.
4. Aus der These von der Beseeltheit der Natur folgt *keine antitechnische Einstellung.* Die Technik ist ein der natürlichen Entwicklung inhärentes Prinzip. Auch die unbewußte Evolution macht von der Tatsache Gebrauch, daß der Weg über die Zwischenschaltung von Mitteln, wie zum Beispiel der Umweg über Katalysatoren, schneller zum Ziel führt, und sie schreitet ebenso wie die Technik durch Spezialisierung der Funktionen und Integration des

Spezialisierten zu immer höheren und differenzierteren Einheiten fort. Die Ansätze zur Technik finden sich bereits im Tierreich. In seiner Technik tut der Mensch – nach dem gleichen Prinzip von Versuch und Irrtum – nur bewußt, was die Natur unbewußt tut[34]. Die einzige Aufgabe besteht darin, daß er es richtig macht, daß er nicht unter die zahlreichen Fehlansätze der Natur gerät, daß es ihm gelingt, mit Hilfe seines inneren Modells und in Rückbesinnung auf die in seinem Programm manifestierte Wertausrichtung zu den wenigen Auserwählten zu gehören. Die christliche Religion sagt, daß dies grundsätzlich für jeden Menschen möglich sei, wenngleich es keineswegs jedem gelinge.

5. Man hat der These von der Beseeltheit der Natur vorgeworfen, daß sie *metaphysisch überlastet* sei, daß sie zu hohe Ansprüche an den Glauben stelle. Aber die Gegenthese von der Natur als res extensa – daß stoffliche Ausdehnung und mechanische Gesetze ihre Eigenart ausmachen – ist ebenfalls eine metaphysische Annahme. Wer kann denn beweisen, daß die stofflichen Eigenschaften und die Bewegungen der uns bekannten Gegenstände im Raum das geeignete Modell für die Beschreibung des Naturgeschehens sind, ja daß solcher Vergleich auch nur als Verständnishilfe dienlich sein könnte? Spricht doch *unsere gesamte moderne Naturwissenschaft gegen dieses der groben Anschauung entnommene stofflich-mechanistische Weltbild.* Je genauer wir die Natur erforschen – in der Physik, in der Chemie oder Biologie –, um so mehr verliert sich ihr Stoffcharakter, um so belangloser wird die Ausgedehntheit, und um so eindrucksvoller zeigen sich *Strukturen, Kraftfelder,* ein anscheinend unerschöpflicher Vorrat von *Formen,* der nicht nur den Bau, sondern auch das Verhalten, die Entwicklung, die Reproduktion und Entfaltung der Gestalt der Natur bestimmt. Demgegenüber verblaßt das Modell von der res extensa immer mehr zum inadäquaten Bild, zu einem überholten naturphilosophischen Ansatz. Hier kann man wieder feststellen, wie lange es dauert, bis neue Einsichten auch praktisch akzeptiert werden: Die naturwissenschaftliche Erkenntnis hat das cartesianische Naturmodell schon längst überwunden, dennoch ist es in der praktischen Handhabung und Verwendung der Naturwissenschaften und im alltäglichen Naturverständnis noch durchaus vorherrschend.

Häufig wird die Tatsache der Mathematisierbarkeit als ein Argument für die mechanistische Auffasung gehalten. Aber das ist ein Irrtum. Mathematisieren läßt sich alles! Die mathematische Methode bedient sich der Abstraktion, die das Mathematisierbare auswählt und von dem Nicht-Mathematisierbaren absieht. Diese Methoden sind hoch entwickelt. Mit Hilfe der mathematischen Statistik gelingt es auf diese Weise, bei scheinbar gänzlich regellosen Prozessen noch konstante Gesetze herauszufiltern. Mathematisieren lassen sich auch die Wolken und der Wind. Aber aufgrund seiner Methodik ist das mathematische Ergebnis immer nur ein *Teil*resultat, und seine Verläßlichkeit verdankt es eben seiner Methode zu abstrahieren, das heißt: den nicht mathematisierbaren Anteil zu vernachlässigen. Insbesondere sieht die mathematische Methode von allem Individuellen, das in der Natur oft eine entscheidende Rolle spielt, ab. *Die Mathematisierbarkeit ist kein Argument für das mechanistische Modell einer seelenlosen Natur.*
Ohne Zweifel hat die moderne, von Descartes inaugurierte mechanistische Naturvorstellung große Erfolge gezeitigt. Die Möglichkeiten des technischen Fortschritts, die Überwindung von Hunger, Kälte und körperlichem Schmerz, die Aussichten auf die Erhöhung des Wohlstandes haben die Menschen fasziniert, und wenn auch inzwischen Bedenken laut werden, so bestimmt die Erwartung des technischen Fortschritts und Wohlstands noch maßgebend das politische und wirtschaftliche Leben. Doch das Industriezeitalter währt erst runde zweihundert Jahre, das ist entwicklungsgeschichtlich eine kurze Zeit. Wir stehen noch im Beginn der neuen Zeit. Man könnte sagen; *wir befinden uns noch in den Flegeljahren;* hingerissen von den neuen Möglichkeiten, sind wir mehr an der Verwendung als an dem Verständnis der Natur interessiert.
Immerhin spüren wir heute die Rückschläge auf unsere Unbekümmertheit; wir spüren, daß die Voraussage des Descartes, seine Methode würde uns zu Herren und Besitzern der Natur machen, nicht zutrifft. Die Natur, ohne Zweifel der ältere und erfahrenere Partner dieses Evolutionsprozesses, auf den wir uns so aktiv eingelassen haben, setzt sich zur Wehr. Um uns wie in uns beginnt sie zu rebellieren und bringt ihre Eigengesetzlichkeit zur Geltung, die wir – mit uns selbst beschäftigt – allzusehr vernachlässigt haben.

Der Mensch hat einen Kampf gegen die Natur begonnen, den er nicht wird durchstehen können. Wir werden unsere *naturphilosophische Grundkonzeption revidieren müssen,* wenn wir mit dieser Welt zurechtkommen, wenn wir uns auf ihr wieder zu Hause fühlen wollen.

Anmerkungen

[1] Friedrich Gogarten: Verhängnis und Hoffnung der Neuzeit. Stuttgart 1958, S. 13.
[2] Gogarten, a.a.O. S. 97.
[3] Pastorale Konstitution über die Kirche in der Welt von heute „Gaudium et spes", Zweites Vatikanisches Konzil, Nr. 34.
[4] Ebd. Nr. 24.
[5] René Descartes: Von der Methode des richtigen Vernunftgebrauchs und der wissenschaftlichen Forschung. Hamburg 1960, S. 93f.
[6] Descartes, a.a.O. S. 101.
[7] J. R. Ravetz: Die Krise der Wissenschaft, Probleme der industrialisierten Forschung. Neuwied – Berlin 1973. Der Autor kommt in einer umfassenden kritischen Analyse zu dem Ergebnis, daß die Annahme von der unbeseelten Natur zu überwinden sei (S. 484).
[8] Johann Peter Eckermann: Gespräche mit Goethe, 11. 3. 1832.
[9] Über die Struktur dieser „offenen Systeme" siehe Hans Sachsse: Einführung in die Kybernetik, unter besonderer Berücksichtigung von technischen und biologischen Wirkungsgefügen. Braunschweig 1971, S. 18ff.
[10] Aristoteles, Von der Seele, 413ff.
[11] Hans Sachsse: Die Erkenntnis des Lebendigen. Braunschweig 1968, S. 105ff. (Kap. VIII: Bemerkungen zur kausalen und finalen Betrachtungsweise).
[12] Hans Driesch: Philosophie des Organischen. Leipzig 1921, Bd. I, S. 139.
[13] Manfred Eigen: Selforganization of Matter und the Evolution of Biological Macromolecules. In: Naturwissenschaften, Jg. 58 (1971) 465–523.
[14] Eigen, a.a.O. S. 516.
[15] Nachwort von Manfred Eigen in Ingo Rechenberg: Evolutionsstrategie. Stuttgart – Bad Cannstatt 1973, S. 153.
[16] Über die allgemeine Bedeutung des Verfahrens von Versuch und Irrtum in der biologischen und sozialen Entwicklung hat sich Karl R. Popper ausführlich geäußert in: Objektive Erkenntnis. Ein evolutionärer Entwurf. Hamburg 1973.
[17] Hans Sachsse: Über die Richtung der Naturprozesse. In: Philosophia Naturalis, Bd. IX (1966) S. 427ff.; ferner: Die Erkenntnis des Lebendigen, S. 171ff., 184ff.
[18] Zur Nomenklatur ist zu bemerken: Der Sollwert als Begriff der Regeltechnik bestimmt das Gleichgewicht eines offenen Systems, das sogenannte Fließgleichgewicht, das sich durch Austausch mit der Umgebung aufrechterhält und physikalisch durch ein Minimum der Entropieproduktion gekennzeichnet ist (siehe dazu Sachsse: Einführung in die Kybernetik, S. 25). Die Fließgleichgewichte lassen sich als metastabile Haltepunkte, als Durchgangsstadien auf dem Weg zum thermodynamischen Endzustand des Entropiemaximums und des Erlöschens der Entropieproduktion verstehen.
[19] Aristoteles: Physikalische Vorlesung, 253b.

[20] Aristoteles: Von der Seele, 406a.
[21] Ebd. 412a.
[22] Ebd. 408b.
[23] Ebd. 415a.
[24] Ebd. 415a.
[25] Josef Stallmach: Dynamis und Energeia. Meisenheim 1959, S. 182ff.
[26] Teilhard de Chardin: Der Mensch im Kosmos. München 1959, S. 32.
[27] Sachsse: Einführung in die Kybernetik, S. 182, 233.
[28] Hermann Schmitz: System der Philosophie. Bd I: Die Gegenwart. Bonn 1964, S. 183ff., 222.
[29] Popper, a.a.O. S. 99, 271, 274.
[30] Jean Piaget hat aufgrund umfassender Studien, insbesondere auf dem Gebiet der Kinderpsychologie, die Tätigkeit des Denkens, die Bildung der Schemata, der Begriffe und Modelle als einen Prozeß aufgewiesen, der unter der Spannung des Abstands vom Gleichgewicht steht und der Herstellung eines Gleichgewichtszustandes dient. Vgl. Jean Piaget: Biologie und Erkenntnis. Über die Beziehungen zwischen organischen Regulationen und kognitiven Prozessen. Frankfurt a.M. 1974; ferner: ders.: Abriß der genetischen Epistemologie. Olten – Freiburg 1974.
[31] Pleiotropie, wörtlich „Wendung zum Zahlreichen", beschreibt den Sachverhalt, daß ein Gen für mehrere und oft recht verschiedenartige Merkmale gleichzeitig verantwortlich ist. Ist eines der Merkmale biopositiv, so zieht es bei der Züchtung durch die natürliche Auslese die anderen mit sich.
[32] Ingo Rechenberg: Evolutionsstrategie, S. 14.
[33] Rechenberg, a.a.O. S. 9.
[34] Popper stellt diese Analogie sehr ausführlich dar: vgl. Objektive Erkenntnis S. 37; ferner Hans Sachsse: Technik und Verantwortung. Freiburg 1972, S. 57ff.

Indem die zivilisierte Menschheit die lebende Natur, die sie umgibt und erhält, in blinder und vandalischer Weise verwüstet, bedroht sie sich mit ökologischem Ruin. Wenn sie diesen erst einmal ökonomisch zu fühlen bekommt, wird sie ihre Fehler vielleicht erkennen, aber sehr wahrscheinlich wird es dann zu spät sein. Am wenigsten aber merkt sie, wie sehr sie im Verlaufe dieses barbarischen Prozesses an ihrer Seele Schaden nimmt. Die allgemeine und rasch um sich greifende Entfremdung von der lebenden Natur trägt einen großen Teil der Schuld an der ästhetischen und ethischen Verrohung der Zivilisationsmenschen. Woher soll dem heranwachsenden Menschen Ehrfurcht vor irgend etwas kommen, wenn alles, was er um sich sieht, Menschenwerk, und zwar sehr billiges und häßliches Menschenwerk, ist?

Konrad Lorenz,
Die acht Todsünden der zivilisierten Menschheit (1973), S. 28

Denn Leben heißt soviel wie Hin-Leben auf eine umfangende Welt, von der wir fühlen oder ahnen, daß sie eine Ganzheit ist.

José Ortega y Gasset

ROLAND MÜLLER

Zur Ethik von Gesamtsystemen

Zehn Thesen

„Auch die weiter Fortgeschrittenen, die bereits einen hinreichenden Überblick über das Weltall haben, müssen doch die elementaren Grundzüge dieses ganzen Lehrgebietes sich immer wieder zum Bewußtsein bringen. Denn einer Gesamtansicht bedürfen wir häufig, mit den Einzelheiten ist es anders bestellt. Wir müssen uns also fortwährend an jene Gesamtansicht halten und sie uns gedächtnismäßig zu eigen machen so weit, daß wir von dieser Grundlage aus nicht nur den maßgebenden Gesichtspunkt für die Betrachtung der Dinge überhaupt, sondern auch den geschärften Blick für alles Einzelne gewinnen. Denn die Hauptanforderung auch an den vollendeten Kenner in bezug auf Schärfe der Untersuchung ist die, daß er nicht fehlgreife in Anwendung der leitenden Gesichtspunkte.“ Epikur

1. Du sollst dir der gegenwärtigen Lage bewußt sein

Es waren nicht jene Ereignisse, die rasch und beflissen mit dem Etikett „Ölschock“ ausgezeichnet wurden, welche die hochragenden Türme der westlichen Industriezivilisation zum Wanken gebracht haben. Sie waren nur die letzten Tropfen, welche die Wohlstandsbarrels zum Überlaufen – in einem verfänglichen Doppelsinn – brachten. Oder – paradox wie alles Wesentliche: *Sie waren Öl in das schon lange schwelende Feuer nationalstaatlicher und -wirtschaftlicher Zänkereien.* Das Weltwährungssystem war schon vorher geplatzt, der Dollar und die Börsenkurse waren abgesackt, manche Rohstoffe knapp geworden oder ihre Preise steil gestiegen, der Jom-Kippur-Krieg war bereits durch drei vorausgegangene vorbereitet gewesen, und schließlich hatten Watergate und der Abzug der Amerikaner aus Südvietnam mehr als nur politische Fanale gesetzt.

Mit der üblichen Verzögerung drang das erst im Januar 1975 ins Bewußtsein einer verunsicherten Fachwelt und Öffentlichkeit, als nämlich der statistische Nachweis vorlag, daß in der Schweiz, in der Bundesrepublik und in Großbritannien *das Bruttosozialprodukt stagnierte,* in den USA, in Japan und in Griechenland gar um zwei Prozent gesunken war. Wie im Palaste Belsazars erschien in Flammenschrift an den Wänden des Kartenhauses das Datum eines „schwarzen Freitags", des 24. Oktobers 1929. Wenn der Präsident des mächtigsten Landes der Welt in seiner „State of the Union"-Botschaft eingestand: *„Die Lage ist nicht gut"*, dann mußte schon etwas daran sein.

Was ist geschehen? Nach einer *Blütezeit,* die in der Weltgeschichte ihresgleichen sucht, sowohl was Dauer als auch Wertschöpfung und die Verbreitung technischer Errungenschaften betrifft, kam unerwartet der große Rückschlag. Für die Länge einer ganzen Generation hatte seit etwa 1949 ein kaum gebrochenes Wachstum und eine nur von wenigen ernsthaften Enttäuschungen – Scheitern der „grünen Revolution" und des „Kampfs gegen die Armut" – begleitete *Expansion* die Gemüter der Menschen dergestalt in einen „ungezähmten Wonnetaumel" (Horaz, in der Übersetzung von J. H. Voß) getrieben, daß der Argwohn, es könne ja nicht immer so weitergehen und die exponentielle Kurve müsse sich irgendwann in eine logistische verwandeln, verdrängt und mahnende Stimmen durch ein prasselndes Feuerwerk von Erfolgsmeldungen und beharrlichen Trendextrapolationen zum Ersticken gebracht wurden.

Die um das Jahr 1970 einsetzenden Debatten über den „Schutz unseres Lebensraumes", die „Grenzen des Wachstums" und die Verbesserung oder Erhaltung der „Lebensqualität" blieben weitgehend *akademisch.* Wieviel dabei Lippenbekenntnis war, zeigt sich heute: bei der Meisterung der Krise werden durch Budgetkürzungen wichtige Forschungs-, Sanierungs- und Infrastrukturvorhaben zurückgeschnitten, Sicherheits- und Umweltschutzvorschriften gelockert oder verwässert und Fristen erstreckt; von Unternehmerkreisen wird eine auf *kurzfristige* Stimulierung des Geschäftsgangs gerichtete pragmatische Entscheidungstechnik als Allheilmittel gepriesen, welche die *Ansprüche kommender Generationen* in den Wind schlägt und die „Redimensionierung" oder „Strukturbereinigung" auf dem *Buckel der Armen, Schwachen und Hilfebedürftigen* im eigenen Land wie in den Entwicklungsländern austrägt. „Sauve qui peut", „Jeder ist sich selbst der Nächste" und „Auf Nummer sicher" sind fragwürdige Alibis für die Rettung der „One World". In den Wind wird G. Ch. Lichtenbergs Einsicht geschlagen: „Nicht bloß wissen, sondern auch für die Nachwelt tun, was die Vorwelt für uns getan hat, heißt ein *Mensch* sein."

2. Du sollst die Herausforderung deiner Vernunft annehmen

Erforderlich ist mithin eine neue „Philosophie des Managements", die sich energisch um eine *„Ethik von Gesamtsystemen"* bemüht. So lauten Titel und Untertitel eines Buches eines der bedeutendsten Pioniere des Operations Research und der Systemanalyse, C. West Churchman[1]. 1973 auf deutsch erschienen, wurde es bis heute kaum beachtet. Vielleicht, weil es sich hierbei, wie der amerikanische Titel unmißverständlich kundtut, um eine „Challenge to Reason", eine *Herausforderung unserer Vernunft,* handelt? Mögen Churchmans Überlegungen auch vor der Wende von 1973 zu Papier gebracht worden sein und haben sie die gegenwärtige Rezession, Stagflation, ja Depression nicht verhindern können, so ist es doch an der Zeit, sie ernst zu nehmen und durchzudenken, gerade weil sie enthüllen, wie es überhaupt „dazu" kommen konnte.

„Ethik von Gesamtsystemen" bedeutet mehreres: das Gesamtsystem zu sehen, das die „Eine Welt" darstellt; zu fragen, welche *Ziele* darin eingeschlossen sind oder sein sollten und welche *Konsequenzen* Veränderungen in Teilbereichen für das Gesamtsystem nach sich ziehen; „Verbesserungen" in einem Sektor zwar tatkräftig, doch immer *in Rücksicht auf die mögliche Verbesserung des Gesamtsystems* vorzunehmen.

Das ruft nach einer *Einheit* von Entwurf und Verstehen, Planen und Denken, Handlung und Kontrolle, Autorität und Verantwortung und ist damit eine Absage an die isolierende Aufteilung des Menschen in Privatperson, Bürger, Wissenschaftler, Politiker und Manager genauso wie in einzelne Funktionen. Es ist ebenso eine *Absage an das sektorielle Vorgehen* im Sinne des „Inkrementalismus" von D. Braybrooke und C. E. Lindblom[2], das heißt an schrittweise, „zulässige" Verbesserungen in je „kritischen" Bereichen (Engpässe, Schwachstellen, Mängel) *ohne* Berücksichtigung der Probleme anderer Bereiche und *ohne* gegenseitige Abstimmung der Maßnahmen in Hinblick auf das Ganze. Die Ethik des individuellen und departementellen Handelns bemißt sich nicht an der Verbesserung eines Teilsystems, sondern am Beitrag zur Verbesserung des Gesamtsystems.

Ist diesbezüglich den Staats- und Wirtschaftslenkern sowie ihren Beratern und den Verwaltern der letzten paar Jahrzehnte ein Kränzchen zu winden? Doch darf man nicht nur die Kapitäne und Besatzungsmitglieder des „schlingernden Schiffes"[3] aufs Korn nehmen. Auch die Passagiere – eingeschlossen die „schwarzen" – haben sich kein Ruhmesblatt erworben, da sie mit ihren *unablässig steigenden Ansprüchen* eine Inflationsmentalität förderten, die dem betrieblichen Streben nach *permanenter Umsatz- und Markterweiterung sowie immer höheren Erträgen* in nichts nachstand.

Man kann wohl nicht umhin, zuzugeben, daß es *der Mensch selbst* war, der die fatale Situation herbeigeführt hat. Den einzelnen trifft dabei ebenso Schuld wie die Interessengruppen, seien es nun Lobbies oder Multis, Nationalstaaten oder internationale Vereinigungen. Schon 1970 stellte Karl Steinbuch fest, daß „die Menschheit ihre eigene Zerstörung ziemlich konsequent und systematisch" vorbereite, nachdem schon früher der russische Atomphysiker Andrej Sacharow vor der Gefährdung der modernen Gesellschaft durch den „verkalkten Dogmatismus einer bürokratischen Minderheit" gewarnt hatte.

3. Du sollst die Welt als Ganzes anschauen

Das Erwachen aus der Fortschritts-, Expansions- und Wohlstandseuphorie ist bitter. Und dies nur, weil man das *Ganze* – das Holon, an dem bei Platon alles teilhat (Methexis) und das bei Aristoteles den Teilen logisch vorausgeht – *aus den Augen verloren* hätte? Dabei, so könnten die Klagen zum Himmel der Operations-Re-

search- und Managementwissenschaftler steigen, haben doch unzählige Unternehmensführer und Abteilungsleiter, Chefbeamte, leitende Angestellte und Entscheidungsbefugte Weiterbildungs-, Kader- oder Vorgesetztenkurse besucht, sich in Führungsseminaren mit Entscheidungstechniken, Führungsfunktionen und Managementby-Modellen vertraut gemacht – und überall war doch von „Systemen" die Rede gewesen. Was war denn falsch? Warum haben Systemanalyse und Break-even-Analysen, Computersimulation und Mangementspiele, interdisziplinäre Forschung und Planung, Fallstudien und Gruppentraining nichts geholfen?
Es fehlte eben doch das *Konzept eines Gesamtsystems!* Weder Input-Output-Analyse noch Netzplantechnik, weder Kybernetik noch Programmbudgetierung, weder Delphi-Prognosen noch Optimierungstheorien helfen uns, das Gesamtsystem zu verstehen. Davon aber hängt nicht nur das Überleben des Managements und der Wissenschaft, sondern auch das Überleben des „Raumschiffs Erde" (Kenneth Boulding, 1966) ab.
Selbstverständlich ist das Gesamtsystem nie unmittelbar in den Griff zu bekommen, noch ist es überhaupt klar zu fassen. So verwundert es nicht, wenn etwa bei Churchman dieses System nirgends definiert wird, mal als „die Welt" oder „die Natur", meistens aber als Gesellschaft oder Gesellschaftsform, aber auch als Nation oder „internationales System", mithin äußerst vage bleibt. Dessen ist sich Churchman durchaus bewußt, wenn er mehrfach von *Mythos* und *Mysterium,* von *Idee* und *Ideal,* ja von *Weltanschauung* spricht: Die wissenschaftliche Methode muß eine Auffassung davon, „wie die Wirklichkeit beschaffen ist", einschließen. Der angewandte Wissenschaftler, dessen „Heroismus" Churchman nachspürt, wendet nicht einfach die bruchstückhaften Ergebnisse der reinen Forschung an, sondern *die Weltanschauung wird ein integrierender Bestandteil seines Verhaltens.* Er versucht, „die Last des enormen Risikos und der Vagheit seiner Weltanschauung zu tragen. Seine Rolle ist auf echt heroische Weise tragisch: er muß handeln, aber er kann nie wissen, daß seine Handlungsweise gut ist. Seine Rolle ist auch komisch: ... Da er menschlich ist, zögert er, heroisch zu werden ... Aber dieses Pendeln zwischen dem Tragischen und dem Komischen ist die Grundlage menschlichen Geistes. Der angewandte Wissenschaftler ist sowohl ein Geistes- wie

ein Naturwissenschaftler – oder bemüht sich, es zu sein. Für ihn ist Wissenschaft eine Kunst, eine Ethik, eine Komödie und eine Tragödie."

Das sind erstaunliche Worte aus dem Mund eines Amerikaners, der einst auszog, als Mathematiker „die heidnischen Physiker und Chemiker zu bekehren". Es ist auch hierzulande gefährlich, „Weltanschauung" ins Spiel zu bringen. Man meint heutzutage, unverfänglicher zu sein, wenn man von Weltbild, Gesamtkonzept, -konstruktion und -kontext oder umgekehrt von Ideologie und Ismen spricht. (Genauso wie man sich schämt, etwa „Sittlichkeit" und „Tugend" in den Mund zu nehmen, und lieber die „Verzerrung der moralisch-ethischen Präferenzstrukturen" beklagt.) Was aber Churchman im Auge hat, läßt sich trefflich in den einschlägigen Wörterbüchern nachlesen: Weltanschauung ist „die einheitliche Gesamtauffassung der Welt einschließlich des menschlichen Seins und Sichverhaltens... Weltanschauung ist also Weltordnung aus einer Idee heraus. Zugleich aber spreche ich Weltanschauung nur demjenigen zu, der die Welt nicht nur anschaut, sondern *aus dieser Anschauung zu leben, zu handeln und zu werten weiß.* Ursprünglich aus der Sphäre des Ästhetisch-Religiösen stammend, meint dieses Wort also gerade nicht das, was den kontemplativen Menschen auszeichnet, sondern es charakterisiert den aus einer Idee handelnden Menschen der praktischen Bewährung."[4] Ähnlich heißt es auch im „Marxistisch-Leninistischen Wörterbuch der Philosophie" von Klaus und Buhr (1972): Weltanschauung ist „die *zu einem System gebrachte Gesamtauffassung* von Natur, Gesellschaft und Mensch, einschließlich von Regeln für das Verhalten des Menschen in der gesellschaftlichen Praxis".

Nach Auffassung der Psychologie schließlich ist Weltanschauung „Ausdruck und Ergebnis der dem Menschen *urtümlich gegebenen Tendenz* zur zusammenfassenden, einheitlichen Deutung und Ausrichtung seiner Stellung in und gegenüber der Welt"[5].

Daß das Gesamtsystem nur eine „Utopie" ist, welche der Präzision und Konsistenz ebenso wie der vollständigen Durchdringung entbehrt, sich ständig wandelt und sich der Faßlichkeit je und je entzieht, sei unbestritten. Es ist aber eine sehr reale und harte Utopie, weil wir nämlich alle in *diesem System leben, leiden und hoffen.*

4. Du sollst auch Gefühl und Widerspruch beachten

Deshalb stellt es eine Herausforderung der Vernunft dar, und zwar nicht der „maskulinen Vernunft", wie sie Churchman als eine der „Präzision, Strenge und Genauigkeit" darstellt und für die bisherigen Mängel unseres sektoriellen Denkens, Planens und Handelns verantwortlich macht, sondern einer Vernunft, in der auch das „Vage, das Erfühlte und das Liebenswürdige" Platz hat, einer Vernunft, die auch Flüchtiges und Weiches, Ohnmacht, Freude und Schmerz aufnimmt. *„Der Sinn der Vernunft... charakterisiert das Ganze des Lebens."* Denn: „Die Vernunft handelt von der Art und Weise, in der menschliche Wesen verstehen, was menschliches Leben bedeutet."

Das heißt auch, „daß der Mensch in dem Maße rationaler wird, als er reflexiv wird. Aber Reflexion ist nicht einfach ‚hineinschauen'; sie ist nicht direkte Selbstprüfung. Eher erlangt man die *Rationalität der Reflexion* dadurch, daß man soviel als möglich von der Welt (oder dem ‚Gesamtsystem') gebraucht, als man nur selbst verstehen kann." Damit ist freilich auch ein nicht zu unterschätzendes Risiko verbunden: die Entdeckung dessen, was C. G. Jung den „Schatten" nannte, den „Mr. Hyde" des R. L. Stevenson. „Wer danach strebt, sich selbst zu verstehen, geht dem Teufel in sich selbst ebenso nach wie seinem Gott."

Churchman beschönigt nichts. Er traut weder den Experten noch den hervorragenden Führerpersönlichkeiten, weder Politikern noch Managern, Wissenschaftern und Systemanalytikern. Er setzt auch nicht auf den „gesunden Menschenverstand", vielmehr auf die Vernunft, die keine „einfache" Sache ist, sondern *„ein sich ausweitendes Konzept"*, das Bedürfnisse und geheime Sehnsüchte in sich birgt, schöpferische Impulse und Mystisches genausogut wie Logisches, Ästhetisches und Irritierendes. Diese Vernunft entspricht recht genau der altgriechischen *„klugen Einsicht"* (Phronesis), bei welcher „nicht bloß Verstand und Überlegung, sondern auch *Herz, Gemüt, Empfindung und Willensrichtung* mitsprechen"[6]. Ganz ähnlich schrieb Pascal in seinen „Pensées" (1669): „Es ist dieses *Wissen des Herzens und des Instinkts (Spürsinns)*, auf das sich die Vernunft stützen muß, auf das sie alle Ableitungen gründet." Also meint Churchman: „Was immer moderne Rationalität ist, sie muß in ihrer Bedeutung viel reicher sein als nur logisch konsistent: Sie muß Widerspruch einschließen, Opposition, Konflikt, das Böse ebenso wie Folgerichtigkeit, Gleichheit, Zusammenarbeit und das Gute." Der Philosoph Max Scheler (1927) sprach in diesem Zusammenhang von der „Re-Sublimierung" zum „Allmenschen hin, das heißt zum Menschen größter Spannung zwischen Geist und Trieb, Idee und Sinnlichkeit, und *gleichzeitig* geordneter, harmonischer Verschmelzung beider in *eine Daseinsform und eine Aktion* zugleich", kurz: von einem Ausgleich zwischen dem dionysischen und apollinischen Menschen „in der steten *werdenden* Durchdringung von Geist und Drang".

5. Du sollst aus der Verwunderung heraus fragen

„Dieses evolutionäre Konzept der Rationalität ist ja wunderschön, aber es beinhaltet auch vieles, das naiv erscheint." So nimmt Churchman seinen schmunzelnden oder aufgebrachten Kritikern selber den Wind aus den stolz geschwellten Segeln, auf denen doch steht: Vernunft ist der „Inbegriff geistiger Funktionen", die „Fähigkeit, logisch zusammenhängend zu denken, zu schließen, besonnen und zweckbewußt zu handeln"[7], denn bei Kant ist doch Vernunft das „Vermögen der Prinzipien", das Vermögen also, nach *Grundsätzen* entweder zu urteilen (theoretische Vernunft) oder zu handeln (praktische Vernunft); Vernunft ist das Vermögen der Begriffe (Schopenhauer) oder der Überlegung (Herbart). Dabei ist den Vernunftapologeten meist keinesfalls klar, ob sie nicht eigentlich den „Verstand" meinen, welche Verwechslung spätestens seit Kant nicht mehr zu entwirren ist. Es ist also nicht leicht, zu entscheiden, ob die Epitheta „klar und deutlich" (Descartes), Ordnung und Unbedingtheit, Sachlichkeit oder Objektivität, Festigkeit, Sicherheit, Gewißheit, Evidenz und Notwendigkeit der Vernunft aufgeprägt sind oder ob sie gar nur in „Messen und Berechnen" besteht. Gewiß sind Geistesschärfe und Wachheit des Bewußtseins Auszeichnungen des Menschen, doch wenn Apriorität und Apodiktizität zur Farce werden, Zweckmäßigkeit mit Richtigkeit wie Intellekt mit Intelligenz und Ratio mit Rationalität schon in der Umgangssprache beliebig durcheinandergemischt werden, dann ist wohl einige Vorsicht am Platz. Karl Jaspers meinte: *„Vernunft ist Bewegung ohne gesicherten Bestand ... Vernunft ist der Wille zur Einheit.* Die Schwungkraft der Vernunft

und die Vorsicht ihres Hellwerdens erwächst aus der *Frage,* was diese Einheit sei."[8]
Eben dieses nie zu einem Ende gelangende Fragen liegt Churchman am Herzen, so sehr, daß er ein ganzes Buch darüber ausgearbeitet hat: „On the Design of Inquiring Systems" (1971). (Leider heißt der deutsche Titel: „Die Konstruktion von Erkenntnissystemen", 1973, was seinem Anliegen kaum gerecht wird.) Fragen fördert ebensosehr das Problembewußtsein, wie es auf ihm beruht. Und genau ein solches *kritisches Bewußtsein* zu stimulieren ist die Absicht des richtig verstandenen „Systems Approach", weshalb Churchman im Herbst 1973 auch in einem Vortrag in Heidelberg Betonte, er sei hauptsächlich eine *Methode, Fragen zu stellen,* und weniger, sie zu beantworten. So ist vielleicht auch das Jesus-Wort „Werdet wie die Kinder" (Matth. 18,3) als Aufforderung zu verstehen, aus der Verwunderung und dem Staunen (Platon) heraus zu fragen (Protagoras, Sokrates, Jaspers) und spielerisch Möglichkeiten durchzuprobieren sowie Alternativen zu bedenken.
Durchaus im Sinne von Kant und auch an dessen Vernunftkritik anknüpfend – es war ja die Vernunft selbst, „die die Kritik ihrer eigenen Fähigkeiten entdeckt hat" –, entwickelt also Churchman sein im besten Sinne aufklärerisches Konzept der „Ethik von Gesamtsystemen". Und ganz im Sinne von Pascal postuliert er, „daß Emotion und Stimmung nicht im Gegensatz zur Vernunft stehen. Die Pläne, die Menschen für ihr Leben entwickeln, beruhen auf den *Stimmungen,* die jedes menschliche Lebewesen charakterisieren, wie sie *hoffentlich auch auf den Argumenten* beruhen, die jeder Mensch hinsichtlich der dringenden Probleme der Menschheit erwägen kann. Stimmung und Vernunft voneinander zu trennen ist ebenso lächerlich wie die Trennung irgendwelcher Aspekte des Gesamtsystems, in dem wir leben."

6. Du sollst nicht sektoriell vorgehen

Es mutet nun beinahe wie eine Ironie des Schicksals an, daß die in der Nachfolge des (ursprünglich in England zu Beginn des Zweiten Weltkriegs entwickelten) Operational Research in den USA, ebenfalls *im militärischen Sektor,* entwickelte Systemanalyse in diesem Sektor selbst einem sektoriellen Denken Vorschub leistete, dem Millionen von Menschen zum Opfer fielen. Wie sehr auch eine mit den stärksten Machtmitteln ausgestattete, von Mikroelektronik und Computern unterstützte und von „Think Tanks" beratene Militärstrategie sektoriell betrieben werden kann, zeigt das Ergebnis, von dem der Zeitungsleser im April 1975 erfahren konnte: „Der fünfjährige Bürgerkrieg in Kambodscha hat Schätzungen zufolge rund eine Million Menschenleben gekostet" – und dies bei einer Einwohnerzahl, die derjenigen der Schweiz entspricht. Der Krieg in Vietnam hat, je nach Zeitung, etwa ein bis zwei Millionen Tote (darunter ca. 500000 südvietnamesische Zivilisten und 56000 Amerikaner) gefordert. Insgesamt blieben *in ganz Indochina während der letzten dreißig Jahre 3,2 Millionen Militärs und Zivilisten auf der Walstatt liegen;* zudem wurden – „so errechnete eine Stelle in Washington" – zwischen Januar 1961 und Januar 1975 in beiden Vietnam 7,313 Millionen Menschen verwundet. Von den Amerikanern wurden 6,7 resp. 7,8 Millionen Tonnen Bomben – mehr als doppelt resp. dreimal soviel wie im ganzen Zweiten Weltkrieg – abgeworfen und 50000 Tonnen resp. 71 Millionen Liter Entlaubungsmittel eingesetzt. An direkten Kriegskosten brachten die USA 110–150 Milliarden Dollar auf; die geschätzten „Folgekosten" für die amerikanischen Kriegsopfer – darunter 150000 bis 200000 Schwerverletzte – machen *220 zusätzliche Milliarden* aus. Auch wenn man Menschenleben „nur" als statistische Einheiten achtet, ist Krieg nie ein „Nullsummenspiel", sintemal auch dem größten Pyrrhussieger tote Opponenten nicht als substantieller Gewinn zu Buch schlagen.

Auch in anderen militärischen Bereichen finden sich solche Halbherzigkeiten (immer dieser lästige Doppelsinn der Worte!): „*Zwischen 24 und 45 Milliarden Mark* geben die zwölf Streitkräfte der *NATO* jährlich unnötig aus, nur weil es an Standardisierung wichtiger Teile fehlt und aus *nationalem Ehrgeiz* gleichartige Waffen doppelt und dreifach entwickelt werden. Einige Beispiele: Eingeführt sind bei den NATO-Truppen 13 Typen von Kurzstreckenraketen, 36 verschiedene Radarsysteme und 40 Geschütztypen mit mehr als 33 Millimeter Kaliber" (Die Zeit, 2. 5. 1975). Daß der *Nachschub,* vor allem was Munition und Ersatzteile betrifft, bereits in Friedenszeiten immense Schwierigkeiten bereitet, ist seit langem ein offenes Geheimnis. Es scheint, als ob „man" die „Gefahr aus dem Osten" demgemäß nicht als besonders groß einschätzt. Ob in diesem Zusammenhang, wie einige Kritikaster meinen, die „Landesverräter" in den höchsten militärischen und politischen Rängen gesucht werden müßten, bleibe dahingestellt. Jedenfalls illustrieren diese Exempel, wie sogar *in einem einzigen Sektor sektoriell* vorgegangen werden kann. (H. Kahn und A. J. Wiener sprechen denn auch ausdrücklich von „Muddling through".) Der Beweis für Churchmans Behauptung, „die Systemanalyse ist keine schlechte Idee" (so der letzte Satz seiner „Einführung in die Systemanalyse", 1970), ist vorderhand nicht erbracht.

Ähnlich ist auch die Einführung des Planning-Programming-Budgeting-Systems (PPBS) gescheitert. Wie Nigel Calder in seiner Studie „Technopolis" (1971) schildert, drangen die allgemeinen Ideen der Systemanalyse im Jahre 1961 bis in die höchsten Regierungsebenen vor. Robert McNamara machte sie als John F. Kennedys Verteidigungsminister zur Grundlage des PPBS, das 1965 auch *in den zivilen Ministerien der amerikanischen Regierung* eingeführt wurde. Weit über eine Kosten-Nutzen-Analyse hinausgehend, bedeutet es „ständige Vorausschau auf sich ändernde Möglichkeiten und Bedürfnisse". Mit seiner Hilfe „lassen sich Theorien der betroffenen Systeme entwickeln und *Alternativprogramme* vergleichen, *ehe* Beschlüsse über eine bestimmte Politik oder den Etat gefaßt werden". Doch bereits drei Jahre später verflog der Elan, so daß Calder resigniert feststellt, es handle sich wohl „um eine Verfahrensweise, deren Anwendung totalitären Staaten oder armen Ländern der Dritten Welt leichter fallen dürfte".

Genaueres läßt sich dem Jahresbericht 1971 der Heidelberger „Studiengruppe für Systemforschung e. V." entnehmen: „Der Versuch der Einführung des PPBS in die bestehende Organisationsstruktur der Verwaltung hat gezeigt, daß ohne eine *Reform* der Organisationsstruktur der Verwaltung die den PPBS gesetzten Ziele nicht erreicht werden können." Als *Hauptfehler* lassen sich demnach herausheben:

„1. Eine Reform der Verwaltungsstruktur wurde nicht beabsichtigt...
2. Das Parlament wurde in die Reform nicht einbezogen...
3. Der Tendenz zur Verlagerung von Entscheidungen in die Regierungsspitze wurde erst zu spät... entgegengewirkt.
4. Die Reform berücksichtigt nicht die traditionell gewachsene

Macht- und Rollenverteilung zwischen den am Planungs- und Budgetierungsprozeß beteiligten Institutionen...

5. Die Behörden waren weder personell noch finanziell genügend ausgestattet, um den Planungs- und Entscheidungsprozeß verbessernde Analysen durchführen zu können."

7. Du sollst apperzipieren

„Folgt daraus die Unmöglichkeit jeder Systemverbesserung?" würde Churchman fragen – und antworten: „Natürlich nicht." Es kommt darauf an, diese Fehler zu vermeiden, die cum grano salis in vielen staatlichen wie privaten Unternehmen täglich praktiziert werden. Und dies geschieht durch die Zusammenschau, die Platonische Synopsis. Churchman stellt dafür das Gebot auf: *„Du sollst apperzipieren"*, das heißt: ein Problem nicht über einen Leisten scheren, sondern nach *verschiedenen* Gesichtspunkten untersuchen. Das ist die wahre Rationalität, für die er sich durchaus auf Leibniz berufen könnte, der doch in seiner „Monadologie" (1714; § 57f.) geschrieben hat: „Und wie eine und dieselbe Stadt, von verschiedenen Seiten betrachtet, immer wieder ganz anders und gleichsam in *perspektivischer Vielfalt* erscheint, so gibt es auch... gleichsam ebenso viele verschiedene Welten, die jedoch nur die Perspektiven einer *einzigen* unter den verschiedenen Gesichtspunkten jeder Monade sind. Auf diese Weise erhält man die größtmögliche Mannigfaltigkeit, aber zugleich auch die größtmögliche Ordnung, das heißt, man erhält auf diese Weise die *größtmögliche Vollkommenheit.*"

Wer dieser Art von Apperzeption (übrigens ein Begriff von Leibniz) entsagt, begibt sich der „Vernunfterkenntnis", und die Folgen sind „Blut, Schweiß und Tränen" oder bestenfalls Ärger, Verwirrung, Unzufriedenheit, Materialverschleiß und -verschleuderung und unnötige Kosten. Sogenannte Feuerwehrübungen und Symptombekämpfungen, welche in einer *kurzfristigen Konzentration geballter Palliativmittel* auf ausgebrochene Krankheitsherde bestehen, bringen in den meisten Fällen mehr Schaden als langfristigen Nutzen, seien es Überschwemmungen beim Löschen von Zimmerbränden oder irreparable Störungen beim Einsatz von Breitbandantibiotika – von gigantischen Stadtautobahnen und Staumauern gar nicht zu reden. Noch drastischer schildert es Jay W. Forrester, der Vater der Computer-Simulationssprache „Dynamo“ und geistige Ahnherr der „Grenzen des Wachstums“ in seinem Buch „World Dynamics“ (1971; deutsch: „Der teuflische Regelkreis“, 1972): „In sehr vielen Fällen zeigt sich , daß die wohlbekannten Maßnahmen zur Behebung der Krise Teile eines Systems sind, das die Schwierigkeiten selbst produziert: Die bekannten und bewußt angewandten Maßnahmen der Organisation bewirken gerade die Schwierigkeiten, mit denen das Unternehmen zu kämpfen hat.“ Dies gilt so gut für betriebliche Systeme („Industrial Dynamics“, 1961) wie bei der Behebung nationaler und globaler Krisen. „Diese Art von ‚Lösungen‘ gesellschaftlicher und politischer Probleme führt leicht in eine der *Fallen,* die für komplexe Systeme charakteristisch sind:

1. Der Versuch, einen Symptomenkomplex zu beheben, kann eine neue Art des Verhaltens des Gesamtsystems hervorrufen, die sehr unerwünschte Konsequenzen hat.
2. Kurzfristige Verbesserungen haben oft langfristige Verschlechterungen zur Folge.
3. Die begrenzten Ziele eines Teils des Systems stehen oft in Gegensatz zum Ziel des Gesamtsystems.
4. Die Menschen neigen oft dazu, in ein System an Stellen einzugreifen, an denen es sich als stabil erweist und wo weder Bemühungen noch Geld größere Wirkungen hervorrufen können.“

Forrester erläutert dies an einem ebenso schlichten wie schlagenden Beispiel. Es ist „die Tatsache, daß in dem komplexen Sozialsystem unserer Erde *zwei Drittel der Bevölkerung hungern* und das Wachstum dieser Bevölkerungsgruppen durch Hunger beschränkt wird. Stellt man in diesem System mehr Nahrungsmittel zur Verfügung, so pegelt sich sofort die Bevölkerungszahl auf diejenige Höhe ein, bei der sie wiederum den zur Verfügung stehenden Nahrungsmittelmengen entspricht, wobei dann eben *weit mehr Menschen genauso hungern* wie weniger Menschen zuvor... Deshalb läßt sich in diesem Sozialsystem der Hunger durch Bereitstellung größerer Nahrungsmittelmengen nicht bekämpfen, wenn nicht gleichzeitig Zwänge eingeführt werden, welche ein Bevölkerungswachstum verhindern.“

Erst wenn in einer sorgfältigen *Analyse des dynamischen Verhaltens die langfristigen Folgen* aufgezeigt worden sind, die sich aus den Maßnahmen zur Beherrschung ergeben, kann man guten Gewissens davon sprechen, privates und gesellschaftliches, politisches und wirtschaftliches Handeln sei auf bestimmte Ziele – beispielsweise die Erhaltung des Ökosystems oder wohnlicher Städte, des Welt- oder Familienfriedens – auszurichten.

8. Du sollst die Ziele, Rechte und Pflichten bedenken

Das ist allerdings leichter gesagt als getan, und manche, die eine Analyse von Verhalten und Grenzen des Systems, der Natur seiner Elemente und ihrer Wirkungsnetze und -gesetze sowie die Abschätzung der Konsequenzen einzelner Eingriffe fordern, müssen sich wie die Schriftgelehrten und Pharisäer vorwerfen lassen: „Sie sagen es und tun es nicht" (Matth. 23,3). Die Schwierigkeit liegt offensichtlich darin, daß wir das „Gesamtsystem" in direktem Zugriff gar nicht zu fassen vermögen und somit auch Verbesserungen in Teilbereichen nicht am Ganzen „messen" können. Und weil wir auch *weder die Ziele des Gesamtsystems noch des einzelnen Menschen* kennen, wird die Angelegenheit noch ungemütlicher. Die Frage heißt unter diesem Aspekt nicht mehr: „Was ist der Mensch?", sondern: „Wofür lebt der Mensch, was will er eigentlich, und woraufhin zielt die Welt?"

Die dritte Frage konnte im Zeitalter des Rationalismus mit einer optimistischen Theodizee beantwortet werden. Bei Leibniz ist Gott als „zureichender Grund" und „notwendiges Wesen" die allweise, allschaffende und allumfassende Zentralmonade; ihre Entfaltung ist die „Theodizee". Und da sich Churchman der Tradition dieses Rationalismus verpflichtet fühlt, zögert er nicht, zu bekennen, „daß Operations Research an vorderster Linie in der Bewegung auf ein *neues Zeitalter der Vernunft* hin zu finden ist. Dieses Zeitalter wird Wissenschaft und Gesellschaft als Gesamtsystem betrachten; es wird nach dem Gesamtsystem streben, das das optimale System darstellt. *Es wird daher das Konzept eines Gottes als ein notwendiges Konzept wieder einführen.*"

Wie aber steht es mit dem Menschen? „Zwar ist er selber der Mensch und ist sich selbst darum am nächsten. Dennoch ist ihm das eigene Wesen, dasjenige, was ihn zum Menschen macht, das Rätselhafte und Fragwürdige... Die Frage danach, was der Mensch sei... ist im gleichen Augenblick in die Welt gekommen, wie er selber in die Welt kam. Sie gehört so sehr zu seinem Wesen, daß sie geradezu schon einen ersten Beitrag zu ihrer eigenen Beantwortung hergibt: Ganz offenbar nämlich ist der Mensch das Wesen, das nach sich selber fragen kann; *er ist das sich selber fragliche und damit das fragwürdige Wesen.*"[9]

Dieses Fragen nach des Menschen Wissen, Können und Tun, Müssen, Sollen und Dürfen, Glauben und Wollen wird weiterbestehen, solange es Menschen gibt. Es wird nie durch eine Antwort zur Ruhe kommen. So tragen auch die Versuche der Zielfindung und -bestimmung stets nur vorläufigen Charakter. Doch am knappsten und gleichzeitig umfassendsten faßt das Streben des Menschen nach einem menschenwürdigen Dasein die Formel der amerikanischen Unabhängigkeitserklärung (1776): „*Life, liberty and the pursuit of happiness.*" Das ist auch heute noch, ungeachtet aller ideologischen Ost-West- und Nord-Süd-Divergenzen, eines der höchsten individuellen wie kollektiven Ziele des Menschen. Gleichzeitig stellt es aber auch eine fast unlösbare Aufgabe dar, wenn der Mensch sich selbst und allen anderen Menschen die Möglichkeit der Erfüllung dieses Ziels zu garantieren hat.

Ähnliches gilt für die Forderung nach „liberté, égalité, fraternité". Was wäre darunter zu verstehen?

1. *Freiheit* einerseits der Wahl, der Selbstbestimmung, -entfaltung und -verwirklichung, anderseits Freiheit von Zwang, Unterdrückung, Ausbeutung und Angst, drittens Freiheit von Gefährdung, Not und Krankheit. Ersteres zumindest impliziert Verantwortung: „Die Freiheit besteht darin, alles tun zu können, was einem anderen nicht schadet", wie es in der französischen Erklärung der Menschenrechte (1789) heißt.
2. *Gerechtigkeit* muß die Unverletzlichkeit der Person und der persönlichen Sphäre garantieren. Sie orientiert sich hierbei, da sie nicht verbindlich zu definieren ist, am Prinzip, daß es ungerecht ist, „Gleiches ungleich, Ungleiches gleich" zu behandeln. Geschützt werden muß Leben, Sicherheit, Eigentum, Ausbildung und Einkommen aus Arbeit sowie die Ausübung eigener Bräuche und Berufe. Des Schutzes bedürfen auch Ehe und Familie, Wohnung und Heimat, Glauben, Meinung, Rede, Wissenschaft und Forschung, Kunst und Kulturbewahrung. Gerechtigkeit impliziert neben dem Recht auf Mitsprache und

Kontrolle auch die Verteidigung gegen Rechtsverletzungen und Willkür. (Das Recht auf Überwachung und Widerstand geht – allerdings als Verteidigung von Privilegien – bis auf die Magna Charta von 1215 zurück.)

3. *Menschlichkeit* besteht einerseits in der Anerkennung der Eigenarten, Leistungen und Bedrängnisse der Mitmenschen, in Nächstenliebe und Ehrfurcht vor dem Leben und allem Geschaffenen, anderseits in der Gewährung von Chancen, in Unterstützung und Förderung des „Wahren, Guten und Schönen“ (Platon). In diesem Sinne ist der Mensch Weltbürger (der kynische und stoische „Kosmopolites“), „in Freiheit verpflichtet“, seine eigene Natur als Vernunftwesen in der Oikumene, im Gesamtsystem gemäß dem Willen der „Natur“ oder Gottes zu verwirklichen, „denn in ihm leben, weben und sind wir“ (Kleanthes; Paulus in Apg. 17,28).

Unzweifelhaft stehen einige Ziele der Mitglieder dieser universalen, solidarischen menschlich-irdisch-göttlichen Gemeinschaft miteinander in *Konflikt,* auch wenn eine Isolierung und Heraushebung einzelner Ziele weder wünschenswert noch möglich ist, da eine seltsame *Verquickung* von Zielen mit Erfordernissen, von Ansprüchen mit Mißbräuchen und Garantien wie überhaupt die *Verflechtung von Freiheit und Bindung, Recht, Pflicht und Verantwortung* jeder sektoriellen Betrachtung auch hier entgegensteht. Hinzu kommen die Fragen, inwieweit diese Ziele realistisch sind, ob sie Tugendpostulate, relevante Normen oder Grundsätze darstellen und ob es nicht in vielen Fällen von Ziel- resp. Bedürfniskonflikten um Gewissenskonflikte, um ein Abwägen von Möglichkeiten und Risiken, um Lust-Unlust-Bilanzen (Kyrenaiker, Epikur, Bentham) oder Herstellen von Gleichgewichten zwischen Extremen oder gegenläufigen Prozessen geht, heiße das nun „Mesotes“, „aurea mediocritas“ oder „steady state“.

9. Du sollst teilhaben und informieren

Die obige Dreigliederung entbehrt durchaus der Vollständigkeit, lassen sich doch ohne Schwierigkeiten Dutzende von weiteren, höchst unterschiedlichen Zielen und Tugenden, Forderungen und Bedingungen, Beschränkungen, Erwartungen, Werten, Geboten und Regeln nennen. Es bedarf einer großen Selbstbeherrschung, hier nicht ins Aufzählen zu geraten, zumal ein solches die Frage vermeiden ließe, *wer* denn nun eigentlich verantwortlich und entscheidungsberechtigt sei: der je einzelne oder der Staat? Gewiß kann letzterer für die Garantierung und den Schutz des Individuums, seiner Freiheiten und Rechte, von Leben und Besitz und Eigenart – aber auch derjenigen der „Umwelt" – namhaft gemacht werden. *Doch wer ist der Staat?* Regiert er im Namen des Volkes als eine anonyme Macht, oder ist nicht vielmehr jedermann Teil und Teilhaber des Staates? Wenn schon, dann hätte „der" Staat wohl die zentrale Aufgabe, die *Machtverteilung im Volke* – etwa zwischen Wirtschaft, Militär, Verwaltung, Polizei, Justiz, Regierung, Parlament, Wissenschaft, Kirche, Verbänden und Parteien oder zwischen „Arbeit", „Kapital" und „Geistkapital" – *zu regeln,* wobei dem Souverän sowohl Mitbestimmungs- wie Kontrollbefugnis legitim zustünde. Ein weitverbreitetes Mittel dazu ist die „Gewaltenteilung" à la Locke und Montesquieu. Nun hat aber schon Rousseau die Idee einer echten, das heißt *unübertragbaren und unteilbaren Volkssouveränität* entwickelt, die etwa bei Abraham Lincoln als „Government of the people, by the people, for the people" und im *Anarchismus* wiederauflebte. Peter Kropotkin hat in seinem Artikel in der „Encyclopaedia Britannica" einen zentralen Gedanken der Kybernetik vorweggenommen, wenn er schreibt: „Anarchismus ist die Bezeichnung für ein *Prinzip oder eine Theorie des Lebens und des Verhaltens,* der zufolge man sich die Gesellschaft ohne Regierung vorstellt. In einer solchen Gesellschaft wird die *Harmonie* nicht durch die Unterordnung unter ein Gesetz oder den Gehorsam gegenüber einer Autorität, sondern *durch freie Vereinbarungen* zwischen den verschiedenen territorialen und professionellen Gruppen erreicht, die sich zur Regelung der Produktion und des Verbrauchs sowie zur Befriedigung der menschlichen Vielfalt von Bedürfnissen und Wünschen eines zivilisierten Wesens frei zusammenfinden." Thomas Jefferson hätte gesagt: „Men may be trusted to govern themselves without a master."

Hier garantiert somit nicht der Staat, sondern, wie bei den Stoikern, die *richtige Ausübung der Tugend* die Erreichung der Ziele. Freudige Pflichterfüllung im Vollzug natürlicher, und das heißt vernünftiger Regulation ermöglicht nicht nur, sondern bringt so-

wohl das „größtmögliche Glück der größtmöglichen Zahl" (Hutcheson, Bentham), also das Gemeinwohl, wie auch die individuelle Glückseligkeit (die Eudaimonia) hervor. Jedoch, wieder einmal ist Churchman nicht der erste, der darauf hinweist, „daß der Mensch, sobald er seine Ziele erreicht hat – und was immer diese auch sein mögen –, *darin oft ganz und gar nicht Zufriedenheit findet*... daß jeder Mensch den Sinn des Lebens in seiner Tragik wie seiner Komik, in Verzweiflung ebenso wie in Freude, im Ringen ebenso wie im Erreichen findet... Das Bedürfnis des Menschen nach Ringen, Konflikt, Tragödie und Verzweiflung liegt jenseits dieser Überlegungen von Gut und Böse. Es liegt an den eigentlichen Wurzeln der menschlichen biologischen Existenz."
Diesem Auf und Ab hat der Entwurf eines Gesamtsystems unbedingt Rechnung zu tragen. Denn, wie Geoffrey Vickers sagt: „the personal level is the level at which we happen to be."
Die Zielkonflikte finden sich also nicht nur auf gesellschaftlicher Ebene, sondern genauso im einzelnen. Der Kampf der Weltanschauungen setzt sich fort im (und entspringt dem) Kampf der Motive, im Wechselspiel von entgegengesetzten Interessen und Strebungen, überhöht noch durch den *Antagonismus von Einheit und Widerspruch,* das heißt durch das Bedürfnis etwa nach Harmonie *und* Streit, nach Ruhe *und* Verunsicherung. Auch Lust und Leid, Liebe und Haß bergen in sich eine unauflösliche Ambivalenz.
Da nun „die grundlegenden Werte und das Fortschrittsniveau der Gesellschaft" weder von Wissenschaftlern noch von Politikern, Ökonomen und Administratoren beurteilt werden können, muß darüber öffentlich verhandelt werden (Churchman). Und da demzufolge auch die Entscheidungen über Veränderungen am Gesamtsystem nicht von Experten-Planern und Technokraten getroffen werden dürfen, muß grundsätzlich „jedermann" beteiligt sein. Denn wer kann die Mängel und die Art und Weise, wie sie behoben werden sollen, bestimmen, wenn nicht der Bürger?
Churchman fordert deshalb eine *„wohlinformierte Öffentlichkeit"*. Doch fällt ihm leider, außer einigen Seitenhieben auf die „verborgene Führerschaft" derjenigen, die über die Massenmedien die öffentliche Meinung manipulieren, und auf die „öffentliche Diskussion" im Stile des amerikanischen Systems der Rückversicherung (checks and balances) wenig ein. („Wir scheinen jeder ratio-

nalen Basis zu ermangeln, um unsere Führer oder ihre Experten zu akzeptieren.“) Da ist die französische Philosophin und Mystikerin Simone Weil doch weiter gegangen, indem sie mit den „Pflichten dem menschlichen Wesen gegenüber“ ernst gemacht hat. Ihre Lebensaufgabe sah sie in der *Bildung* der Arbeiter, um deren Entwurzelung – „bei weitem die gefährlichste Krankheit der Gesellschaft“ – zu heilen[10]. Schon als Studentin in Paris hatte sie in einer Art Volkshochschule Eisenbahner unterrichtet, und zwar unentgeltlich. Sie wollte solcherart die Lebensbedingungen derjenigen verbessern helfen, die auf der sozialen Stufenleiter zuunterst standen, und sie scheute sich nicht, über ein halbes Jahr als Hilfsarbeiterin in Fabriken an Maschinen zu arbeiten (für 56 Centimes Stücklohn im Akkord), mit Kopfweh, Tränen und nach Feierabend Erbrechen, Appetit- und Schlaflosigkeit, begleitet von Angst und Entmutigung. Aus dieser schmerzhaften Erfahrung der „condition ouvrière“, die sie ohne Hehl als *Sklaverei* bezeichnete, schloß sie: „Die Arbeiter dürfen nicht den Wissenschaftlern, den Intellektuellen und Technikern vertrauensvoll das zu regeln überlassen, was für sie selbst von vitaler Bedeutung ist.“ So kämpfte sie für die „Geistesbildung“ der Betroffenen und entwarf ein Konzept der *„Wiedereinwurzelung der Arbeiterschaft“*, in dem vorgesehen ist, daß jeder, „nicht nur die Spezialisten“, regelmäßig an Kursen teilnimmt. Daß die allgemeine Schulpflicht bis zum 18. Altersjahr verlängert werden müßte – Unterricht abwechselnd mit Arbeit, Reisen und Geselligkeit –, hatte sie schon früher vorgeschlagen. Nun aber sollte die Arbeit in dezentralisierten „ländlichen Kleinbetrieben“ *nur den halben Tag* in Anspruch nehmen; die restliche Zeit diente einerseits der Fortbildung und „Einsicht in die Arbeitszusammenhänge“, anderseits der Kameradschaft, die sich zu einem „Patriotismus der Werkszugehörigkeit“ entwickeln sollte. Ein „solcher Modus des sozialen Lebens“ wäre auf die *„Würde des Menschen bei seiner Arbeit“* gerichtet, einer Arbeit, „die ihn an ein Unternehmen knüpfte, das er liebte, auf das er stolz wäre und das für ihn ein *offenes Fenster in die Welt hinein* bedeutete“.

10. Du sollst deine Weltverbundenheit üben

Dies wäre ein gangbarer Weg, eine Welt zu schaffen, „in der die Leute fühlen, daß sie sich im Studium der ernsthaften Probleme unserer Gesellschaft *schöpferisch und einsichtsvoll* verhalten können" (Churchman). Die Gelegenheit für diese Form der „recurrent education" ist im Augenblick auf eine geradezu absurde Weise günstig: einerseits ließe sich solcherart Arbeitslosigkeit und Kurzarbeit auffangen, anderseits könnte eine Gesellschaft nach Churchmans Vision entstehen, „in der *jedermann fühlen würde,* daß er nach seiner Wahl wohlinformiert werden kann über jede Angelegenheit, die er für wichtig hält ..., daß sein Interesse an sozialen Problemen ihn in die Lage versetzt, ‚etwas dafür zu tun' ... daß ihm durchaus Wege offenstehen, um sich gegenüber der Regierung und den Mitmenschen auszudrücken".

„Wer hätte nicht gern einmal Recht bekommen / Doch die Verhältnisse, sie sind nicht so" (Brecht). Immerhin mehren sich in jüngster Zeit die Anzeichen, daß die Idee einer Ethik von Gesamtsystemen von einer wenn auch noch keineswegs wohlinformierten, so doch „sensibilisierten" Öffentlichkeit und Fachwelt geradezu als Erleuchtung empfunden wird: das Bestreben nach einer Gesamtansicht, die den einzelnen als universell Betroffenen wie als Entscheidungsträger eingebettet sieht in Gemeinschaft *und* Schöpfung. Ein Ringen darum macht sich kenntlich, daß der Mensch nicht länger „fehlgreife in Anwendung der leitenden Gesichtspunkte", auf daß er „auch den geschärften Blick für alles Einzelne gewinne" (Epikur).

Die Sache hat nur zwei Haken: Die Einsicht in die Notwendigkeit des Umdenkens *kommt spät,* so spät, daß wohl manche Schäden in der zermarterten, zersiedelten, verbetonierten, von Blech, Stahl und Plastik, Gestank, Gift und Lärm geschändeten Natur nicht wiedergutzumachen sind. Zweitens stellt es der humanistischen Tradition, auf welche manche rhetorisch so große Stücke halten, ein Armutszeugnis aus, daß eine solche Einsicht *lediglich die Folge äußeren Zwangs* und nicht einer inneren Entwicklung ist. Dieser Umstand läßt zudem die Befürchtung aufkeimen, der Pfad der Besinnung sei derart schmal, daß die meisten es vorziehen werden – auch „unter restriktiven Bedingungen" –, auf den breiten Geleisen einerseits im technologisch Machbaren, anderseits in der Mentalität „Wer zahlt, befiehlt" oder „La loi, c'est moi" ungestüm vorwärtszupreschen.

Dennoch – und das ist das Schlüsselwort für alles aufrichtige menschliche Bemühen –, *dennoch* gilt es, die Chancen zu nutzen. Die Schönheitsfehler, welche der sachte sich meldenden geistigen und moralischen Wende anhaften, dürfen nicht an der Aufgabe irre werden lassen, an einer umfassenden *„politischen Ökologie"*[11] zu arbeiten, welche *den Ansprüchen sowohl des einzelnen und der Gesellschaft als auch der „Umwelt" gerecht zu werden versucht.* Ausgehend von einer „realistischen Anthropologie", welche den etwa von Churchman genannten Eigenarten des Menschen Rechnung trägt, sich im Sinne Simone Weils energisch der „Wiedereinwurzelung" des Arbeiters[12] – und das sind wir alle – annimmt und mit der „Weltoffenheit" des Menschen (Max Scheler) ernst macht, könnte es gelingen, dem Menschen als „animal rationale et sociale" (Thomas von Aquino) seine Würde – und das heißt unter anderem: Orientierung am „Umgreifenden" (Jaspers) und Verantwortung für das Ganze, also Teil-habe, Teil-nahme und Teil-werden – zurückzuerobern. Dem schließt sich im Rahmen einer „kosmischen Perspektive" auch die Wiederherstellung der Würde des spinozistischen „Deus sive Natura" an. Weit über ein anthropozentrisches, ebenso hochmütiges wie kleinliches Gerangel um Energie-, Rohstoff- und Nahrungsmittelbeschaffung oder die naturschützerische Gartenlaubenidylle und Wandervogelseligkeit hinausgehend, muß der Mensch in „liebender Hingabe" (Scheler) „begreifen lernen, daß die *Umwelt* nicht ein nach Belieben manipulierbares Objekt ist ... sondern sein *gleichberechtigter Partner,* von dessen intakter Weiterexistenz das eigene Weiterleben abhängt ... Das reine Nützlichkeitsdenken, die banalste Ausdrucksform der alleinigen Anerkennung von Kausalitäten, muß überwunden werden durch die Hinwendung zur *Ehrfurcht vor dem ‚Gegenüber', mit dem* – und nicht gegen das – erst das Leben gewonnen wird."[13]

Schon vor bald einem halben Jahrhundert hat dies Max Scheler in seiner Rede „Der Mensch im Weltalter des Ausgleichs" (1927) ähnlich formuliert: „Der Mensch muß wieder neu lernen, die große unsichtbare Solidarität aller Lebewesen untereinander im Alleben, aller Geister aber im ewigen Geiste, zugleich die *Solidarität des Weltprozesses mit dem Werdeschicksal ihres obersten Grundes* und dessen Solidarität mit dem Weltprozeß zu erfassen. Und er muß diese *Weltverbundenheit* nicht wie eine bloße Lehre aufnehmen, sondern sie lebendig erfassen und sie äußerlich und innerlich *üben und betätigen*. Gott ist sowenig in seinem Wesensgrunde der ‚Herr' der Welt wie der Mensch der ‚Herr und König' der Schöpfung. Sondern beide sind vor allem Genossen ihres Schicksals, leidend und überwindend – einst vielleicht siegend."

Anmerkungen

[1] C. West Churchman: Philosophie des Managements. Ethik von Gesamtsystemen und gesellschaftliche Planung. Aus dem Englischen von Erich Jantsch. Freiburg i. Br. 1973 (Orig.: Challenge to Reason. 1968).

[2] Vgl. David Braybrooke, Charles E. Lindblom: A Strategy of Decision. Policy Evaluation as a Social Process. New York – London 1963.

[3] Vgl. Geoffrey Vickers: Freedom in a Rocking Boat. London 1970 (dt.: Freiheit im kybernetischen Zeitalter. Stuttgart 1975).

[4] Johannes Hoffmeister (Hrsg.): Wörterbuch der philosophischen Begriffe. Hamburg 1955.

[5] Friedrich Dorsch: Psychologisches Wörterbuch. Hamburg – Bern 1963.

[6] Vgl. Hermann Glockner: Die europäische Philosophie von den Anfängen bis zur Gegenwart. Stuttgart 1960, S. 218, Anm. 1.

[7] Rudolf Eisler: Handwörterbuch der Philosophie, neu herausgegeben von Richard Müller-Freienfels. Berlin ²1922.

[8] Karl Jaspers: Vernunft und Widervernunft in unserer Zeit. München 1952, S. 33, 34.

[9] Wilhelm Keller: Vom Wesen des Menschen. Basel 1943.

[10] Vgl. Simone Weil: Unterdrückung und Freiheit. Politische Schriften. München 1975.

[11] Vgl. dazu James Ridgeway: The Politics of Ecology. New York 1971; Harald Sioli (Hrsg.): Ökologie und Lebensschutz in internationaler Sicht. Freiburg i. Br. 1973; Gerd-Klaus Kaltenbrunner (Hrsg.): Konservatismus international. Stuttgart 1973, bes. S. 10f., 258, 266ff.

[12] Vgl. Simone Weil: Die Einwurzelung. München 1956.

[13] Harald Sioli: Die Biosphäre und der Mensch. In: Universitas, Jg. 24, H. 10 (Oktober 1969) S. 1088.

Ich nehme heute Himmel und Erde zu Zeugen gegen euch, daß ich dir Leben und Tod, Segen und Fluch vorlegte. So wähle das Leben, auf daß du lebest, du und deine Nachkommen.

Deuteronomium 30, 19

Man muß die Erde wie ein Gut betrachten und von ihr Ökonomie lernen.

Novalis

FRANZ FURGER

Freiwillige Askese als Alternative

Autorität ist nur asketisch
zu garantieren.

Hugo Ball, Die Flucht aus der Zeit

Daß sittliche Größe, erfüllte menschliche Existenz ohne Einüben von Verzicht nicht denkbar sei, galt der Menschheit über Jahrtausende als selbstverständlich. In den Initiationsriten „primitiver" Volksstämme hat noch heute der junge Mensch zu erweisen, daß er seine spontanen Bedürfnisse und Reaktionen zu beherrschen vermag; erst dann kann er als vollberechtigtes Mitglied der Stammesgemeinschaft gelten. Überwindung der körperlichen Bedürfnisse und Neigungen, vor allem in der Übung des Fastens, ist dem religiösen Inder der Weg zu eigentlichem Menschsein, wie es auch ein Mahatma Gandhi verstand. Das höchste Ziel menschlicher Sittlichkeit, das Satyagraha, das unbedingte, aber gewaltlose Festhalten an Wahrheit und Gerechtigkeit, ist anders als durch äußerlich wie innerlich geübte Selbstzucht überhaupt nicht zu verwirklichen. Daß das traditionelle Japan darin nicht anders denkt, zeigt beispielhaft das strenge Samurai-Ethos unbedingter Selbstbeherrschung. Dies sind nur einige Beispiele, die sich leicht vermehren ließen.

Wie wenig aber auch das christliche Ethos ohne Verzicht und Askese denkbar ist (oder müßte man eher sagen: war?), bedarf kaum einer Erläuterung. Die gesamte Mönchstradition – von den Wüsteneremiten, wie etwa Antonius dem Einsiedler, über die französische Armutsbewegung oder die karmelitische Erneuerung unter Theresia von Ávila und Johannes vom Kreuz bis hin zu Charles de Foucauld – ist geprägt von der grundlegenden Überzeugung, daß ohne eingeübtes Verzichtenkönnen eine ernsthafte Christus-Nachfolge nicht möglich ist: Die unbedingte Bereitschaft, alles – Haus und Hof, Frau und Kind – zu verlassen und seine Jüngerschaft anzutreten, gehört derart zu den Kernstücken der Botschaft Jesu (vgl. Luk. 14,26f. parr.), daß davon eine geschichtliche Prägkraft auch dann noch ausging, als für die Kirche die Verfolgung und damit das Martyrium als Blutzeugnis aufhörte. War es doch gerade die mit der offiziellen Anerkennung der Kirche unter Konstantin einsetzende Etablierung des Christentums, welche als Korrektiv jene Mönchsbewegung hervorrief, die sich dann, sicher nicht ohne gelegentliche Verzeichnungen und Einseitigkeiten, durch die Jahrhunderte im christlichen Abendland fortsetzte.

Asketische Einübung von Verzicht und Nachfolge Christi erscheinen somit als wesentlich zusammengehörend. Insofern ist es auch einsichtig, wenn etwa das Lexikon zum „Handbuch für Pastoraltheologie“ (Freiburg 1972) unter dem Stichwort „Askese“ auf „Nachfolge Christi“ verweist. Umgekehrt müßte es nach dem Gesagten aber doch stutzig machen, daß man außer einigen Hinweisen unter dem Stichwort „Verzicht“ offenbar nichts Eigenes dazu zu sagen hat. Trotzdem ist dieser Befund typisch für ein auch unter Christen verbreitetes Zeitgefühl, das für die früher so selbstverständliche Askese kaum Verständnis findet, obwohl in dem Augenblick, da die moderne Industrie- und Konsumgesellschaft immer deutlicher an ihre Grenzen stößt, das Thema „Konsumverzicht“ zunehmend hörbar wird.

Sind Verzicht und Askese masochistisch?

Daß es asketische Fehlformen gab, die nicht, dem griechischen Wortlaut entsprechend, Einübung zu möglichem Verzicht, also zu Selbstbeherrschung hinsichtlich der trieblichen Bedürfnisse und Regungen oder zu dem, was Ignatius von Loyola mit „Indifferenz“ umschrieb, bedeuten, ist nicht zu bestreiten. Solche Verkrümmungen führten nicht zur Befreiung zu wahrem Menschsein, sondern in neue, noch dazu oft raffinierte Zwänge. Der einmal vertriebene Dämon kommt mit sieben schlimmeren zurück (Luk. 11,24–26) – der neutestamentliche Hinweis deutet dies so gut an wie die lateinische Lebensweisheit „corruptio optimi pessima". Allerdings müßte in diesem Zusammenhang die antike Einsicht hinzugefügt werden: „abusus non tollit usum". Wenn das Verderben des Besten das Schlimmste ist, was dem Menschen zustoßen kann, so darf das Risiko von Verfehlung und Mißbrauch doch nicht das Streben nach diesem Besten aufheben. Ebendies scheint aber der abendländischen Geistesgeschichte zugestoßen zu sein, und zwar in einem dreifachen Schub.

Eine erste prinzipielle Infragestellung des Sinns von Askese und Verzicht brachte die *Theologie der Reformation,* insbesondere die Rechtfertigungslehre Martin Luthers. Unter dem Stichwort „sola gratia" wurde zwar mit Recht ein christliches Leistungsdenken bekämpft, das, auch in Praktiken der Selbstkasteiung, einer Idee von Selbsterlösung und damit einer besonders raffinierten Form von Stolz und Hybris Vorschub leistete. Trotzdem stellt das daraus folgende Verschwinden von Fastenzeiten, des Sinnes für jede Form von Bußübung, ja der mönchischen Existenz selbst als eines zeichenhaften Lebens aus den „evangelischen Räten" bei ungefähr der Hälfte der Christenheit einen Einbruch dar, der aus heutiger Sicht nur als ein Verlust bezeichnet werden kann.

Den zweiten wesentlichen Einbruch brachte die *Trieblehre von Sigmund Freud.* Wiederum kann kaum bestritten werden, daß die viktorianische Moral mit ihren einengenden Konventionen zerstörerische Zwänge bewirkte, zu Verklemmungen und zum Verlust personaler Entfaltung führte. Nicht dieses fällige Korrektiv, wohl aber dessen (gegen Freuds Absicht) popularisierte Verallgemeinerung, daß nämlich der nicht ausgelebte Trieb (vor allem im Bereich der Sexualität) zu Frustration, Verklemmung und Persönlichkeitsverminderung führe, daß Verzicht also eine Form von Masochismus, von krankhafter Selbstquälerei, darstelle, mußte erneut zu einer völligen Verkennung des ursprünglichen Sinns von Verzicht und Askese führen. Wo diese entsprechend dem neomarxistischen Slogan, jede Unterdrückung sei Triebunterdrückung (Herbert Marcuse), nur als Mittel von Herrschaftsausübung und -sicherung in der Hand privilegierter Klassen verstanden werden, ist der

Möglichkeit zu einem positiven Verständnis eine zusätzliche Schranke gesetzt.
Ein dritter Faktor, der einem positiven Verständnis von Verzichtenkönnen entgegensteht, liegt wohl in der *Struktur einer hochentwickelten Industrie- und damit auch Konsumgesellschaft* begründet. Die progressive Sexualisierung hat überdies dazu geführt, daß immer weniger Menschen einsichtig ist, daß Verzicht im Umgang mit Konsumgütern möglich, ja notwendig sein sollte. Da die Produktewerbung mit einer Koppelung von Sexual- und Konsumverhalten arbeitet (man achte nur etwa darauf, mit welchen Hinweisen auf größeren Erfolg beim anderen Geschlecht etwa für Zahnpasta, Uhren oder Automobile, von Kosmetika ganz zu schweigen, geworben wird), kann die entsprechende allgemeine Wirkung kaum ausbleiben. Die Versklavung des Menschen in Bequemlichkeit, Wohlstand und Luxus wird durch die (scheinbare) „Befreiung" der Sexualität, entgegen der Meinung Marcuses, nicht abgebaut, sondern im von Profit- und Genußdenken geförderten Konsumzwang erst recht gefestigt. Wer von Askese und Verzicht redet, gilt nicht nur als altmodisch, sondern auch als Misanthrop, der versucht, eine bestehende und zur Zufriedenheit funktionierende Wirtschaftsordnung zu stören. Erste gegenteilige Ansätze nach den eindrücklichen Analysen des „Club of Rome" über die Grenzen des Wachstums (1972) drohen nach Einsetzen einer wirtschaftlichen Rezession rasch vergessen zu werden. Training im Sinn der Erhaltung von Gesundheit und Fitness oder zur Erreichung sportlicher Ziele, Fasten zugunsten der attraktiven schlanken Linie mag angehen, aber der Gedanke an Verzicht als Mittel zur Persönlichkeitsfindung und inneren Befreiung gilt geradezu als pervers.

Der Irrtum der Konsumgesellschaft

Trotz dieses allgemeinen Befunds ist die negative Bewertung der Askese heute nicht mehr völlig unbestritten. Der Bericht des „Club of Rome" über die Grenzen des Wachstums hat viele aufgeschreckt. Einst einsame Rufer in der Wüste, wie der eingangs zitierte Hugo Ball, finden plötzlich wieder Beachtung. Sein Werk „Die Flucht aus der Zeit" (1946, zuerst 1926), das lange Jahre

in den Kellern seines Luzerner Verlegers alle Wirrsale überstanden hat, findet erneut Käufer, und dort heißt es:
„Die christliche Asketik ist eine Lehre von Methoden, wie man die Natur und den Trieb überwindet, wie man die Freiheit erobert; das Himmelreich will ja nach dem Evangelisten erobert sein. Die generöse Denkart, das Wissen, der Heroismus: die ganze Hierarchie ruht auf dem Prinzip der Askese. Die hohen Dinge sind kostspielig, teuer. Sie kosten die Selbstüberwindung, wenn nicht die Zerschmetterung des ganzen selbstischen Menschen. Man kann sich nicht im Schlaraffenland und in der Civitas Dei zugleich aufhalten... Die Autorität ist nur asketisch zu garantieren..." (S. 208, 219).
Dabei meint Autorität nicht Machtanspruch über andere, sondern Macht über sich selber, kurz: Persönlichkeit in Gemeinschaft mit anderen und für andere. Doch wenn dies stimmt, was bedeuten dann solche Aussagen für uns angesichts der oft zitierten und allmählich auch im Alltag bedrohlich erfahrenen Grenzen des Wachstums? Einmal – und dies scheint primär wichtig – das Eingeständnis des im bisherigen Zeitgeist schlummernden Irrtums: Nicht der schrankenlose Genuß, das Ausleben jeder trieblichen Regung führt zur Befreiung der menschlichen Person, sondern nur der weise Umgang, die Zügelung, das Maß, welches die Alten unter dem Stichwort der „temperantia" als eine der Kardinaltugenden priesen, die uns nicht angeboren ist, sondern stets neu eingeübt sein will. Konsumgüter in reicher Auswahl sind gewiß auch eine Chance menschlicher Selbstverwirklichung, doch nicht ein Wert an sich. Wertvoll werden sie erst, wenn sie mit Maß, das heißt distanziert und ohne inneren Zwang, vom Menschen in Gebrauch genommen sind.
Ein Weiteres scheint aber nicht weniger bedeutsam: Verzicht und unbeschränkter Konsum sind alles andere als nur den einzelnen betreffende menschliche Entscheidungen. Sie betreffen stets auch das gesellschaftliche Ganze. Sie gehören wesentlich in die soziale Dimension. Damit ist aus den erst in den letzten Jahren erkannten weltweiten Funktionszusammenhängen ein auch im Vergleich zum traditionellen positiven Verhältnis zu Askese und Verzicht wesentlich neuer Gesichtspunkt erschlossen. Wohl war Weltverzicht, wie er zeichenhaft im Stand der evangelischen Räte dargelebt wor-

den war, nur in Fehlformen individualistisch mißverstanden worden. Daß der Verzicht des einzelnen aber zu einer gesamtgesellschaftlichen Notwendigkeit werden könnte, von der letztlich das Überleben der Menschheit abhängt, ist eine noch nie dagewesene sittliche Forderung. Nicht nur die Entschlüsse der Mächtigen in Politik und Wirtschaft, sondern auch meine überheizte Wohnung, mein übertriebener Gebrauch phosphathaltiger Waschmittel, meine Wegwerfgewohnheiten usw. sind zu entscheidenden Faktoren im ökologischen Haushalt geworden.
Vor einer solchen Notwendigkeit, an welcher auch alle Kritik an Einzelheiten und methodischen Grundlagen des „Club of Rome"-Berichtes keinen Zweifel aufkommen lassen, ergibt sich, neben der unerläßlichen Einsicht in Grenzen und Irrtum einer unbeschränkten Konsummentalität, eigentlich nur eine prinzipielle Alternative: *freiwillige Askese oder zentralplanerischer Zwangsverzicht.*

Askese oder Zwangsverzicht

Diese neue gesamtgesellschaftliche Notwendigkeit menschlicher Selbstbeschränkung im Umgang mit den materiellen Gütern dieser Welt, die sich immer mehr als ein äußerst begrenztes Raumschiff erweist, ergibt sich nicht zuletzt aus zwei Einsichten, die in verantwortetem menschlichem Handeln berücksichtigt sein wollen: Alle Maßnahmen, auch die individuell persönlichen, haben zugleich *weltweite und langfristig wirksame Folgen.*
Diese Tatsache langfristig wirksamer, weltweit komplexer Zusammenhänge verleitet nun leicht zur Annahme, daß nur mehr umfassende, auf Computertechnik basierende Planung mit einer zentralwirtschaftlichen Steuerung die Chance einer Rettung bieten könne. Wie sehr die Durchsetzbarkeit einer solchen Gesamtplanung mit einem politisch totalitären System verbunden sein muß, hat schon 1949 George Orwell visionär in seinem Roman „1984" festgehalten. Der Schau von damals ist auch heute kaum etwas beizufügen, nur daß man offenbar unter dem Druck der Umweltbelastungen aller Art diesen monströsen Konsequenzen gegenüber sorgloser geworden ist, ja sie da und dort für eine im Hinblick

auf das Überleben der Menschheit begrüßenswerte Zukunftsperspektive hält. Wo ungeachtet der skrupellosen Gleichschaltung und Zerstörung zahlloser menschlicher Einzelpersönlichkeiten das maoistische China als ein „Entwicklungsmodell" gepriesen wird (vgl. A. Imfeld, Stichwörter 36, Fribourg 1974), hat man diese Sicht bereits angenommen.

Trotzdem bleibt die Frage, ob ein solcher Zwangsverzicht in totaler Planung der einzige Ausweg ist, ja ob er aus der Sicht eines humanistischen oder gar christlichen Menschenbildes überhaupt verantwortet werden kann. Eine negative Antwort scheint möglich: Der totalitäre strukturelle Zwang ist weder nötig noch annehmbar, ja er erscheint in sich widersinnig. Der letzte Sinn der Erhaltung einer bewohnbaren Welt kann ja nicht in der Erhaltung einer total manipulierten Primatengattung liegen, sondern nur in der einer humanen Menschheit. Diese aber ist weder eine Überperson noch ein absolutes Kollektiv, sondern eine Gesellschaft freier, personaler und geistbegabter Individuen.

Daß für ein christliches Verständnis, welches im Menschen den ebenbildlichen Partner des Schöpfergottes sieht, eine solche totalitär verplanende Zukunftsschau völlig unannehmbar bleibt, wie sie auch allen humanistischen Traditionen des Abendlandes widerspricht, braucht kaum eigens dargelegt zu werden. Wenn der französische Strukturalist Michel Foucault aus seinem geschichtslosen Strukturdenken heraus konsequenterweise vom „Tod des Menschen" redet, der dem „Tod Gottes" unweigerlich folge, beweist er damit nur von der Gegenseite her, wie richtig der Ausgangspunkt unserer Überlegungen ist.

Trotzdem bleibt die Frage, ob die bisherige Entwicklung der modernen Industriezivilisation solche Zwangsmaßnahmen nicht doch – wenigstens teilweise und zeitweilig – nötig mache. Angesichts der berechtigten Skepsis und Resignation vor den Entwicklungen der letzten Jahrzehnte scheint dieser Schluß zwar begreiflich, doch ist er nicht unbedingt zwingend. Bildungsmöglichkeit und schöpferische Phantasie des Menschen lassen es als möglich erscheinen, die fatalen Zusammenhänge einer bloß an Genuß und Profit orientierten Menschheit (besonders ihrer ohnehin schon privilegierten Teile) einsichtig zu machen und entsprechende Abwehrmechanismen zu aktivieren. Ebenso ist nicht von vornherein auszuschließen,

daß die fälligen Entscheidungen nicht auf andere gesellschaftliche Gruppierungen, Klassen oder die behördliche Verantwortung abgeschoben, sondern aufgrund eigener Selbstbescheidung getroffen werden. Die begründete negative Prognose vermag, wie manche Erfahrungen lehren, Gegenkräfte zu wecken.
Mit solchen auf die persönliche Verantwortlichkeit verweisenden „systemorientierten" Entscheiden begegnet uns die aufgegriffene Thematik wieder: die Bereitschaft zur Einübung freiwilligen Verzichts, das heißt zur Askese, die sich allein als mögliche Alternative zu einer entmenschlichten totalitären Planung und ihren systemkonformen Zwangsverzichten anbietet. Bedenkt man außerdem, wie jedes totalitäre System wesentlich auf einer unkontrollierbaren und anonymen Funktionärsmacht basiert, dann wird die bis vor kurzem unerhörte Alternative überdeutlich: Beschränkung aus freiem Verzicht oder entmenschlichender Systemzwang, der letztlich nur eine andere Form menschlicher Selbstzerstörung wäre, heißt nun das Problem.

Der Mensch als Verwalter der Schöpfung

Stellt man sich als Christ unter diesen Umständen die Frage nach den Leitmotiven und Kriterien für eigenverantwortliches und selbstbescheidendes Entscheiden, so sieht man sich auf die fundamentalen Aussagen des biblischen Menschenverständnisses verwiesen, dem ein völliger Determinismus ebenso fernsteht wie die sich selbst verabsolutierende Hybris totaler Souveränität. Vielmehr erscheint der Mensch als ein Partner Gottes, dem dieser die übrige Welt zu freier und verantwortlicher Verwaltung überträgt. Selber Geschöpf und damit von Gott wesentlich abhängig, ist er doch in eine freie Verfügung über sich und die übrige Welt gestellt. Seine Freiheit gründet also in seinen *Grenzen,* in der geschöpflichen Abhängigkeit. Wo er sie in selbstüberheblichem Stolz leugnet, wo er selber „sein will wie Gott", zerstört er nicht nur diese Freiheit, sondern letztlich sich selber. Die eigentliche Folge der Sünde ist tatsächlich der Tod: Die biblische Sündenfallgeschichte (Gen. 3) umschreibt diese Situation trefflicher, als abstrakte Begriffe es vermögen. Nicht willkürliche Herrschaft, sondern freie Abhängigkeit, so paradox es klingt, ist die Wesensart des Menschen. Er steht in einer Art von labilem Gleichgewicht der Verantwortung, die sowohl frei verfügt als auch Antwort, Rechenschaft schuldet. Er ist berufen zu schöpferischer Eigengestaltung, die sich aber an einer letzten Norm auszurichten hat. Er hat eine wesentliche Grenze, welche ihm aber nicht so sehr Einschränkung als ermöglichender und tragender Grund ist.

So bleibt menschliche Existenz der Gefährdung durch zwei Extreme ausgesetzt: der Verneinung der freien Eigenverantwortlichkeit in einem Determinismus, der die ganze Lebenswirklichkeit als einen immensen kybernetischen Regelkreis versteht, wie ihn etwa der französische Biologe Jacques Monod in seinem Werk „Der Zufall und die Notwendigkeit" vertritt, oder aber einer schrankenlosen Anthropozentrik, wie sie praktisch, wenn auch nicht theoretisch, durch die rücksichtslose Nutzung aller natürlichen Produktionsmittel (selbst den Mitmenschen nicht ausgenommen) in der modernen Industriewirtschaft rein liberalistischer Prägung wenigstens im Ansatz vollzogen wurde.

Daß sich dabei gelegentlich auch Christen auf das biblische Wort „Macht euch die Erde untertan" (Gen. 1,28) bezogen und daraus einen unbedingten Herrschaftsanspruch ableiten zu können glaubten, stimmt zwar. Nur sollte man nicht übersehen, daß darin eine Verfälschung der Botschaft der Bibel liegt, die neben „untertan machen" auch von „bebauen und bewahren" (Gen. 2,15) spricht. Wer also, wie Carl Amery, in der gesellschaftlich-wirtschaftlichen Entwicklung der Neuzeit die „gnadenlosen Folgen des Christentums" zu erkennen glaubt, sollte wenigstens darauf hinweisen, daß es sich dabei um eine *Fehlform* handelt.

Was der antike Grieche Hybris und was der Christ Sünde nennt, bleibt eine reale Möglichkeit, zu welcher der Mensch stets (und der moderne Mensch unter dem Eindruck der enormen Möglichkeiten naturwissenschaftlich begründeter Technik vielleicht sogar besonders) einen gewissen Hang hat. Aber er vermag nach Hiroshima einerseits und dem Bericht des „Club of Rome" andererseits auch deutlicher als je zuvor zu sehen, welche Folgen solche Hybris hat: Die zerstörte Natur selber droht den gotteslästerlichen Frevel zerstörerisch zu rächen.

Die nüchterne Einschätzung dieses menschlichen Hangs zu

Selbstherrlichkeit, Stolz und Rücksichtslosigkeit sowie seiner heute ablesbaren chaotischen Folgen müßte zu jener Besinnung führen, welche die *freie Anerkennung der eigenen Grenzen* als wesentliches Moment echter und voller Menschlichkeit erkennen läßt. Anerkennung eigener Begrenzung jedoch heißt erneut nichts anderes als Bereitschaft zu Verzicht und als dessen Voraussetzung eine entsprechende Einstellung und Einübung, also: *Askese.*
Die großen christlichen Lehrer des geistlichen Lebens haben deshalb immer wieder darauf hingewiesen, daß Askese unerläßlich sei zur Überwindung dieser frevelhaften Hybris oder kurz: der Sünde im Menschen. Was Paulus über Enthaltsamkeit und Verzicht im Vergleich zum Training des Sportlers für eine christliche Lebensbewältigung sagt (1 Kor 9,25), gilt über alle zeitlichen Unterschiede hinweg.

Personal verantwortete Freiheit – Traum oder reale Utopie?

Auch wenn man diesem christlichen Verständnis prinzipiell zustimmt, ist damit die Antwort auf die anstehenden Zeitfragen noch nicht gegeben. Erhebt sich doch der Einwand, daß in dieser Sicht eine Schau vorgestellt werde, die allenfalls als ein eschatologisches, also utopisch-jenseitiges Ideal Gültigkeit haben könne, das von einer kleinen Elite vielleicht sogar da und dort gelebt, niemals aber von breiten Massen erfaßt zu werden vermag. Tatsächlich hätten sich die evangelischen Forderungen eines solchen konsequenten Umgangs mit der Welt („in der Welt, aber nicht von der Welt", Joh. 17,15) immer nur in klösterlichen Gemeinschaften durchzusetzen vermocht, also abseits vom Alltag und ebendadurch ohne wesentlichen Einfluß auf denselben.
Der Einwand ist ernst zu nehmen: Distanzierter Umgang mit der Welt und ihren Gütern und als dessen Voraussetzung Verzichtbereitschaft waren oft mit einer Weltflucht verbunden, die zu idyllischer oder gar skurriler Wirkungslosigkeit entarten konnte, wenn sie nicht sogar in eine besonders behütete Bequemlichkeit abglitt. Aber einmal mehr sind es nicht solche abweichenden Fehlformen, die zählen, sondern das Prinzip und die gelungenen Versuche. Zusammenschlüsse besonders bewußter Christen in einer gewissen

Weltdistanz dienten nicht nur der persönlichen Befreiung zu dem, was Hugo Ball mit „Autorität" umschrieb, sondern stets auch der *„Verwandlung der Welt"*. Christlich-asketische Gemeinschaften haben stets auch weltgestaltende Kräfte freigesetzt, nicht zuletzt in Richtung auf eine Humanisierung der Welt durch verantwortete Kultivierung. Man denke etwa an die benediktinische Bewegung oder jene Orden, die sich der besonderen Sorge um irgendwie benachteiligte Mitmenschen, um Kranke oder Arme, junge Bildungsbedürftige oder hilflose Betagte widmen. Der in der Geschichte des Abendlandes trotz aller Rückschläge feststellbare Zug zur Humanisierung von Welt und Gesellschaft gründet in einer Verzichtbereitschaft, die, dem möglichen Anschein elitärer Weltflucht zum Trotz, weltgestaltend wirksam war – eine Tatsache, die vor allem heute nicht außer acht gelassen werden dürfte, wenngleich zeitgemäßer christlicher Einsatz keinesfalls bloß Bisheriges fortsetzen kann, sondern nach neuen Formen des notwendigen mitmenschlichen Dienstes Ausschau halten muß.

Zudem haben radikal christliche Bewegungen sich niemals bloß auf den klösterlichen Bereich beschränkt. So hat die franziskanische Armutsbewegung den Gedanken eines verantworteten Umgangs mit materiellem Eigentum über ihre „Laienorganisation", den sogenannten Dritten Orden, in breite Kreise getragen, und dies in einer Zeit, in welcher der städtische Handel mit seiner aufkommenden Geldwirtschaft die neuen Probleme eines in der bisherigen Subsistenzwirtschaft unbekannten Gewinnstrebens aufbrachte. Auch die Exerzitien des heiligen Ignatius von Loyola waren ursprünglich für Laien gedachte „geistliche Übungen" zu bewußt christlicher Lebensentscheidung und -gestaltung. Übung, Training, Exerzitien, Askese – diese synonymen Begriffe tauchen spontan auf. Was eingeübt werden soll, ist die *„Indifferentia"*, die allerdings in keiner Weise mit einem fatalistischen Quietismus gleichzusetzen ist, sondern sich den für die eigene Person anfallenden Folgen einer Lebensentscheidung gegenüber „indifferent", also gleich-gültig, verhält. Gleich-Gültigkeit bedeutet, daß bei christlichem Engagement die Kategorien von arm oder reich, verachtet oder angesehen, krank oder gesund nicht ins Gewicht fallen dürfen. Wichtig scheint im hier zu überlegenden Zusammenhang, daß es dabei nicht bloß um ein innerliches Vollkommenheitsstreben ging, sondern sehr wohl um eine zugleich auch weltgestaltende Initiative. Der jesuitische Missionseinsatz, dem in geschichtlich einzigartiger Weise jeder Kulturkolonialismus fremd war, ist für die eigentliche Absicht zwar beispielhaft, blieb aber Einsatzgebiet der Ordensleute. Was hier jedoch interessiert, ist die Tatsache, daß diese Haltung gleichzeitig und in derselben geistigen Ausrichtung über die an den jesuitischen Bildungsanstalten damals blühenden „Marianischen Kongregationen" an die führenden Laien jener Zeit tradiert wurde. Aus solcher „Indifferenz" gelangten gestalterische Impulse auch in die Welt von Politik und Wirtschaft.

Diese Beispiele aus der Wirkgeschichte christlicher Ideen (sie ließen sich vermehren) zeigen, wie die Forderung einer humanen Weltgestaltung aus verantworteter Selbstbeschränkung auch außerhalb abgeschlossener Gruppen in gelebte Welt-Praxis übersetzt werden kann. Personal freie Verantwortlichkeit ist somit nicht bloß ein theoretischer Traum, sondern, um den modernen Ausdruck zu gebrauchen, eine „reale Utopie": etwas, was zwar als Zustand noch nicht erreicht ist, aber doch im Bereich des Möglichen liegt. Askese und Verzichtbereitschaft sind, so paradox es dem allgemeinen Zeitgeist auch scheinen mag, ein Gebot der Stunde, und zwar für den Menschen schlechthin.

Konkrete Folgerungen

Gegen den „Wahnwitz des Wachstums" (André Biéler und Philip A. Potter, Fribourg 1974) gibt es nur *das asketisch zu leistende Zurück zum rechten Maß* verantworteter Selbstbescheidung. Die Erkenntnis jedoch, daß damit nicht weltferne, elitäre Gedanken geäußert wurden, sondern reale Möglichkeiten echt menschlicher Selbstverwirklichung, sollte zu phantasievollem eigenem Einsatz anspornen.

Dabei darf allerdings nicht übersehen werden, daß trotz zunehmender Einsicht in diese Zusammenhänge der Ruf nach Askese und Verzicht sich kaum bald großer Popularität erfreuen wird. Der Hinweis auf diese Notwendigkeiten gehörte immer schon zu den harten Wahrheiten, besonders wenn man sie nicht vorwurfsvoll an andere, sondern konkret an sich selbst richtet. Zu vermeiden ist dabei auch der subtilere (aber ebendeshalb besonders bequeme) falsche Ausweg, zwar bei sich selbst, bei der eigenen Nation und der eigenen Kirche mit der Gewissenserforschung anzufangen, dort aber wieder bei den anderen, den Behörden, den Mächtigen der Wirtschaft, den multinationalen Konzernen, den Kirchenleitungen usw. die Schuld zu suchen und im persönlichen Sinn sich selbst auszunehmen. Obwohl oder gerade weil in den komplexen Wirkzusammenhängen solche Entschuldigungen besonders naheliegen, sind sie besonders gefährlich, bauen sie doch einmal mehr persönliche Verantwortung ab und leisten eben dadurch Tendenzen zu gesellschaftlicher Verplanung Vorschub.

Wo aber harte und zudem noch leicht zu überdeckende Wahrheiten genannt und existentiell aufgegriffen werden sollen, bedarf es zunächst einer gewissen Muße, damit wir zu uns selbst kommen und so in uns gehen können. Wenn es wirklich um eine lebensgestaltende Einübung wesentlicher Einsichten geht, ist eine Distanz von Hetze, Erfolgszwang und Leistungsdruck des Alltags als eine erste Maßnahme wohl unerläßlich. Was Ignatius von Loyola von demjenigen, der sich auf seine geistlichen Übungen einlassen will, an Zurückgezogenheit und Stillschweigen fordert, gilt grundsätzlich auch für den heutigen Menschen, der übrigens im neuerwachten Bedürfnis nach Meditation etwas von dieser Notwendigkeit bereits zu spüren scheint. Daß solche Distanznahme zugleich schon eine erste Form von Verzicht und dessen Einübung darstellt, ist kaum erstaunlich, so wenig übrigens wie die Tatsache, daß nach der ersten Selbstüberwindung zur Distanzierung und Relativierung des eigenen Alltags der Verzicht selbst als wohltuend empfunden wird. Denn so schwer man dies für gewöhnlich einsieht, Verzicht wie Askese sind nie Selbstzweck, sondern nur (wenngleich unerläßliche) Mittel zu personaler Befreiung und Selbstfindung, also zu vollerer Selbstentfaltung und Erfüllung.

Erst aus solcher Distanznahme scheint es dann möglich, konkrete, und das heißt immer auch der persönlichen Situation angepaßte Weisen von Einübung oder Askese, die allerdings in unserem Zivilisationsraum fast immer Konsumverzicht bedeuten werden, ins Auge zu fassen. Spontan denkt man dabei an kirchliche Initiativen, die alte Idee der Fastenzeit in die Dimensionen weltweiter Verantwortlichkeit für Hunger, Not und Elend in der Welt zu stellen, wie es seit gut zehn Jahren die Misereor-Aktion in der deutschen Bundesrepublik oder das Fastenopfer der Schweizer Katholiken versucht. Wer die inneren Strukturen solcher Werke etwas genauer kennt, weiß, wieviel hier an wirklich verantwortetem Verzicht, der das Maß einer Alibi-Beruhigung des Gewissens bei weitem übersteigt, unscheinbar und doch wirksam geleistet wird. Auf nichtkirchlicher Ebene wird einem wohl das bekannte 40-Punkte-Programm des WWF (= World Wildlife-Fund) in den Sinn kommen, welches nicht ohne Erfolg den verantworteten und sparsamen Umgang mit den natürlichen Quellen der Lebens- und Genußmittel propagiert, die Tierwelt vor sinnloser Ausbeutung zu schützen, den Mißbrauch chemischer Bequemlichkeitsmittel zu drosseln und den Trend zu einer allgemeinen Wegwerfkultur umzukehren sucht.

Trotz aller begrüßenswerten Momente scheint bei diesen Aktionen, sosehr sie auf echtem Verzicht aufbauen, noch ein bedeutsames Element zu fehlen: Der Verzicht wird noch zu sehr bloß im Hinblick auf den gerechten Ausgleich bewertet. Würde es nicht pejorativ tönen, müßte man sagen, er sei noch zu materiell verwurzelt. Wäre der Ausgleich an materiellen Gütern einmal erreicht, würde weiterer Verzicht, so scheint es, sich von selber erübrigen.

Ebendies wäre aber ein Mißverständnis. Die Wurzel des Übels, das in der Einübung von Verzicht angegangen werden soll, liegt tiefer. Selbstverständlich bleibt der gerechte Ausgleich der materiellen Güter dieser Welt eine große und legitime Aufgabe. Darüber hinaus bleibt aber Askese eine menschliche Lebensnotwendigkeit überhaupt. Askese, freiwillige Distanznahme durch Verzicht, so unscheinbar er Dritten erscheinen mag, ist ein unersetzliches Korrektiv gegen Stolz, Selbstüberheblichkeit und Größenwahn. Askese gehört, wie die Alten schon wußten, zu echter Selbsterkenntnis und damit zu jener Weisheit, die der dänische Philosoph und Theologe Sören Kierkegaard einmal in die Worte faßte: „Gottes zu bedürfen ist des Menschen größte Vollkommenheit.“

RUDOLF SCHOTTLAENDER

Ethische Urteilskraft als Überlebensbedingung

Daß der ethische Ruf nach mehr Bescheidenheit etwas zu tun haben soll mit der Sorge ums Überleben unzähliger Menschen in erhöhter Gefahr, mag nicht jedem sofort einleuchten. Der Zusammenhang soll hier zunächst untersucht werden im Hinblick auf die überdimensional gemeinschädlichen Urteilsfehler, die sich aus der Unbescheidenheit, und die entsprechend heilsamen Urteilstugenden, die sich aus der Umkehr zur Bescheidenheit ergeben. Hierzu ein Musterbeispiel!

Das Gewinnende der Demut

„*Das Gewinnende der Demut*" („The Grace of Humility") – so überschrieb Walter Lippmann seinen Leitartikel vom 24. September 1957. Grund dieser Titelwahl war sein Unbehagen über die offizielle Sprache, die unter der Regierung Eisenhower der Präsident selbst und mehr noch sein Außenminister John Foster Dulles führten. Weder parteipolitische Gegnerschaft noch persönliche Abneigung sprachen mit. Wir dürfen es Lippmann glauben, wenn er am 26. Mai 1959 (in der gleichen Kolumne der Tageszeitung „The New York Herald Tribune") seinem Nachruf auf Dulles die

Versicherung einflicht, er sei „etwa dreißig Jahre lang sein Freund und in vielen Fragen der Politik sein Kritiker gewesen".
Die Demut, an die er im Herbst 1957 mahnt, wäre, so meint er, immer dann besonders zu wünschen, wenn die führenden amerikanischen Staatsmänner „sich an die Menschheit wenden". Bei solchen Gelegenheiten setzen sie sich gewöhnlich in eine „moralische Positur", die sich radikal ändern müßte, wenn Abhilfe geschaffen werden sollte gegen die außerordentliche Unbeliebtheit von Herrn Dulles im Ausland. Der erforderliche Wandel in der Haltung hätte darin zu bestehen, daß es zu „einer jetzt mangelnden Demut in der Frage unserer moralischen Erhabenheit und zu einer neuen Aufrichtigkeit" käme. „Denn" – so fährt er fort – „unsere Fehler und unsere Sünden scheinen um so größer, wenn sie von der Welt gegen das übermäßig selbstgerechte Bild gehalten werden, das unsere offizielle Version über uns selbst ist."
Lippmann nimmt Bezug auf eine Reihe von damals aktuellen Problemen, von denen ihn am meisten das Verhältnis zu Frankreich zu bewegen scheint. Unter den Anstößen, die der von ihm gekennzeichnete amerikanische Sprachduktus im Ausland erregt, steht an erster Stelle die Stellungnahme Washingtons in dem Dilemma „Frankreich und die Araber". Gemeint ist der Algerienkonflikt, der sich damals, noch vor der Wiederkehr von Charles de Gaulle an die Macht, aufs äußerste zugespitzt hatte. Offensichtlich ist vor allem an die Franzosen gedacht, wenn es von der offiziellen amerikanischen Selbstverherrlichung und „Unbescheidenheit im Hinblick auf unsere menschlichen, unsere sehr menschlichen Versäumnisse und Fehler" heißt: „Dies entfremdet uns diejenigen und macht sie gegen uns erbittert, die aus nationalem Interesse unsere Freunde und Verbündeten sind, wenigstens die Stolzeren unter ihnen, die uns nicht in der Hoffnung auf künftige Gunstbeweise die Stiefel lecken." Was Lippmann insbesondere seinem Freund Dulles vorwirft, gipfelt damals, angesichts eines „auf der Hautfarbe eines Menschen basierenden Kastensystems", wie es sich gerade wieder im militärischen Einschreiten bei Rassenunruhen (Stichwort „Little Rock") enthüllt hatte, in einer Charakteristik deren Bedeutung weit über den Augenblick hinaus und bis in unsere Tage reicht: „Herr Dulles ist als aktiver Mann ein zäher und realistischer Taktiker im Bereich des Ausführbaren. Als

Redner aber ist er ein Moralist, der unwandelbare und zuversichtliche Vertreter von allem, was recht ist, einer ... der ohne Humor und Demut das moralische Gesetz vorschreibt, so als spräche daraus der Mann, der im Recht ist, von oben herab zu dem, der im Unrecht ist."

Zwar wird in der damaligen Situation Indochina unter den Anlässen zu solcher Warnung noch nicht erwähnt, aber die auf Vietnam bezüglichen Implikationen, auch wenn sie im Rahmen eines Leitartikels noch nicht spruchreif waren, sind doch unverkennbar und fordern heute zu einer an Lippmann orientierten „rückwärts gewandten Prophetie" – mit Friedrich Schlegel zu reden – geradezu heraus. Der Artikel von Walter Lippmann gewährt uns, auch wenn darin vorwiegend von unerwünschten Wirkungen die Rede ist, einen Blick auf die dahinterstehende moralische Haltung: den sich höchst edel dünkenden und doch, trotz allen Moralisierens, bloß scheinmoralischen Hochmut, der das Gegenteil darstellt zu echt moralischer „Demut", das heißt einer nicht nur individuell, sondern auch kollektiv geübten selbstkritischen Bescheidenheit. Von dieser moralischen Haltung zu dem erst zwanzig Jahre später erfolgten Zusammenbruch der amerikanischen Vietnampolitik führt eine direkte Linie. Die vulgäre Verachtung der Farbigen, also auch der Vietnamesen insgesamt, hatte sich in den Vereinigten Staaten mit einer menschenfreundlich daherkommenden Weltbeglückerideologie zu einer moralisch fragwürdigen, doch außenpolitisch zeitweise sehr wirksamen Mischung verbunden. Zeigt sich somit der moralisierende Hochmut als der tiefste Grund für ungeheure politische Rückschläge, so geht daraus dreierlei hervor:

a) wieviel Schaden ein falsches Urteil (von Dulles) über moralische Zeitgeschichtsfaktoren, beispielsweise über die Bündnisbereitschaft der zum Schmeicheln zu stolzen Franzosen, anrichten kann;
b) wie sehr ein richtiges Urteil (von Lippmann) über einen ebenfalls moralischen – wenn auch negativ zu wertenden – Zeitgeschichtsfaktor wie den amerikanischen Moralistenhochmut wahrscheinlich, *wenn* beherzigt, Nutzen *hätte* stiften können oder vielleicht, *soweit* beherzigt, Nutzen gestiftet *hat;*
c) wie unermeßlich viel (überhaupt und insgesamt) abhängt von Wahrheit und Irrtum in der Beurteilung der moralischen – im

weitesten Wortsinn den materiellen gegenüberzustellenden – Zeitgeschichtsfaktoren im Hinblick auf die Risiken für das Überleben großer Menschengruppen und damit auf gewaltiges Unheil, das seinen geistigen Ursprung haben würde in falschen Moraleinschätzungen, seien diese nun zum moralistischen oder zum immoralistischen Extrem hin verfehlt.

Von der Kunst, zeitgeschichtlichen Ereignissen gerecht zu werden

Definieren wir den Begriff „Zeitgeschichtler" mit Rücksicht auf die Personen der Autoren, so ist alles einzubeziehen, was der Schreibende ursprünglich wach *miterlebt* hat und dann als ein – wie sehr auch immer subjektiv ergriffener – *Betrachter* darstellt. Julius Cäsar etwa schrieb zwar Zeitgeschichte, aber nicht als Zeitgeschichtler, da er sich zu seinem Stoff mehr als Propagandist in eigener Sache denn als Betrachter verhält. Damit ist über den Informationswert solcher Schriften vorweg noch nichts ausgemacht; nur dürfen wir von ihnen nicht jene Urteilstugenden erwarten, nach denen wir im gegenwärtigen Zusammenhang fragen, am wenigsten die Gerechtigkeit in der Beurteilung positiver wie negativer moralischer Faktoren der Zeitgeschichte. Auch singuläre, ja geniale Leistungen von Verfassern zeitgeschichtlicher Werke gewährleisten solche Aufschlüsse nicht ohne weiteres. So ist die Artikelreihe von Karl Marx „Der Achtzehnte Brumaire des Louis Bonaparte" (1852) zwar ein erstaunlicher, in seiner Epoche wohl einzig dastehender Beitrag zur Zeitgeschichte, aber doch eine *Kampf*schrift von Anfang bis zu Ende – und das in voller Absicht. Welche politischen Qualitäten und geschichtlichen Wirkungen man ihr auch zuschreiben mag, so wird man doch das evident gelungene Bemühen um gerechte Beurteilung moralischer Faktoren der Zeitgeschichte darin ebensowenig suchen dürfen wie in Cäsars „Bellum Gallicum" oder „Bellum civile".

Dagegen war Alexis de Tocqueville ein erstrangiger Zeitgeschichtler im hier zugrunde gelegten Sinn des Wortes. Er und Karl Marx waren Zeitgenossen, die voneinander kaum Notiz nahmen; jeder von ihnen war auf seine Art der Zeitgeschichte zugewandt. Golo

Mann sagt in seinem Freiburger Universitätsvortrag von 1959 „Tocqueville und das Amerika von heute“ über Walter Lippmann, dieser sei „nicht zufällig ein leidenschaftlicher Bewunderer Tocquevilles“. „Nicht zufällig“ – das bedeutet offenbar vor allem, daß seinerzeit, um die Mitte des 19. Jahrhunderts, der französische Autor als erster die Kriterien erkannt hat, die es gestatten, *gesunde und krankhafte Formen der Demokratie* voneinander zu unterscheiden (vgl. W. Lippmann, Essays in the Public Philosophy, Boston 1955, Kap. 7).
Tocqueville hatte solche Einsichten auf zwei Wegen erworben: zuerst (zwischen 1831 und 1840) durch seine auf einer Amerikareise gesammelten Erfahrungen und die daraus gezogenen geschichtstheoretischen Folgerungen, später (1851–1856) durch sein Studium der Vorgeschichte der großen Französischen Revolution und Reflexionen über deren Nachgeschichte. Bedenkt man die Zwiespältigkeit der Interpretationen von „Demokratie“ vor allem seit dem Zweiten Weltkrieg, so ist es wohl der Mühe wert, daß man sich erneut den moralischen Faktoren zuwendet, die Tocqueville sowohl in „De la Démocratie en Amérique“ als auch in „L'Ancien Régime et la Révolution“ als (um 1850) zeitbestimmend aufgewiesen hat. Über sich selbst als Denker und Historiker sagt er in einem Brief an einen Freund, daß ihn wie die Leser, für die er schreibt, im Grunde nur die Angelegenheiten der eigenen Zeit interessieren und daß er als so gesinnter Autor sein Bestes stets im Beurteilen, nicht so sehr im Erzählen der Tatsachen geleistet hat.

Kastengeist und Konformismus als Überlebensrisiken

Tocqueville, Aristokrat von Herkunft und Erziehung, hat die tiefsten Blicke getan in die Entartung, der die Aristokratie in Frankreich anheimgefallen und schließlich erlegen war. Er hat dafür einen Ausdruck geprägt, der es möglich macht, das, was da verurteilt wird, auch außerhalb der Aristokratie wiederzufinden und es nicht ohne weiteres in ihren Begriff einzuschließen. Hierin liegt die Tragweite seiner damals neuen Charakteristik eines bis zur Untergangsreife schuldbeladenen Adels als einer „*Kaste*“. Das

Wort „Kaste“ steht hier für den Inbegriff der durch die bloße Geburt garantierten Vorrechte. Im ursprünglichen Wortsinn von „Aristokratie“ ist eine solche Privilegierung durchaus nicht gegeben, denn zu den „Besten“, denen die „Herrschaft“ gebühre, zu gehören ist durch Abstammung weder verbürgt noch begrenzt. Daß in Frankreich – nicht so in England! – im Laufe des 18. Jahrhunderts aus dem Adel eine „Kaste“ geworden sei, habe nicht nur zum Ende des Adels als „oberen Standes“, sondern daraufhin auch zum Umschlagen ins jakobinische Extrem der Demokratie geführt. Wie fruchtbar solch ein vertieftes Verständnis des Kastengeistes auch heute noch sein kann, läßt sich daraus ersehen, daß Lippmann, mit Berufung auf Tocquevilles Definition, die auf *angeborene* Kennzeichen sich gründende Rassendiskriminierung zum „*Kasten*system“ rechnet, und das in einem Land wie Amerika, das den Adel als besonderen Stand nie gekannt hat. Versteht man das exklusvie Geburtsprivileg in diesem weitgefaßten Sinn, so leuchtet ein, daß auch Erscheinungen, die man unter Namen wie „Kolonialismus“ oder „Apartheid“ zusammenfaßt, zum ausnehmend gefahrenträchtigen, weil mit steigenden Wahrscheinlichkeiten von Not, Krieg, Ausrottung, kurz: mit erhöhten Überlebensrisiken belasteten Zustand ganzer Kontinente führen können. Tocqueville hat dadurch, daß er diese Untergangsursache mit einer vorher nie dagewesenen Gründlichkeit als eine solche erwies (vgl. „L'Ancien Régime et la Révolution“, Buch 2, Kap. 9), eine Urteilsfähigkeit bewährt, die heute eher noch dringlicher erfordert wird als zu seiner Zeit und von der J. P. Mayer, der Herausgeber seiner Werke, mit Recht sagt, sie sei das Auszeichnende einer Soziologie, die „immer die Norm einer letzten weltanschaulichen Stellungnahme umgreift, der sich unsere zeitgenössische Modedisziplin mutlos und in vermeintlicher wissenschaftlicher Objektivität entzieht“.

Dem Extrem der zur Kaste gewordenen Aristokratie entspricht die von Tocqueville als erstem bis auf den Grund durchschaute und beim rechten Namen genannte „*Tyrannei der Mehrheit*“ in der Demokratie. In dem darauf bezüglichen Abschnitt seiner „Demokratie in Amerika“ (2. Teil, 7. Kapitel) ist das beschrieben, was heute unter dem von ihm noch nicht gebrauchten Namen „*Konformismus*“ bekannt ist: die bis ins Denken und Fühlen des einzelnen hineinreichende Einschüchterung durch die Meinungsmonopole, ob diese nun trotz „freiheitlich-demokratischer Grundordnung" übermächtig vorherrschen, wie es Tocqueville in Amerika mit Erstaunen wahrgenommen und danach in nie veraltenden Beschreibungen festgehalten hat, oder ob es in Gesellschaftsordnungen und Verfassungen, die von vornherein den „Pluralismus" ausschließen, dahin gekommen ist, daß schon die bloßen Worte „Konformismus" und „Nonkonformismus" ungebräuchlich, ja verbannt sind – in der richtigen Annahme, daß solche Worte, kämen sie in Umlauf, die in der Öffentlichkeit nachgerade unproblematisch gewordene Allgemeinerscheinung, der zum „Konformismus" nur der Name fehlt, in Frage stellen würden. Will man in heutigem Weiterdenken den aus dem Konformismus resultierenden Überlebensrisiken entgegenwirken, so ist die bloße Empfehlung des Nonkonformismus dafür zu bequem. Konformistisches Sichidentifizieren mit dem Mehrheitswillen stärkt in Kriegszeiten den Kampfgeist. Der Nonkonformismus verstummt oder verhallt in extremen Situationen dieser Art. Analoges läßt sich von jeder Kampfbereitschaft sagen, die, wenn auch nicht immer mit militärischen Mitteln, dem Überleben der eigenen Gruppe gilt. Von solchen Ursprüngen rührt die „Tyrannei der Mehrheit" meistens her; war doch der Unabhängigkeitskrieg, durch den die Vereinigten Staaten ihre nationale Existenz errangen, sehr hart! Eine solche relative Berechtigung schwindet aber in dem Maße, wie zum kollektiven Überleben das Gegenteil von Krieg oder sonstigem unversöhnlichem Kampf Gebot der geschichtlichen Stunde wird. Das habe man, meint Golo Mann, auch in den Vereinigten Staaten mehr und mehr erkannt, und insofern habe Tocqueville mit seiner radikalen Skepsis gegenüber den Möglichkeiten der Selbstbefreiung vom Mehrheitsdruck zu düster prophezeit. Wenn der französische Warner eine Art von Kassandra war, dann hat er jedenfalls, anders als das trojanische Urbild, eine größere und heilsamere Nachwirkung erreicht, sofern Kritiker der Mehrheitsvergötzung sich auch heute noch auf ihn berufen und damit auch erheblichen politischen Einfluß ausüben.

Personale Voraussetzungen ethisch-politischer Urteilsfähigkeit

Aus dem Bisherigen dürfte deutlich geworden sein, daß bestimmte Urteilsqualitäten für die Erhöhung unserer Überlebenschancen große Bedeutung haben. Trifft dies zu, dann muß logischerweise nach den personalen Voraussetzungen gefragt werden, unter denen eine optimale Entwicklung zeitgeschichtsrelevanter Urteilsfähigkeit von jeher, wenngleich für den Bedarf insgesamt allzuselten, stattgefunden hat. Was sich darüber herausfinden läßt, wird ganz von selbst, auch ohne jedesmalige Bezugnahme, allem künftigen Bemühen um die Qualitätsverbesserung des ethisch-politischen Urteils zugute kommen. Hierzu scheint mir eine *Erweiterung des Horizonts* dienlich. Darum soll die Nachforschung nach den Existenzelementen, denen eine Steigerung solcher Urteilskraft verdankt wird, von der Zeit des Thukydides bis in die unsrige reichen und, obschon im Rahmen dieses Essays nur an Proben illustriert, gewisse Konstanten erkennbar machen. Als derartige typisch günstige Bedingungen der Urteilsbildung zeigen sich mir zwei, die jeweils dann gegeben sind, wenn der Zeitgeschichtler seinen Standort hat *gleich nah zur Philosophie und zur Politik* und *gleich fern von Staatsrepräsentanz und Parteiwesen.*
Wohlgemerkt: Von „Nähe“ und „Ferne“ eines geistigen „Standorts“ und im Zusammenhang damit von „Gleichheit (der Distanzen)“ zu reden ist eine metaphorische Ausdrucksweise, die man nicht pressen darf; kann doch ein und derselbe Mensch im Laufe seines Lebens bald mehr, bald weniger in die eine oder in die andere Richtung tendieren; er mag in seinen Werdejahren mehr der Philosophie, im reifen Alter mehr der Politik zuneigen, vorübergehend entweder dem Staatsdienst verpflichtet oder an Parteirücksichten gebunden sein. Aber auch solche Schwankungen eines labilen Gleichgewichts können die Urteilskompetenz verstärken, die bei dauernd einseitiger Festlegung sicherlich hinter dem erreichbaren Optimum zurückbleiben würde.
„Gleich nah zur Philosophie und zur Politik“ ist eine Charakteristik, deren Begründung und Tragweite sich nicht allein an biographischen Daten ablesen läßt. Stellen wir die reinen Philosophen und die reinen Politiker einander in jener existentiellen Fremdheit

gegenüber, die ihr gegenseitiges Verhältnis für gewöhnlich kennzeichnet, so wird sich leichter verstehen lassen, warum im 19. und 20. Jahrhundert die genannten Autoren Alexis de Tocqueville und Walter Lippman, im Altertum Männer wie Thukydides oder Sallust gerade davon Erkenntnisgewinn hatten, daß sie „nur" – wie ein unfreundlicher Jargon es nennt – „Schmalspurphilosophen" und „Nicht-Vollblutpolitiker" waren. Beides waren sie eben in einer Person, und darin liegt das Auszeichnende, wenn auch sozusagen von der Kehrseite her gesehen. Wenn Kants Definition gilt: „Urteilskraft überhaupt ist das Vermögen, das Besondere als enthalten unter dem Allgemeinen zu denken", so hat sie demnach – wiederum nach Kant – zweierlei zu leisten: 1. „das Besondere unter das gegebene Allgemeine – die Regel, das Prinzip, das Gesetz – zu subsumieren" und 2. „zu dem gegebenen Besonderen das Allgemeine zu finden". Würde also jemand aufgrund einer ihm schon im voraus evidenten Tugendlehre nach historischen Bewährungen einer Tugend (z.B. der Pietät oder des gesunden Selbstvertrauens) suchen, so wäre die Unterordnung der Fälle unter die Regel Aufgabe der „subsumierenden", das heißt „unterordnend bestimmenden", Betätigung der Urteilskraft (entsprechende „Exempelsammlungen" gibt es, beispielsweise die des römischen Autors Valerius Maximus, der unter Tiberius schrieb). Will aber ein Richter, ausgehend vom ermittelten Tatbestand, seine Entscheidung treffen zwischen den von den Prozeßparteien alternativ angebotenen oder womöglich außerhalb der Plädoyers zu suchenden *Normen*, die er durch das Gerichtsurteil gegen Verstöße schützen soll, so steht ihm zwar das „Besondere": der Tatbestand fest, nicht aber das „Allgemeine, worunter es als enthalten zu denken ist"; es ist ihm also nicht schon „gegeben", er hat es vielmehr erst zu „finden" (das Delikt, den Paragraphen). Diese Weise des Urteilens – Kant nennt sie die „reflektierende" oder „aufsteigende" – ist in Politik, Publizistik und Geschichtsschreibung bekannt als die jeweils verschiedene, oft antagonistische Bewertung identischer Informationen. Es handelt sich hierbei nicht um zweierlei Arten von Urteilskraft, so als besäße der Geist an ihnen zwei verschiedene „Vermögen", sondern um die beiden Betätigungen der *einen* Urteilskraft: einerseits um die Anwendung von Grundsätzen auf die *verifizierbar* darunterfallenden Erfahrungen oder Vorstellungen, andererseits um die Findung der dem empirischen oder vorstellungsmäßigen Material *probehaltig* zukommenden Wertprädikate.

Zur theoretisch genauen Explikation allgemeiner Begriffe, die ja Voraussetzung ist für jede Verifizierung abstrakter Aussagen am konkreten Stoff, gelangt man am ehesten durch philosophische Bildung.

Zur Erläuterung möchte ich wiederum, wie schon eingangs beim Thema „Bescheidenheit", beginnen mit einem Blick auf Walter Lippmann, dessen 1974 zu Ende gegangenes Leben und Schaffen zu solcher Betrachtung einlädt. Sein Buch „Essays in the Public Philosophy" ist zentriert um den Begriff der „öffentlichen" im Gegensatz zur „privaten", aber auch zur „populären" Philosophie. Bleibt die philosophische Überzeugung Privatsache und damit der Anhang, den sie findet, bloße Summe der Meinungen von Schülern oder Bewunderern des Philosophen, dann kann Philosophie in einer Demokratie keinen bestimmenden Einfluß ausüben. Versucht man aber, die „Public Philosophy" den populären Bedürfnissen oder Forderungen anzupassen, so verfehlt man damit ihre Hauptaufgabe: *Korrektiv* einer sich selbst überlassenen, sich absolut setzenden Demokratie zu sein. Was Lippmann vorschwebt, ist so etwas wie der philosophische Extrakt aller Lehren, die sich aus der Geschichte ziehen lassen, also keine auf eine bestimmte Weltanschauung gegründete Ideologie, aber noch weniger die antihistorische Gesinnung, wie sie von Sartre – den er ausdrücklich ablehnt – vertreten wird, denn da ist alles auf die vom einzelnen allein oder auch von vielen jeweils einzeln entscheidenden Individuen zu treffende und zu verantwortende Wahl gestellt.

Public Philosophy gegen kollektiven Gedächtnisschwund

Eine fundamentale Einsicht insbesondere dessen, der innerhalb und im Interesse einer republikanisch konstituierten Gesellschaft philosophiert, ist die, daß so, wie früher die Könige ihre Freiheit oft zu willkürlichen Entscheidungen mißbraucht haben, auch Völker, Volksvertretungen, Bevölkerungsmehrheiten in den Mißbrauch ihrer Freiheit verfallen können. Diese Gefahr ist in unserer

Zeit um so größer, als die „kollektive Amnesie", das heißt der Gedächtnisschwund in bezug auf heilsame Lehren der Geschichte, sich immer mehr ausbreitet, nachgerade auch die Erzieher befällt und damit den künftigen Wähler in seiner Urteilskraft schwächt. Der Philosoph, im Sinne von Lippmanns „öffentlicher Philosophie", ist „der Lehrer der Lehrer"; ihm in erster Linie obliegt es, der „kollektiven Amnesie" entgegenzuwirken. *„Der Unglaube an eine zentrale Tradition menschlicher Weisheit ist die Philosophie des geistigen Proletariats"* („philosophy" hier im Sinne von *Scheinphilosophie* verstanden). Solche Pseudophilosophie steht im schärfsten Gegensatz zur echten „öffentlichen Philosophie" und läuft auf öffentlichen Neutralismus und Agnostizismus hinaus. „Public Philosophy" dagegen bemüht sich darum, Kriterien auszuarbeiten, die den erprobten oder wenn erst noch zu gebenden, dann auf Dauer und Eintracht zielenden Gesetzen das Übergewicht verschaffen über das, was Interessenten oder Konsumenten, Zeitungsleser oder Radiohörer sich jeweils statt dessen wünschen.

Ein weiterer Fundamentalsatz dieser „öffentlichen Philosophie" ist, daß ein jeder Privateigentümer, der sich seiner *Pflichten* nicht ständig ebenso bewußt bleibt wie seiner Rechte, den Untergang der liberalen Eigentumsordnung herbeiführen hilft. Das gilt in um so höherem Grad, je mehr das Eigentum die zur Befriedigung des Bedarfs erforderlichen Mittel übersteigt.

Eine dritte grundlegende Erkenntnis ist die, daß demokratische Freiheit der Rede sich stets der ernsthaften Suche nach der zu findenden *Wahrheit* verpflichtet wissen muß und daß ihr dazu alle öffentlichen Gespräche und Debatten dienen sollten, wie es in den sokratischen Dialogen erstmals vorgeführt werde. Geht dieser Ernst verloren, dann wird „Redefreiheit durch ein kurzes Übergangschaos hindurch zur Zerstörung der Redefreiheit führen".

Die so verstandene „öffentliche Philosophie" ist nicht eigentlich „schöpferisch", wohl aber *„kritisch"* in einem Sinne, den Lippmann durch ein Gleichnis erläutert: auch ein Verkehrspolizist kann ja an einer Straßenkreuzung den Fahrzeugen keine Bewegungskraft eingeben, er erteilt ihnen aber die Signale des Haltens und des Weiterfahrens.

Lippmann hatte als etwa Zwanzigjähriger (1909/1910) in Harvard bei dem amerikanischen Philosophen George Santayana studiert. In den bildsamsten Jahren mit der Philosophie vertraut gemacht, ist er, wie sehr auch davon geprägt, doch nicht Philosoph von Profession geworden. Im Staatsdienst hatte er während des Ersten Weltkriegs gestanden, zuerst im Kriegsministerium, dann als Mitarbeiter bei der Vorbereitung der Versailler Friedenskonferenz; aber wie viele praktisch-politische Kenntnisse er dabei auch erworben haben mag – unter die Berufspolitiker ist er trotz dieser Vorbereitung nicht gegangen. Sein Begriff der „Public Philosophy“ läßt durchblicken, was aus seiner Nachbarschaft zur Philosophie einerseits, zur Politik andererseits Bedeutendes heraussprang. Von den Resultaten seiner philosophisch fundierten Beurteilung der Zeitgeschichte ist dasjenige, das ihm offenbar besonders am Herzen lag, seine Analyse der „Funktionsstörung“ im gegenseitigen Verhältnis der konstitutionellen Gewalten. Er glaubte allen Grund zu haben, für das Amerika auch des 20. Jahrhunderts das zu befürchten, was der französische Amerikareisende Tocqueville schon im 19. Jahrhundert beobachtet hatte: die *„Tyrannei der Mehrheit“*.

Er eröffnet seine „Essays in the Public Philosophy“ damit, daß er das Jahr 1917 als ein Epochenjahr ansetzt. Nicht nur seien damals in Europa entscheidende Umbrüche erfolgt, auch in Amerika habe die Verwicklung in den Weltkrieg zu einer Umwälzung traditioneller Kompetenzverhältnisse geführt: überall *Autoritätsverlust der Regierungen* mit nachfolgender *Demokratisierungswelle!* Für die Vereinigten Staaten habe eine Art von Revolution darin bestanden, daß die Übel der Geheimdiplomatie und der undemokratischen Führung unpopulärer Kriege abgelöst wurden durch die andersartigen, aber nicht geringeren Übel einer beengenden Kontrolle der Regierung durch die Wählermassen, die, selber zum Regieren nicht fähig, ihre Macht übertrugen an die Parteibosse, die Beauftragten von „pressure groups“ und die Lenker von Massenmedien. Lippmann, der sich als „liberaler Demokrat“ bekennt, will die liberale Demokratie dadurch schützen, daß er die selbstzerstörerischen Folgen der Übertreibung sowohl des liberalen als auch des demokratischen Prinzips aufzeigt und zu entkräften sucht. In den von ihm überblickten Jahrzehnten der Zeitgeschichte seit 1917 ist es die falsch verstandene Demokratisierung, die ihn am stärksten beunruhigt. Die von ihr bewirkte „Funktionsstörung" führt zu praktischen Konsequenzen, die er als „unheilvoll" (disastrous), ja – ein noch stärkeres Wort! – „verhängnisvoll" (fatal) bezeichnet. Entweder die Regierung weicht vor dem inkompetenten Druck der Agenten von Wählermassen zurück auch da, wo sie es besser weiß und Schlimmes voraussieht, oder aber die Exekutive überlistet oder umgeht den Kongreß, wofür schon Franklin D. Roosevelt Beispiele gegeben hat (von Richard Nixon ganz zu schweigen!). Meist sind die Übergriffe der parlamentarischen Instanzen nicht geradezu verfassungswidrig, aber zuzeiten schreckt man auch davor nicht zurück. Es muß gehörigen Mut erfordert haben, als Lippmann in seinem Leitartikel vom 3. Mai 1954 nicht nur den Senator McCarthy persönlich, sondern den ganzen McCarthyismus als eine „Machtusurpation" und einen „Einbruch in die der Regierung zustehenden Hoheitsrechte" brandmarkte. Anlaß war die bis zur Unerträglichkeit gesteigerte Anmaßung, mit der McCarthy, autorisiert durch den Senat, sogar in der Armee seine Nachforschungen im Hinblick auf „unamerikanische" Gesinnung durchführte. Man darf annehmen, daß Lippmanns beredte Artikulierung des schon weitverbreiteten Unmuts der Gegenströmung mit zum Durchbruch verholfen hat. Jedenfalls trifft er zu Beginn des Präsidentenwahljahrs 1956 bereits die Feststellung, daß inzwischen, nach den Senatsneuwahlen von 1954, Präsident Eisenhower die verfassungsmäßigen Rechte wiedererlangt hat, die er sich vorher, wie schon sein Amtsvorgänger Truman, hatte entwinden lassen.

Rückblick auf die Weltmacht Rom

Es läßt sich kaum ein besseres Beispiel denken, um zu illustrieren, was philosophische Einsicht in das Wesen der wohlverstandenen Demokratie, verbunden mit intimer Kenntnis politischer Vorgänge der Zeitgeschichte, zur Abwendung der für eine Weltmacht und ihre Außen- und Militärpolitik katastrophalen Entwicklung beitragen kann. Lippmann verweist in solchen Zusammenhängen mehr als einmal auf die griechisch-römischen Ursprünge seiner „öffentlichen Philosophie", auch wenn er dabei nur Philosophen im engeren Sinne, nicht seine eigentlichen ältesten Vorgänger mit Namen nennt. Es scheint mir nun Aufschlüsse zu versprechen, wenn ich seinen Winken auch in einer Richtung nachgehe, die er, soviel ich sehen kann, nicht eingeschlagen hat, aber wohl begrüßt haben würde, nämlich in bezug auf die Beurteilung moralischer Faktoren durch die bedeutendsten antiken Zeitgeschichtler. Es ist dies ein ergiebiges Thema, doch will ich mich hier auf ein Beispiel beschränken, das mir für den Zusammenhang zwischen Überleben und Ethik am meisten herzugeben scheint.

Der römische Historiker *Sallust* ist derjenige Zeitgeschichtler, an dem man den Versuch eines Brückenschlags von der philosophischen Ethik zum Überleben der Menschheit am besten studieren kann. Er schreibt gegen Ende des Jahrhunderts der römischen Bürgerkriege, deren Wetterleuchten der gescheiterte Aufstand des Tiberius Gracchus (133 v. Chr.) und deren Ausklang – den er nicht mehr erlebte – der Sieg Oktavians über Antonius (bei Actium 31 v. Chr.) war. Er sieht, daß die Republik verlorengeht, und will begreifen, wie es dazu kam. Bevor er sich ganz der Geschichtsschreibung hingab, hatte er, selber noch in der Politik aktiv, den einzigen denkbaren Retter des Staates in Cäsar gesehen. Von Anfang an hat er ein Endziel im Auge, das man, unter damaligen Umständen und gesehen im Horizont eines Römers, das „Überleben der Menschheit" nennen kann. Cäsar hat Gallien erobert, steht jedoch kurz vor dem Bürgerkrieg, den er gegen Pompejus führen wird: da erhält er von Sallust ein Schreiben, worin aus der Möglichkeit, daß die niemandem außer Cäsar zuzutrauende Staatsrettung mißlingen könnte, die Folgerung abgeleitet wird: „Dann würden über den Erdkreis hin Wüstenei, Kriege, Morde entstehen." Zwar umfaßte das Römische Reich nicht alle Staaten und Völkerschaften der Erde, aber es war doch die einzige *Weltmacht* in dem Sinne, den wir heute mit dem Wort verbinden und dem zufolge wir von – mindestens! – *zwei* Weltmächten sprechen. Sogar Tacitus, sonst kein „Cäsarianer", macht sich Sallusts gleich nach der Eroberung und Befriedung Galliens geäußerte Überzeugung, es hänge geradezu das Überleben der Menschheit vom Fortbestand des Römischen Reiches ab, anderthalb Jahrhunderte später erneut zu eigen mit der Formel vom „Krieg aller Völker gegen alle", der die Folge eines Zusammenbruchs der römischen Herrschaft sein müßte.

Für Sallust charakteristisch ist nun aber der Rückbezug der triumphalen wie der katastrophalen Ereignisse der Geschichte auf das, was er die „*virtus*" nennt, an die sich zu halten oder aber nicht zu halten von weltgeschichtlich entscheidender Bedeutung sei (abgesehen von den nie ganz auszuschaltenden Wirkungen der „fortuna", das heißt der *äußeren* Glücks- oder Unglücksfälle). „Virtus", wörtlich: Mannestugend, wird von Sallust, der sich in seiner philosophischen Grundauffassung an Platon anlehnt, einerseits den *physischen* Vorzügen, Leistungen, Genüssen als überlegen entgegengesetzt, andererseits den ihr gattungsgleichen *psychischen* Qualitäten des Geistes und Willens übergeordnet wegen der ihr eigenen Ausrichtung auf das allgemeine Beste.
Diese philosophische Konzeption legt Sallust als Zeitgeschichtler zugrunde: zuerst seiner Schrift über die „Verschwörung Catilinas" (einen Komplex von Ereignissen, die er als Dreiundzwanzigjähriger mitangesehen, als Dreiundvierzigjähriger beschrieben hat), danach dem weiter ausholenden Werk über den „Krieg gegen Jugurtha" (das aber, auch wenn es ausgeht von Geschehnissen *vor* der Lebenszeit des Historikers, doch in etwa so gegenwartsbezogen ist wie Tocquevilles letztes, auf das Ende des 18. Jahrhunderts zurücklenkendes Buch), schließlich den (nur fragmentarisch überlieferten) Zeitgeschichtsdarstellungen, die unter dem Titel „Historiae" die Jahre 78–67 v. Chr. umfassen. Er wäre ein ebenso unrealistischer wie wissenschaftlich unzuverlässiger Verteiler moralischen Lobes und Tadels – ein „Moralist" im unguten Sinne des Wortes –, wenn er die Thesen, die er in seinen Einleitungen und Exkursen gesondert zusammenfaßt, zuvor nicht wie echte Fragestellungen an die allein für die Antworten zuständige Wirklichkeit gerichtet hätte. Sallust verfährt nicht so unhistorisch. Er abstrahiert nicht *von,* sondern extrahiert *aus* der geschichtlichen Erfahrung. Insbesondere dient ihm die Blütezeit der römischen Republik in dem halben Jahrhundert zwischen dem Zweiten und dem Dritten Punischen Krieg bis zum Epochenjahr der Zerstörung Karthagos (146) zur Verifizierung seiner Lehre von der ausschlaggebenden Bedeutung der „virtus" für den geschichtlichen Erfolg. Stets bindet er sich an die genaue Ermittlung der empirischen Daten, auf denen seine Beurteilung des Einflusses moralisch positiver wie negativer Faktoren fußt. Es ist eine, mit Kant zu reden,

weniger „subsumierende" als „reflektierende" Betätigung der Urteilskraft. Denn erst wenn und nur soweit Sallust die einschlägigen Fakten nach gründlicher Forschung als „gegebene" festgestellt hat, „sucht" er „das Allgemeine, worunter sie enthalten sind": die *ethischen Begriffe,* aus deren Mannigfaltigkeit er die jeweils zutreffenden „herausfindet". Beim Ergründen der Ursachen für die Zersetzung der römischen Republik in dem hinter ihm liegenden Jahrhundert stößt er immer wieder auf so Elementares wie: „Habsucht, Schwelgerei, Bestechlichkeit", deren bloße Aufzählung freilich nicht mehr als einen billigen „Lasterkatalog" ergäbe, die aber, als Realgründe staatsgefährdender Verfallserscheinungen erkannt, die Frage nach ihrer möglichen Verallgemeinerung unabweisbar machen und insofern eine zeitlich unabsehbare Bedeutung, weit hinaus über die für Sallust und seine Leser vorerst brennendste Sorge um die Zukunft des Römischen Reiches, gewinnen können. In der Gestalt des *Catilina* hat Sallust den Typus des – gerade noch verhinderten – Republik- und Reichszerstörers auf exemplarische Weise erstehen lassen. Sicher hat Oktavian, bevor er „Augustus" wurde, die Schrift gelesen. Wenn seine Monarchie die Festigung und Befriedung des Römischen Reiches auf Kosten der utopisch gewordenen republikanischen Verfassung zustande brachte, so ist es im höchsten Grad wahrscheinlich, wenn auch mit philologischen Zitiermethoden nicht nachweisbar, daß seine Sallustlektüre dazu mitgeholfen hat.

Thukydides: gebändigte Leidenschaft und Klarheit des Blicks

Wer einen Staat repräsentiert, ob nun als Regierungsmitglied oder als Diplomat, kann in der Regel fremden Völkern gegenüber die volle Unbefangenheit nicht haben oder doch nicht äußern, wie sie zur gerechten Beurteilung der moralischen Faktoren der Zeitgeschichte erforderlich ist. Wohl aber ist er in der Lage, Urteilsmaterie zu sammeln, die er zu anderer Zeit, wenn er an die Pflichten der Repräsentanz nicht mehr gebunden ist, neu durchdenken und zu vollgültigen Urteilen ausarbeiten wird, sofern er das will und vermag.

Andererseits ist es für einen Parteimann schwierig, sein eigenes

Volk als ganzes, also mit Einschluß der Anhänger gegnerischer Parteien, ohne die Befangenheit zu betrachten, die im ständigen politischen Kampf fast unwiderstehlich zu bestimmten Vorurteilen gleichsam wie zu einer Art von intellektuellem Gruppenselbstschutz führt. Immerhin ergibt sich aus solchem fortwährenden Streit zumindest auch die Möglichkeit zu vorerst noch gehemmter und weitgehend verschwiegener Gruppenselbstkritik und Fremdgruppenerkenntnis; es wird Stoff bereitgestellt, der mit zunehmender Entfernung vom Parteienwesen immer besser beurteilt werden kann.

Diese Überlegungen finden in kaum zu übertreffendem Grade ihre Bestätigung an Person und Werk desjenigen Zeitgeschichtlers, der als höchsten Ansprüchen genügender Autor ein Bahnbrecher historischer Kritik war und ein Vorbild auch für uns Heutige geblieben ist: des *Thukydides*. Nach Herkunft, Erziehung und Vermögensverhältnissen gehörte er der reichsten athenischen Aristokratie an. Er würde also, hätte er sich nur *daran* gehalten, dem Perikles als dem Führer der Demokratenpartei entgegengetreten sein. Statt dessen ist er sein Bewunderer und berühmtester Darsteller geworden, allerdings mit einer für ihn bezeichnenden Unterscheidung, die sofort verrät, daß er nicht etwa von der aristokratischen zur demokratischen Partei übergewechselt ist. Er charakterisiert nämlich den politischen Zustand Athens unter Perikles mit den Worten, es sei „dem Namen nach eine Volksherrschaft (demokratia), in der Tat aber Regierung des ersten Mannes“ gewesen. Mit Hilfe dieser Distinktion behält er die Möglichkeit, die demagogische Spielart unter Kleon, dem Nachfolger des Perikles in der Führung der Demokratenpartei, zu durchschauen und bloßzustellen.

Das Eigentümliche jener Epoche der griechischen Geschichte besteht darin, daß der *innenpolitische Gegensatz* von Aristokratie und Demokratie sich mit dem *außenpolitischen Konflikt* der vom aristokratischen Sparta und der vom demokratischen Athen geführten Stadtstaaten verschränkte. Jede der beiden Hauptmächte des von Thukydides als tiefstblickendem Zeitgenossen beschriebenen Krieges hatte Verbindungen zu den mit ihr sympathisierenden Gruppen im feindlichen Lager. So kam es, daß die Bürgerkriege in den Stadtrepubliken und der auswärtige Krieg zwischen den beiden Führungsmächten in fortwährenden Überschneidungen ineinandergriffen und sich gegenseitig steigerten. Vergleicht man die deutschen Formelübersetzungen „politische Gleichberechtigung“ und „gemäßigte Aristokratie“ (vgl. „Initiative“ 5, S. 171!) mit ihrem ursprünglichen griechischen Sinn, so erkennt man allein daraus schon, in welcher Weise Thukydides sich vom Parteienwesen distanzierte. Um nämlich auch dort, wo die Vorstellung einer demagogisch erschlichenen „Volksherrschaft“ etwas Abstoßendes hatte, werben zu können, nannte man die Demokratie bei ihrem viel älteren und schöneren Namen *„Isonomie“*, der die „Gleichberechtigung aller Bürger vor dem Gesetz“ bedeutete und vor allem die „gleiche Freiheit zum Reden in der Öffentlichkeit“ *(Isegorie)* einschloß. Und wie man über die „Demokratie“ auf die „Isonomie“ zurückgriff, zu der sich, wäre sie nur echt gewesen, auch Thukydides als Athener stets bekannt hätte, so muß man auch das Gegenschlagwort *„Aristokratie“* tiefer zu verstehen suchen aus der Abstandnahme von dem meist feindselig gebrauchten Ausdruck „Oligarchie“ (Herrschaft der Wenigen), der mit vollem Recht den Alleinregierungsanspruch einer kleinen Zahl sich so nennender oder nennen lassender „besserer Leute“ brandmarkte. Wird dann noch das Attribut „gemäßigt“ hinzugefügt, so ist auch das ein Trick, der der Erläuterung bedarf. Das griechische Wort „sóphron“ wurde nämlich, wie sich aus Platons Dialog „Charmides“ sehr gut erkennen läßt, besonders gern von den Oligarchen an die Adresse der von ihnen Beherrschten gerichtet, in dem Sinne, daß es „vernünftig“ sei, sich von der überlegenen „Vernünftigkeit“ der Herrschenden leiten zu lassen.

Thukydides hat sich nicht nur von der Aristokratenpartei, in der er aufgewachsen war, gelöst, sondern auch, allerdings unfreiwillig, von athenischer Staatsrepräsentanz, wie sie ihm zeitweilig zugefallen war. Zum Strategen gewählt, hatte er der für die Athener sehr wichtigen Stadt Amphipolis nicht rechtzeitig zu Hilfe kommen können, so daß sie von den Spartanern erobert wurde. Er wurde verbannt und sah Athen erst nach zwanzig Exiljahren wieder, als es den „Peloponnesischen Krieg“ endgültig verloren hatte. Die Stelle seines Geschichtswerks, an der er – ein mit Angaben über sich selber sehr sparsamer Autor – seine Verbannung erwähnt, zeigt am besten, wozu ihm als Zeitgeschichtler die Entfernung von Staatsrepräsentanz und Parteienwesen gedient hat (Buch V, Kap.

26). Er hebt nämlich hervor, daß er sich seitdem laufend Informationen aus erster Hand von *beiden* kriegführenden Seiten verschafft hat. Dadurch könne er – und hierauf kommt es ihm an dieser Stelle an! – glaubwürdig versichern, daß der (im Jahre 421 v. Chr.) nach zehnjähriger Kriegsdauer abgeschlossene und obendrein mit feierlichen Eiden zu einem Fünfzigjahrbündnis zwischen Sparta und Athen ausgestaltete Waffenstillstand – erst heimlich, dann offen – von beiden Seiten gebrochen wurde, so daß es nach wenig mehr als sechs Jahren zum Wiederausbruch des Krieges kam. Mit dieser nur durch seine allseitige Unparteilichkeit ermöglichten Erkenntnis hat Thukydides als erster einen typischen Zustand durchschaut, den wir den *„faulen Frieden“* nennen; meinen doch auch wir damit eine ethisch-politische Gefahr, die erhöhte Überlebensrisiken in sich birgt: man denke nur an das Pariser Vietnamabkommen von Ende 1972!

Vorurteile als „Sozialhypothesen“ – Nutzen und Nachteil

Gibt es verantwortbare Vorurteile? – Ein bestimmtes Vorwegurteil kann für die Zwecke des Zusammenhalts, des Schutzes oder des Kampfes, also in begrenzten Zeiten, bei aller Unverifizierbarkeit einen pragmatischen Geltungsanspruch erheben. Das Wesentliche in Situationen, die den Zusammenhalt, den Schutz oder den Kampf zur Forderung der Stunde machen, sind die Gruppenprädikate, die der eigenen und die der fremden Kollektiveinheit zukommen. Über Kollektiveigenschaften eine gemeinsame Überzeugung zu haben kommt der Solidarität sowie den Kräften der Abwehr und des Angriffs zugute. Dies entspricht der typischen Situation im Krieg. Die vorgefaßte Meinung, daß jeder Soldat in Feindesuniform entschlossen ist, mich durch Tötung, Verwundung oder Gefangennahme aus dem Kampf auszuschalten, ist ein im Krieg unerläßliches Vorwegurteil. Trotzdem kann ich mich irren; der individuelle Gegner kann trotz seiner Uniform ein heimlicher Freund der Gruppe, für die ich kämpfe, sein. Aber der Kämpfende muß von der unüberprüften Annahme der Feindseligkeit des Gegners ausgehen, auch wenn er sich die Revidierbarkeit der Annahme innerlich vorbehält. Es ist eben eine Kampfeshypothese.

Vergißt man aber den Hypothesencharakter gänzlich, so wird es einem unmöglich, vom Vorurteil abzugehen, und wären die Gegenbeweise noch so überzeugend. Solche Verhärtung ist vernunftwidrig. Man muß sich des Hypothesencharakters solcher Vorurteile bewußt bleiben. Tragischerweise hat aber die Verifizierung, das heißt die Bestätigungskontrolle, die das Hauptmerkmal wissenschaftlicher Methode ist, unter sozialpragmatischen Gesichtspunkten den Nachteil, daß sie hier, bei den *Sozialhypothesen* in oft drängender kollektiver Auseinandersetzung, termingebunden sein müßte, was in der Regel auf Kosten der Gewissenhaftigkeit geht. Das Urteil einer Kollektiveinheit über eine andere oder über sich selbst muß unter bestimmten Zeitumständen auch ohne Verifizierung die subjektive Sicherheit der Überzeugung annehmen. Dann hat es den Charakter des sozialhypothetischen Vorwegurteils. Läßt man aber die Hypothesennatur der kollektiven Überzeugungen ganz außer acht, so wird man an der Verallgemeinerung auch dann noch festhalten, wenn jene Situation nicht mehr besteht, in der die Sozialhypothese auch ohne die Möglichkeit der Verifizierung zugrunde gelegt werden mußte. Da können denn Urteile, die zeitweilig dem erschütterten Zusammen*halt* aufhalfen, zu Hindernissen eines größeren Zusammen*schlusses* werden. Die Hypothese ist nicht nur preiszugeben, wenn sie falsifiziert worden ist. In Frage zu stellen ist sie schon bei begründetem Zweifel an ihrer Erforderlichkeit. Bleibt das Endurteil über den Wahrheitsgehalt der Sozialhypothese, genannt „Vorurteil“, auch dann noch offen, wenn sie nachgerade stört oder hemmt, so ist sie nach der gleichen Maßgabe zu verwerfen, nach der sie vorher zugrunde gelegt wurde.

Eine radikal „antiautoritäre“ Denkweise könnte versucht sein, sich die Parole zu eigen zu machen, die Marie von Ebner-Eschenbach, gewiß nicht in solcher Absicht, in die Worte gekleidet hat: „Ein Urteil läßt sich widerlegen, aber niemals ein Vorurteil.“ Hiernach müßten alle, die sich Vorurteilen gegenübersehen, entweder verstummen oder zur Aktion statt zur Diskussion aufrufen, da ja Diskussion mit Leuten, die in irrationaler Weise für Gegenargumente unzugänglich sind, zu nichts führen könne. So kommt es zu einer Art von Feindschaft in Permanenz. Betrachtet man aber Vorwegurteile als Sozialhypothesen, so fängt man an, sie auch

bei sich selber zu bemerken, sie vorläufig gelten zu lassen, solange sie unentbehrlich sind, sie aber abzubauen, sobald sie widerlegt oder ersatzreif sind.
Kurzum: es gibt zwar zeitweilig Überlebensrisiken, die nur abzuwenden sind, wenn man die mit der erhöhten Kampfbereitschaft verbundene Einschränkung der Urteilsgerechtigkeit in Kauf nimmt oder doch unwidersprochen läßt; um aber nach durchgestandenem Kampf wie auch außerhalb akuter Kampfsituationen dem Aufkommen neuer Überlebensrisiken langfristig vorzubeugen, bedarf es der Besinnung auf die Erfordernisse einer ebenso um Gerechtigkeit bemühten wie der zeitgeschichtlichen Wirklichkeit nahe bleibenden Moralbeurteilung.

Literaturhinweise

Büchner, Karl: Sallust. Heidelberg 1960.
The Essential Lippmann. A Political Philosophy for Liberal Democracy. New York 1963.
Luschnat, Otto: Thukydides, der Historiker. Stuttgart 1971.
Mann, Golo: Geschichte und Geschichten. Frankfurt a. M. 1961.
Mayer, Jacob Peter: Alexis de Tocqueville – Prophet des Massenzeitalters. Stuttgart 1954.
Schottlaender, Rudolf: Römisches Gesellschaftsdenken. Die Zivilisierung einer Nation in der Sicht ihrer Schriftsteller. Weimar 1969.

Der Mensch ist nicht der Herr des Seienden. Der Mensch ist der Hirt des Seins.

Martin Heidegger,
Über den Humanismus (1949)

Auch die harrende Schöpfung erwartet die Offenbarung dieser Herrlichkeit der Gotteskinder. Ist doch die Schöpfung der Sünde unterworfen, nicht freiwillig, sondern durch den, der sie dem Fluche unterwarf. Doch bleibt der Schöpfung die Hoffnung, daß sie von der Knechtschaft der Vergänglichkeit befreit werden wird zur herrlichen Freiheit der Gotteskinder. Wir wissen ja, durch die ganze Schöpfung zieht sich ein Seufzen, sie liegt in Wehen bis zur Stunde.

Paulus, Brief an die Römer 8,19–22

KLAUS HORNUNG

Überleben in Freiheit

Entscheidungsfragen politischer Ordnung an den „Grenzen des Wachstums"

Das Wort von der „Unregierbarkeit" der fortgeschrittenen Industrie- und Konsumgesellschaft des Westens und ihrer Staaten macht die Runde, und es ist wahrlich mehr als nur ein Gespenst, mehr als ein modischer politologischer Slogan, wie der Blick auf die politische Realität der westlichen Länder zeigt. Das Schicksal der pluralistisch-parlamentarischen Demokratien hängt in vielen Ländern an einem seidenen Faden, der jeden Augenblick unter dem Druck der sich ausbreitenden Wirtschaftskrise reißen kann. Die Ursachen dieser Lage sind breit gestreut und tief gestaffelt und können hier nicht im einzelnen nachgezeichnet werden. Der Kern der Konstellation ist aber doch wohl in jener Revolution der steigenden Erwartungen zu suchen, die sich letztlich als geistig-moralisch-politisches Problem darstellt. Die Wachstumsexplosion des Menschenalters seit dem Zweiten Weltkrieg in den westlichen Industriestaaten und das darauf beruhende Wohlstandswachstum haben weitgehend zur *Erosion des Sinnes für politische Freiheit* geführt und allein denjenigen für ökonomische Freiheit übriggelassen und hypertroph entwickelt, zur Ausbildung eines allgemeinen Bewußtseins, das Rudolf Krämer-Badoni wohl zu Recht in die Kurzformel gebracht hat: „Immer mehr Behagen bei immer weniger Anstrengung."[1] Was der Soziologe Götz Briefs

schon 1926 als das Kernstück des ethischen Wandels der Neuzeit gekennzeichnet hat: die Ethisierung des Ideals des Wohllebens[2], hat sich in der Gegenwart in erstaunlicher Weise radikalisiert, und dies hat denn auch tiefgreifende Konsequenzen für unser gesellschaftlich-politisches Bewußtsein mit sich gebracht und den Staat zum Adressaten der Wunscherfüllung, die Politik der Idee nach zu einer Technik des Glücks werden lassen: „Die Versorgung mit Glück ist zu einer ethischen, zuerst an den Staat gerichteten Forderung geworden ... Die aus der Ethik des Massenlebenswertes an den Staat zu richtenden Ansprüche sind bekanntlich unbegrenzbar ... sie setzen ihn unter einen nicht mehr kontrollierbaren Sozialdruck, und schließlich soll er möglichst viel leisten, um den Wohlstand aller zu garantieren, und zugleich möglichst verschwinden, um die Freien mit Pflichten zu verschonen; so wird er immer allgegenwärtiger und zaghafter.“[3]
Diese Formulierung Arnold Gehlens stößt uns unmittelbar auf das Problem, warum diese politische Ordnung in den letzten Jahren zunehmend in eine Stabilitäts- und damit letztlich auch *Legitimitätskrise* geraten ist, deren Ausgang heute von niemandem mit Sicherheit prognostiziert werden kann. Die Frage nach der Regierbarkeit der pluralistisch-parteistaatlich-parlamentarisch verfaßten Demokratien und die Frage nach ihrer Legitimität, das heißt nicht nur nach dem Bewußtsein ihrer Rechtmäßigkeit in der Breite der Bevölkerung, sondern auch nach der Einschätzung ihrer Fähigkeit, mit den anstehenden elementaren Aufgaben fertig zu werden, gehören in der Tat eng zusammen: „Parteien, die aus Konkurrenzangst dem Bürger den Anblick der Grenzen des Mehr und Besser ersparen möchten, nehmen ihn im Grunde nicht ernst, sondern für kindisch. Das aber merkt er und antwortet mit Vertrauensentzug, und wenn es für das entzogene Vertrauen keine Alternative mehr gibt, zerfällt die Legitimität des Systems.“[4]

Katastrophen sind verboten: die fragwürdige Freiheit vom Ernstfall

Nun fehlt es freilich nicht an Stimmen, die in der Rede von der Legitimitätskrise der parteienstaatlichen Demokratie eine unangemessene Übertreibung, wenn nicht Dramatisierung erblicken. Sie leugnen zwar nicht das Dahinschwinden der herkömmlich legitimierenden Gemeinschafts- und Staatsideen im Zuge des technisch-wissenschaftlich-industriellen Prozesses, jener schon von Max Weber konstatierten großen „Entzauberung“ der modernen Welt. Daß der zeitgenössische Staat zum „Zweckapparat zur Sicherung notwendiger Lebensbedürfnisse“[5] geworden ist, daß in diesem modernen Leistungsstaat die Legitimität politischer Herrschaft auch und nicht zuletzt an der Effektivität und Leistung des „Systems“ für seine Mitglieder gemessen wird, daß sich seine Rechtfertigungsgrundlagen verschoben haben von herkömmlich mehr ideellen Orientierungen hin zu mehr subjektiv-„materialistischen“ Erwartungserfüllungen ökonomisch-sozialer Art, wird hier in seiner geschichtlich-gesellschaftlichen Faktizität hervorgehoben und anerkannt. In dieser Sicht müssen daher die traditionellen Richtpunkte politischer Legitimität (wie etwa die Beantwortung der Frage, auf welche Weise das politische Führungspersonal in seine Herrschaftspositionen gelangt) zumindest ergänzt werden durch die Orientierung an der Leistung des Systems für seine Mitglieder, an seiner Fähigkeit, die gesellschaftlichen Bedürfnisse zu befriedigen: Der „output“ an ökonomischer Leistung und Verteilung ist danach für die Legitimität politischer Ordnung in der fortgeschrittenen Industriegesellschaft genauso „legitim“ wie ihre ideellen und ethischen „input“-Grundlagen[6].

Bekanntlich ist vor allem auch Ernst Forsthoff in seinem Buch über den „Staat der Industriegesellschaft“[7] diesen auf neue Art gesellschaftlich-politisch stabilisierend und legitimierend wirkenden Folgen des technischen Prozesses nachgegangen. Der „Abbau geistiger Gehalte und Traditionen“ und die aus ihm resultierende „Verunsicherung des Staates“ sind – gerade auch in der Bundesrepublik, diesem für Forsthoff paradigmatischen Fall des „Staates der Industriegesellschaft“ – weit vorangeschritten. Das „Schwergewicht der politischen Gesamtordnung“ hat sich in die Industriegesellschaft verlagert. Wird das primäre Interesse aller Beteiligten am Funktionieren der im Staat vereinigten Leistungssysteme erfüllt, so kann durchaus „eine neue Art der Stabilität“ daraus erwachsen[8], und dieser „Staat der Industriegesellschaft“ könne sich z.B. gegen abrupte Ereignisse abdichten, indem er sie folgenlos

zu machen versteht (wie Forsthoff etwa am Beispiel des Pariser Mai 1968 darlegt)[9]. Die sozialstaatlichen Elemente der Umverteilung und die Implikationen der Daseinsvorsorge erlangen so ein eindeutiges Übergewicht über die politische Herrschaftsstruktur des Staates: „Sie binden den Staat in toto an das Sozialprodukt und damit an die wirtschaftliche Prosperität. Diese Bindung steht aller staatlichen Politik nach außen wie nach innen voran.“[10]
Allerdings: das alles wirkt sich auch aus in einem „Zwang zur Vermeidung von Risiken und ist damit ein wesentlicher Grund für den fortschreitenden politischen Immobilismus“[11]. Dieser Staat der Industriegesellschaft ist zwar mehr als seine Vorgänger in der Vitalsphäre seiner Bevölkerung verankert und gewinnt daraus eine neue Art von Stabilität und Legitimität. Sein Vermögen, „die menschlichen Lebensbedingungen und die sozialen Zustände den sich dank des technischen Prozesses ständig verändernden gesellschaftlichen Verhältnissen ... anzupassen“[12], ist nahezu unbegrenzt – freilich unter der *einen* Voraussetzung ständig steigender Wohlstandserwartung aufgrund ebenso kontinuierlich steigenden wirtschaftlichen Wachstums. Der „Ernstfall“ für diesen Staat der Leistung, Verteilung und Daseinsvorsorge setzt bereits bei erheblich verlangsamten, vollends bei stagnierendem Wachstum ein: das hat Forsthoff schon lange, bevor die Rede von den „Grenzen des Wachstums“ zum verbreiteten Topos wurde, erkannt[13]. Vermag dieser Staat den an ihn gehefteten Erwartungen der Leistungen und Verteilung nicht mehr hinreichend zu entsprechen, wird die Gesellschaft anfällig „für Panikerscheinungen aller möglichen Art aus Existenzangst“[14]. Der Staat der Industriegesellschaft, der den ständig steigenden Lebensstandard zum wichtigsten gesellschaftlichen Binde- und Stabilisierungsmittel erklärt oder zumindest theorielos-pragmatisch danach verfährt, ist ein „Schönwetterstaat“[15], und insofern setzt er den charakteristischen „verfassungsrechtlichen Optimismus“ des liberalen Rechtsstaates des 19. Jahrhunderts mit anderen Mitteln fort, der auch schon „bis an die Grenzen der Praktikabilität“ zum Ausdruck bringen wollte, daß er „primär an das ‚friedliche Miteinander‘ als Normalsituation“ glaubt[16].
Die These von der weitgehenden Selbststeuerungskraft der Gesellschaft geht jedoch schon in der hier vorausgesetzten soge-

nannten Normalität niemals völlig auf. In der pluralistisch-sozialstaatlich verfaßten Industriegesellschaft finden diejenigen Interessen, „die keinen organisierten gesellschaftlichen Patron haben, der sich für ihre Realisierung einsetzt“ [17], nur sehr schwer ausreichende Berücksichtigung. Die vor allem am „Eigeninteresse orientierte Rationalität“ [18] dieses Systems erlaubt nur mühsam die Repräsentanz jener „allgemeinen“ Interessen, die nicht privat rentabel sind und jenseits individuell-kurzfristiger Konsumsofortbefriedigung die „Dauer“ des Gemeinwesens zum Gegenstand haben – vom Umweltschutz über die Krankenversorgung bis zu den „unrentablen“ Vorkehrungen für Notstands- und Ernstfälle verschiedener Art [19]. Ja, für die Ratio dieses Systems kann es solche allgemeinen, nicht-partikularen Interessen gar nicht geben, stehen diese a priori unter Ideologieverdacht [20]. Für diese „reine Vernunft“ [21] des technisch-industriellen Prozesses und seiner sozialstaatlichen Realisationen ist die Normalität des „Friedens“, das heißt die Garantie möglichst reibungsloser und ungestörter Prozesse der Produktion, Distribution und Konsumtion, die „Lebensbedingung“ [22] schlechthin. Hier regiert nicht nur das Axiom der Inkompatibilität von „Krieg“ und „Arbeit“ [23], hier wird der steigende Lebensstandard als Mittel angesehen, welches die Neutralisationskraft der Staatsautorität gegenüber den gesellschaftlichen Antagonismen und Konflikten immer mehr entbehrlich zu machen scheint, und der Glaube, die gesellschaftlichen Gegensätze im Wohlstand gleichsam ertränken zu können [24], reicht im Grunde von Ludwig Erhard bis zu Rudi Dutschke (hier im Zeichen der Marxschen Verheißung: „wenn die Springquellen des gesellschaftlichen Reichtums reichlich fließen ...“): „So nimmt der Leviathan mehr und mehr die Züge einer Milchkuh an, die Funktionen als Produktionshelfer, Sozialgesetzgeber und Auszahlungskasse treten in den Vordergrund, und man hat dem humanitär-eudaimonistischen Ethos die Tore so weit geöffnet, daß das eigentlich der Institution angemessene Dienst- und Pflichtethos aus der öffentlichen Sprache und aus den Kategorien der Massenmedien vollständig verschwunden ist und dort nur noch Gelächter auslöst. Vielmehr machen Beamte, um Weihnachtszuwendung zu bekommen, ohne Rücksicht auf die Interessen des Ganzen Bummelstreik.“ [25]

Ohne Zweifel muß die Bundesrepublik Deutschland als ein Prototyp dieses „Staates der Industriegesellschaft" verstanden werden mit ihrer durch die „Freiheit vom Ernstfall" geprägten Verfassung und ihrem am Anfang stehenden „Souveränitätsdefekt"[26], der zu jener originär zivilen und auf „Normalität" fixierten Nachkriegsgesellschaft den Anstoß gab, die nach dem bekannten Wort Joseph A. Schumpeters, nicht mehr in staatliches, sondern vor allem in wirtschaftliches Licht getaucht[27], in eine primär ökonomische Form gegossen ist. Die aus dem Zusammenbruch von 1945 hervorgetretene und die Rekonstruktionsperiode dirigierende neue „mittelständisch-zivile Bürgerelite"[28] wurde zum Repräsentanten dieser neuen gesellschaftlichen Wirklichkeit und ihrer Werthaltungen.

Die grundsätzliche Ambivalenz dieser pluralistisch-freiheitlichen Ordnung, die dem einzelnen einen in der deutschen Geschichte bis dato unbekannten Grad freier Entfaltung erlaubte und eine gesellschaftliche Mobilität bewirkte, gegenüber der z.B. alle spätmarxistische Kritik an den „starren Strukturen" einer angeblich immobilen „Klassengesellschaft" wie Makulatur erscheinen muß, war freilich von Anfang an nicht zu verkennen. Einer der letzten Altliberalen in der deutschen Professorenschaft, Michael Freund, konnte so schon in einer frühen Phase der sogenannten Notstandsdiskussion die in der Bundesrepublik verbreitete Neigung kritisieren, alles Regelwidrige aus ihrem Dasein zu verbannen, obwohl doch dieses Volk seit dem Ende des Krieges „den verkörperten Ausnahmezustand darstellt, gespalten und auf zwei Hemisphären verteilt, nahe daran, als zweistaatliches Monstrum zu existieren, in seinem Dasein als Nation gefährdet wie kein anderes"[29]. Nach dem Krieg begannen sich die Deutschen – und ihre neuen Eliten gingen ihnen dabei unbekümmert voran – zu jenen auserwählten Völkern zu zählen, „denen ein höheres, verklärtes, gewalt- und machtloses Dasein vergönnt sei", und die Väter des Grundgesetzes neigten zu der Welterschaffungsmentalität *„Katastrophen sind künftig verboten!"* „Der Parlamentarische Rat … lebte als Weltraumfahrer des demokratischen Geistes in einer künstlichen Luft. Das deutsche Volk weiß noch kaum, ob es als Nation überleben wird. Aber es wollte seine Verfassung auf … ein fast überirdisch unfehlbares Gesetz gründen."[30] Auch ein so herausragender Vertreter der jüngeren liberalen Generation wie Ralf Dahrendorf sieht die Gefahr, daß diese Ordnung „zu völliger politischer Teilnahmslosigkeit“[31], zu einem „inneren Separatismus der Partikularinteressen“[32] führt. Dieser pluralistische Sozialstaat, wie er in der Bundesrepublik Gestalt gewann, ist in den von ihm vorwiegend repräsentierten Interessen und demgemäß in seinen auf ihre Befriedigung gerichteten Aktivitäten und Funktionen wesentlich auf Innenpolitik, auf den Binnenbereich des Gemeinwesens gerichtet, scheint oft geradezu auf sie reduziert zu sein. Angesichts seines vor allem erwerbsgesellschaftlichen Selbstverständnisses gerät im Staat der Industriegesellschaft die Selbstbehauptung des Gemeinwesens als Ganzes und nach außen nur schwer in den Horizont. Gerade auch die Bundesrepublik Deutschland gehört heute zu jenen kleinen und mittleren Staaten, in denen die auf die politische Existenzsicherung der res publica gerichtete „Primärpolitik“ zurücktritt und die innerhalb hegemonial geführter Bündnissysteme in einen Zustand „primärer Entpolitisierung“ geraten sind, in dem der „außengeleitete Typ“, der durch funktionale Rollenerwartungen angepaßte Mensch, „dem Staat mit seiner Leistungs- und Einschenkerwartung in anspruchsvoller Gleichgültigkeit gegenübersteht“[33]. Eine Gesellschaft von Anspruchsvollen und permanent Fordernden ist unter Berufung auf ihr Dogma „Das steht uns zu...!“ längst dabei, den Staat zur bloßen Müllhalde zu degradieren, auf die alles Lästige abgeschoben wird[34]. Ein *diffuser Drang nach Reformen* „signalisiert das steigende Unbehagen an den enormen Belastungen, die die Industriegesellschaft mit sich bringt. Aber hier wird das latent Parasitäre des Menschen in der Industriegesellschaft vollends manifestiert“: Der Staat sieht sich zu „Reformen“ gedrängt von einer Gesellschaft, die ihrerseits kaum geneigt ist, die Kosten für diese Reformen in Gestalt von Prioritätsverlagerungen zu tragen[35].

Westliches „Sinndefizit“ und marxistische Offenbarungslegitimität

Dieser „Staat der Industriegesellschaft“ mitsamt seinen neuartigen Legitimationsversuchen durch Leistung, Umverteilung, Effizienz, technisch-soziale Realisation stößt nun in diesen Jahren auf den

„Ernstfall" in doppelter Gestalt: einmal durch das Ende oder die doch zumindest einschneidende Bremsung der technologisch-ökonomischen Wachstumsvorgänge und zum anderen durch die verschiedenen Spielarten des Marxismus-Leninismus, die doch bei allen Gegensätzen untereinander sich als die einzig wahren und möglichen Legitimierungen politischer Ordnung in der fortgeschrittenen Industriegesellschaft empfehlen. Die Wachstumsbremsung trifft die zentrale industriegesellschaftliche Legitimationsprämisse der „sozialen Realisation", die Marxismen-Leninismen treffen auf das *„Sinndefizit"* einer Gesellschaft, deren politische Ordnung durch den weit fortgeschrittenen Abbau geistiger Gehalte und Traditionen nachhaltig geschwächt ist[36]. Der Ernstfall trifft in der realen Verfaßtheit, das heißt im Bewußtsein der Menschen der westlichen Industriegesellschaften auf vielfach unterhöhlte Fundamente und „durch Korrosion angefressene Gemäuer"[37].

Worin besteht die Faszination des Legitimitätsanspruchs der Marxismen-Leninismen auf die in der westlichen fortgeschrittenen Industriegesellschaft sich belastet, frustriert und entfremdet Fühlenden? Welcher „Gott" ist es, dessen Heilkraft trotz aller Desavouierungen anscheinend immer neu erprobt werden soll? „Dieser Gott ist heute die ‚Geschichte', nachdem selbst die Theologen das Jenseits in Zukunft umdenken – wer lebte der Gegenwart nicht voraus, um ja nicht als überholt und abgetan zu gelten? Das hieße den Tod schon vorher sterben. Wer dagegen glaubhaft macht, den großen Fahrplan zu kennen, wird geistig unwiderstehlich."[38] Sozialistisch-kommunistische Einparteidiktaturen berufen sich auf „Weissagung und Offenbarung", nicht aus der Inspiration durch dic Stimme Gottes, sondern durch die Stimme der Geschichte. An die Stelle numinosen Gottesgnadentums und an die Stelle der „bürgerlichen" Volkssouveränität ist in den kommunistischen Parteidiktaturen die Rechtfertigung gesellschaftlicher Ordnung historiae gratia, von Gnaden der Geschichte, getreten. Dolf Sternberger kann deshalb von einer „mächtigen Spielart von Offenbarungslegitimität"[39] sprechen. Deren erstes Dokument ist das Kommunistische Manifest mit seiner Urprophetie der klassen-, staats- und herrschaftslosen Zukunftsgesellschaft der „wahren Demokratie" nach dem Untergang des „politischen Staates"; jener „Assoziation, worin die freie Entwicklung eines jeden die Bedingung für die freie Entwicklung aller" sein soll, wie es in diesem Manifest der messianischen Demokratie heißt[40]. Erstmals seit Beginn der Neuzeit und seit der Aufklärung legitimiert sich hier gesellschaftliche Ordnung wieder aus Inspiration und Exegese, nunmehr aus der Exegese der geschichtlichen Notwendigkeit. Lenin, der theoretische und praktische Begründer dieser Legitimation der Herrschaft einer Elite- und Avantgardepartei in unserem Jahrhundert, hat sich stets in diesem Sinne als Exeget des Orakels der Geschichte verstanden. Die Begründung seiner Praxis, seine „Anleitung zum Handeln" hat er stets konsequent aus einer geschlossenen Theorie der geschichtlich-gesellschaftlichen Entwicklung abgeleitet: „Immer fühlte er sich als Vollstrecker des zwingend Notwendigen – selbst dann, wenn er mit seinem Willen und Vorschlag ganz allein stand und sich erst gegen eine Mehrheit seiner Genossen im Zentralkomitee der Partei mühsam durchzusetzen hatte."[41] Die Antworten auf die Frage „Was tun?" wußte er aus seinem Selbstverständnis als Mundstück und Exekutor geschichtlicher Aufträge herzuleiten, und diese historische Inspiriertheit ist seine stärkste Waffe gewesen. Und als Leo Trotzki in der Nacht des Sieges der Revolution den Gegnern der Bolschewiki seine berühmten Sätze entgegenschleuderte: „Ihr seid klägliche Einzelerscheinungen, ihr seid Bankrotteure, eure Rolle ist ausgespielt, geht hin, wohin ihr von heute an gehört: auf den Kehrichthaufen der Geschichte!"[42], da sollte auch dem hartgesottensten Positivisten der heiße Atem dieser neuen Rechtfertigung von Herrschaft unter Berufung auf das Monopol der Erkenntnis und Exekution der Gesetze der Geschichte spürbar werden.

In der Folgezeit hat die kommunistische Partei- und Funktionärsherrschaft diese Exegese und Verwaltung der Offenbarung der Geschichte stets als ihre wichtigste Herrschaftsaufgabe betrachtet. Chruschtschow hat dieses bolschewistische Legitimitätsbewußtsein auf die Formel gebracht: „Man muß sich Rechenschaft davon geben, daß wir das legitime Kind der Geschichte sind. Wir vertreten eine höhere Stufe im geschichtlichen Ablauf der Zeiten, selbst wenn unser System nicht das Glück hat, euch zu gefallen."[43] Das Parteiprogramm der KPdSU beruft sich auf die von der Partei stets authentisch verwaltete Interpretation der Geschichte und ihrer Entwicklungsgesetze[44], und eng damit verknüpft ist das Kernstück der leninistischen Parteitheorie und Rechtfertigungsdogmatik der Avantgardepartei: das Axiom von der unauflöslichen Interessenidentität von Parteiführung – Partei – Arbeiterklasse – Volk und Menschheit[45]. In Fortführung des jakobinischen Identitätsdogmas „Die Menschheit konstituiert sich, indem sie ihre Feinde vernichtet" legitimiert auch die bolschewistische Parteiführung ihre Herrschaft durch den Monopolanspruch auf die Exegese und Interpretation der geschichtlich-gesellschaftlichen Bewegungsgesetze. Das ideologische Interpretationsmonopol ist die eigentliche Basis, auf der sich die übrigen Herrschaftsmonopole im leninistischen Einparteistaat – insbesondere das politische Organisations- und Informationsmonopol[46] – aufbauen und entfalten.

Wenn bestimmte prophezeite Ereignisse und historische Durchbrüche partout nicht eintreten wollen, dann müssen es natürlich Teufel sein, welche die Verwirklichung der Heilserwartung anzuhalten oder gar den Gang der eisernen geschichtlichen Notwendigkeit umzuwenden versuchen. Diese „offenbarungsfeindlichen, geschichtswidrigen, verräterischen Gegenkräfte" – in der Sprache der Leninisten stets nur „ein Häuflein abgefeimter Schurken, das denkbar schmutzigste Gesindel ... die abscheulichsten Henker aus den Reihen der Arbeiterklasse" usf.[47] – rechtfertigen daher schlechthin alle Mittel zu ihrer Bekämpfung und Beseitigung. Historischer Offenbarungsglaube als Legitimationsgrundlage politischer Herrschaft ist eben auch und gerade dort monopolistisch und total, wo er politische Gegensätze und Meinungsunterschiede als „Abweichungen", als moralisch und intellektuell schlechthin verwerflich, hors de loi totalisiert und damit auch den systematischen und langdauernden Terror legitimiert. Sternberger vergleicht so die dialektische Geschichtsauffassung mit einem Orakel, „welches dem Frager oder dem aktiven Interpreten zwar den sicheren Sieg und die endliche Glorie der allgemeinsten Freiheit oder auch der allgemeinsten Herrschaft verheißt, ihn zugleich aber in verzehrende Kriege jagt, indem es ihm den bösen Feind weist, der zuerst vernichtet werden müsse"[48]. Wieder einmal, wie schon so oft in der Menschengeschichte, realisiert sich auch hier der Traum von der großen Freiheit, Gerechtigkeit, Menschlichkeit und

Glückseligkeit aller zunächst einmal in der Definition und Vernichtung von Feinden, in der Rechtfertigung des „letzten Gefechts“ zwecks endgültiger Beseitigung aller Ungerechtigkeit und aller Konfliktursachen[49].

Gesellschaftliche Totalideologie und personale Verantwortung

Nun ist es freilich nicht so – und das ist für das Verständnis des heutigen Konflikts zwischen dem westlichen „Staat der Industriegesellschaft“ und den leninistischen Einparteidiktaturen wichtig –, daß die Legitimierung der letzteren durch ein angebliches Wissen um den Gang der Geschichte absolut unwiderstehlich und ungebrochen in der Welt wirken würde. Die Klügsten und Lautersten unter den anfänglichen Gläubigen dieses Gottes – von Arthur Koestler bis Alexander Solschenizyn – haben schließlich begriffen und bekannt, daß er „keiner war“. Nicht nur daß gerade auch die Legitimitätsdogmatik der leninistischen Avantgardepartei au fond noch den Prämissen des Wachstums und ständigen Progresses ganz ebenso verhaftet ist wie ihr westlicher kapitalistisch-sozialstaatlicher Gegner. Dieser Dogmatik ist auch ihr apologetischer Rechtfertigungscharakter von Herrschaft allzusehr auf der Stirn geschrieben, als daß er nicht kritisch durchschaut und abgetragen werden könnte und müßte.

Es ist ja kein Zufall, daß die dialektischen Deutungsversuche der geschichtlich-gesellschaftlichen Realität mit ihrer Tendenz zum Fetischismus eines objektiven Gesetzesdenkens in totalitären Systemen so beliebt sind, sind sie doch hervorragend geeignet, beliebige Entscheidungen der Herrschenden als historische Einsichten und Inspirationen zu legitimieren und zu maskieren, „und zwar in einer Weise, die sie nach Möglichkeit der Diskussion entrückt“[50]. Die revisionistischen Strömungen im Marxismus-Leninismus, die nicht länger bereit sind, die dialektische Totalität angeblich begriffener und zu exekutierender Geschichte in ihrer Legitimierungsfunktion für die Herrschaft des bürokratischen Sozialismus fraglos zu akzeptieren, sind zum schärfsten Gegner der Neuen Klasse geworden.

Als einer von Zahlreichen sei der Serbe Svetozar Stojanović erwähnt, der in seinem wichtigen Buch „Kritik und Zukunft des Sozialismus" die Aufgabe klar erkannt und in Angriff genommen hat, „den etatistischen Mythos des Sozialismus zu zerstören", das heißt eben jene „oligarchisch-etatistische Degeneration" des Marxismus „von einer revolutionär-kritischen in eine konservativ-apologetische Ideologie der neuen herrschenden Klasse"[51]. Im Westen ist es unter anderen der in Basel lehrende Arnold Künzli, der in seiner Ideologiekritik über Marx hinausstrebt und den „unverkennbar konterrevolutionären Charakter" dessen offenlegt, was heute im sowjeteuropäischen Osten Sozialismus genannt wird, „wo sich allzu häufig eine arrogante, machtlüsterne, pharisäische, philisterhaft-kleinbürgerliche, privilegienhungrige, gelegentlich bis zum Terrorismus freiheitsfeindliche Bürokratenkaste von dürftigem geistigem Niveau etabliert hat, deren Herrschaft dem Marxschen Begriff des Sozialismus hohnspricht"[52].Künzli läßt keinen Zweifel daran, daß Marx nicht von einem empirischen, sondern, in den Spuren Hegels, von einem geschichtsphilosophisch-spekulativen Menschenbild ausgegangen ist, das sich freilich leicht im Dienste der Herrschaftslegitimation manipulieren läßt: „Infolge dieser ... spekulativen Verabsolutierung eines Partikularen hat Marx übersehen, daß der Mensch unendlich viel mehr ist als nur ein wesentlich durch seine Bedürfnisse bestimmter ‚homo oeconomicus'. Er hat übersehen, daß es im Menschen irrationale, unbewußte Mächte aller Art, einen Willen zur Macht, eine metaphysische Angst, ein Streben nach Sicherheit, Prestige, Ruhm, einen brutalen Selbsterhaltungstrieb und eine zügellose Erotik gibt, die alle weit bestimmter wirken können als ‚das gesellschaftliche Sein'. Aber nicht nur das, was man in der Tradition abendländischer Ethik als ‚das Böse' bezeichnen könnte, hat Marx spekulativ und einseitig auf Sozioökonomisches reduziert, sondern ebenso die Möglichkeiten des Menschen zum Guten ... Die Marxsche Theorie als *Totaltheorie* des Sozialismus ist heute eine reaktionäre Theorie, da sie ... gezwungen ist, die Entwicklung hinter den von ihr erreichten Stand auf Positionen des vergangenen Jahrhunderts zurückzuschrauben ... Die Sozialisten müssen von Karl Marx wieder den aufrechten Gang lernen und den Mut zum autoritätsfreien, autonomen Gebrauch ihrer Vernunft wiederfinden. Denn ein autoritätsgebundenes Denken kann in der Praxis immer nur neue autoritäre Strukturen zeugen, und das heißt: neue Entfremdung."[53]

Es besitzt einen zentralen Stellenwert für die Frage der Legitimität politischer Ordnung „am Ende des Wachstums", wenn heute gerade von den innermarxistischen Revisionisten das *Problem der konkreten und personalen Verantwortung* wieder entdeckt wird unter den Verschüttungen einer apologetisch-manipulativen Berufung auf den angeblichen Willen der Geschichte wie auch auf eine rein technisch-soziale Leistungseffizienz. Präzise hat Künzli dargestellt, wie im Marxismus-Leninismus „die personale Verantwortung gegenüber dem konkreten Du und Wir der Gegenwart ... einer verabsolutierten kollektiven Verantwortung gegenüber dem zukünftigen Heil geopfert" wurde, wie es hier letztlich Verantwortung nur noch gegenüber der Partei als dem ausführenden Organ solcher innerweltlicher Heilsgeschichte geben kann[54]. Es ist das bekannte Thema Arthur Koestlers vom Yogi und dem Kommissar, das Thema von Sartres „Schmutzigen Händen", das heute auch von einem anderen großen Entmythologisierer des Marxismus, Leszek Kolakowski, wiederaufgegriffen wird, der die Ethik des täglichen Lebens befreien will „von dem Alpdruck der Geschichtsphilosophie und jener Pseudodialektik, die aus der Moral das Werkzeug der großen Geschichte macht, in Wirklichkeit aber die Geschichte zum Vorwand der Schurkerei nimmt"[55]. Wenn sich ein Marxist wie Kolakowski durchgerungen hat zum leidenschaftlichen Bekenntnis zur „totalen Verantwortung des einzelnen für die eigenen Taten und zur Amoral des geschichtlichen Prozesses"[56], wenn man nach den bitteren Erfahrungen mit dem Herrschaftsmarxismus und seinen Legitimierungsmythen im Zeichen der innerweltlichen Eschatologie gerade im marxistischen Revisionismus wieder auf das Problem der Verantwortung des konkreten Menschen für den anderen konkreten Menschen hier und jetzt gestoßen ist, so ist diese Wende innerhalb jener geistigen Formation, die bisher der Ideologie des Fortschritts am entschiedensten verhaftet war, ein Vorgang von möglicherweise epochaler Bedeutung.

Dialektik der Emanzipation

An diesen Durchbruch anzuknüpfen, der freilich extremen Drucksituationen und geistigen Lagen zu verdanken ist: darin scheint mir eine Chance auch für die westliche Sozialphilosophie zu liegen. Es gilt, endlich die *Dialektik der Aufklärung und Emanzipation* zu begreifen, wie sie Arthur Koestler, Manès Sperber, Ignazio Silone, André Gide und viele andere bereits vor einem Menschenalter erkannt haben. Es geht um die Einsicht, daß man stets dann, wenn Politik vorrangig als Exekution angeblich unumstößlicher, wissenschaftlich erkennbarer und erkannter historisch-sozialer Gesetze begriffen wird (auch in Gestalt einer eindimensionalen und fetischistischen Wachstumstheorie und -praxis), in einer „als Staatsreligion approbierten Lehre von der Gesellschaft" (Th. Adorno) landen muß. Die Grenzen des Wachstums schlagen uns jene ideologischen Versuche aus der Hand, politische Herrschaft und Ordnung vor allem durch die Berufung auf die Exekution eines wie auch immer gearteten Fortschritts zu legitimieren. Der Rausch der Rechtfertigung von Herrschaft aus der Ideologie der angeblichen Einsicht in den gesetzmäßigen Ablauf der Geschichte, aus dem Willen und der Meinung, abschließend über ihre Wege und Ziele verfügen zu können, beginnt sich zu verflüchtigen. Es geht um die Preisgabe jener Totaltheorie von Gesellschaft und Geschichte und um die Revindikation der moralischen Verantwortung des Individuums als einer auf ein Du und ein Wir bezogenen Person – nicht zuletzt auch im Hinblick auf Herrschaft und ihre Legitimierungen. In einer Situation, in welcher die Vollendung der Emanzipation in der Gegenwart die Selbsterhaltung des freien, autonomen Individuums der Moderne zugleich mit der Selbsterhaltung der substantiellen politischen Institutionen zu zerstören droht[57], erweisen sich die noch lautstark den Marktplatz einnehmenden Axiome vom guten Menschen, von der radikalen Machbarkeit eines Endzustandes universalen Glücks in der fortgeschrittenen Industriegesellschaft immer deutlicher als wahrhaft „reaktionär". In dieser Lage, in der die Konsequenzen der Emanzipation sich gegen diese selbst richten, das heißt aber gegen die konkrete Humanität, hat am Anfang alles politischen Handelns die Einsicht zu stehen, daß der Versuch, die Geschichte aus sich selbst und durch sich selbst vollenden zu können, stets erneut in Unfreiheit und Negativität enden muß. Das Pathos der „Veränderung" in Marx' 11. These über Feuerbach hat die Epoche der Industriellen Revolution tief geprägt. Heute beginnen wir die Einsicht zu gewinnen, daß die weltgeschichtliche Dialektik allein nicht genügen kann. Das bloß innerweltlich-gesellschaftlich ausgelegte Dasein des Menschen erweist sich immer deutlicher als Verfehlung und Selbstverstellung des Menschen: „Der Mensch übersteigt unendlich den Menschen", sagt Pascal[58]; wahrhafte Aufklärung und Freiheit kann heute nur noch aus der Einsicht in ihre eigenen Grenzen gewonnen werden.

An die Grenzen des Wachstums stoßend, sieht sich der Mensch an einer epochalen Wegegabel: Freiheit und Selbsterhaltung drohen immer mehr auseinanderzutreten[59]. Die Freiheit der landläufigen eindimensionalen Autonomievorstellungen (und sie hat in den zurückliegenden Jahren einer flachen Emanzipationsrhetorik noch einmal Urständ gefeiert) droht in selbstzerstörerische Anarchie und neue Tyrannis zu führen. Die als Staatsreligion approbierte Lehre von der Gesellschaft und der Geschichte hat im Bereich des Herrschaftsmarxismus diesen Zyklus negativer Dialektik bis zur letzten Konsequenz durchlaufen. Eine Theorie und Praxis gesellschaftlicher „Selbstbehauptung" ohne die transzendentale Perspektive der Freiheit und Autonomie muß versacken in der Heteronomie „bioprotektionistischer Diktaturen"[60] faschistischer, stalinistischer oder technokratischer Observanz. Mündet also die Preisgabe der Dialektik von Freiheit und Selbsterhaltung in Unfreiheit und Diktatur, so kann die Entscheidungsfrage nur lauten, wie Freiheit *ohne* Selbstzerstörung oder, anders ausgedrückt, wie Selbsterhaltung *in* Freiheit möglich sei.

Konkret ordnungspolitisch gewendet, heißt dies, daß die unerläßliche Dialektik von Freiheit und Selbsterhaltung sowohl von dem etatistischen Sozialismus leninistischer Parteimonopolherrschaft verfehlt wird wie von den „sinn"-losen Effizienz- und Realisationskriterien jener „toten Völker, in denen es keinen Staat mehr gibt… in denen die Staatsgewalt absolut in den Händen der Gesellschaft ist"[61]. Lorenz v. Stein, dem wir diese wahrhaft dialektische Erkenntnis verdanken, sieht daher in dem notwendigen Gegen- und Miteinander von Gesellschaft und Staat „den wahren

Inhalt der inneren Geschichte der Völker", eine reale Dialektik, die, wenn sie je zum Stillstand käme, sowohl die konkrete Freiheit wie – mit ihr zusammen – auch die substantiellen politischen Institutionen abschaffen würde. Der Tod des Gemeinwesens, eines Volkes muß nach Stein eintreten, wenn sich der Staat in die Gesellschaft hinein auflöst, aber auch „wenn Verfassung und Verwaltung ohne Rücksicht auf den einzelnen und seine Bestimmung sind und der Staat allein für sich und seine Persönlichkeit lebt"[62]. Diese Formel klingt wie die Vorwegnahme unserer heutigen Konstellation, und sie ist es auch: auf der einen Seite die „Selbsterhaltungs"-Diktaturen totalitärer oder technokratischer Observanz, auf der anderen Seite jene westlichen Industriegesellschaften, deren „Schleuder-Amplitude" sich dem Grenzwert nähert, „jenseits dessen das System metastabil wird und auseinanderfallen muß", wie uns Alexander Solschenizyn in seiner Nobelpreisrede mit großem Ernst dargelegt hat[63].

Würde und Notwendigkeit der Institutionen

Politische Freiheit und Selbsterhaltung an den Grenzen des Wachstums sind nur möglich durch den Ausbruch aus der fatalen Alternative: monopolistische Indoktrinationsregimes „historiae gratia" dort – Fixierung des Staates der Industriegesellschaft auf die Befriedigung der gesellschaftlichen Bedürfnisse hier. Damit kann nicht gemeint sein der – reaktionäre und aussichtslose – Versuch, die moderne sozialstaatliche Verschränkung von Staat und Gesellschaft als Voraussetzung des erreichten zivilisatorischen Niveaus rückgängig machen zu wollen, wohl aber ist damit gemeint die Einsicht in die Notwendigkeit einer neuen Blickrichtung und neuer politischer Prioritäten.
Die konstitutionell-freiheitliche Demokratie benötigt heute – bei aller Verflechtung mit dem sozialstaatlichen „System der Bedürfnisse" – die elementare Besinnung auf jenen „bloc des idées incontestables"[64], in dessen Zeichen sie sich einst entfaltete. Der „Not- und Verstandesstaat" bloß individualistisch-unhistorischer „gesellschaftlicher" Interessenaggregationen ist gewiß nicht der Schutzwall gegen die Überwältigung durch heilsgeschichtlich oder

„bioprotektionistisch“ sich legitimierende Diktaturen. Der privatisierte und demontierte Staat der Industriegesellschaft wird vielmehr notwendig zum Nährboden der Infiltration[65].
Substantielle Freiheit kann heute nur noch erhalten werden durch „substantielle Institutionen“, nicht zuletzt durch einen substantiellen Staat. Taine schrieb einst an Guizot: „Die Geschichte zeigt, daß die Regierungen, die Religionen und die Kirchen, alle die großen Institutionen die einzigen Mittel sind, durch die der tierische und wilde Mensch (l'homme animal et sauvage) seinen kleinen Teil an Vernunft und Gerechtigkeit erwirbt.“[66] Es wird der Prüfstein unserer Selbsterhaltung in Freiheit sein, ob diese tiefe Einsicht nur im Privaten verharrt oder auch institutionell fruchtbar zu werden vermag[67]. Am Ende der Neuzeit stehen wir auch an den Grenzen des profanen, von jeder theologischen, über seine Weltlichkeit hinausgehenden Bestimmung emanzipierten Menschen[68]. Damit ist auch die Frage nach den Konsequenzen der Säkularisierung der politisch-sozialen Ordnung unüberhörbar gestellt – was anscheinend die offiziellen Kirchen und Theologien oft so wenig zu begreifen in der Lage sind. Gerade die geschichtlich-gesellschaftliche Erfahrung dieses historischen Augenblicks (wie alle geschichtliche Erfahrung) macht deutlich, daß der Mensch niemals weiß, wer und was er ist, daß er sich nie direkt, „als Mensch“, verwirklichen kann, sondern sich stets durch die Institutionen vermitteln lassen muß: „Gegensätze und Spannungen bedürfen ... der Institutionalisierung, um sie geregelt auszutragen, und gegen den gewaltigen Anprall der Gleichheitsregie, die herrschen will, findet man nur Schutz in Einrichtungen, die sich verteidigen lassen.“[69] Pluralität und Gleichgewicht der sozialen, politischen und geistigen Kräfte und Prinzipien, das Offenhalten der Wege des Denkens und damit der Gesellschaft und der Geschichte, „frei von der Tyrannei einer aufgezwungenen Lösung“ (Thomas Molnar): so muß die Parole lauten gegen den Herrschafts- und Allmachtswillen *einer* Partei, *einer* Kraft, *eines* Prinzips. „In der Gegenwart gewinnt die Erkenntnis Boden, daß die Gefährdung der individuellen Freiheit von der Gesellschaft ausgeht und daß der Staat dazu berufen ist, die Freiheit zu schützen.“[70] Mit dieser Feststellung steht Forsthoff in jener Tradition, die darum weiß, daß die unaufhebbare Verschränkung von Staat

und Gesellschaft nicht zur Preisgabe der Unterscheidung von Gesellschaft und Staat führen dürfe. Die substantiellen Institutionen allein können uns bewahren vor jenen geschichtlichen Katastrophen, großen Liquidierungen und Abrechnungen, „die in wenigen Jahren eine Gesellschaft umdrehen, die früher einverseelten Haltungen, die als selbstverständlich, das heißt natürlich, galten, zerbrechen“[71]. Politische Freiheit besteht in Sicherheit, das heißt in institutioneller Stabilität, nur so erhält sich Kultur in einem menschenwürdigen Sinne und damit die Möglichkeit, „daß junge Menschen in vernünftige Einrichtungen hineinwachsen, die von langen Erfolgen legitimiert sind; sonst werden unersetzbare Erbschaften verschlissen: die Disziplin, die Geduld, die Selbstverständlichkeit und die Hemmungen, die man nie logisch begründen, nur zerstören und dann nur gewaltsam wieder aufrichten kann“[72]. Der moderne Staat als eine der wichtigsten dieser substantiellen Institutionen ist einst aus den Greueln des konfessionellen Bürgerkriegs herausgewachsen als Instrument des Friedens und der Schlichtung. Gelingt es nicht, seine Auflösung zu stoppen, seine existentiellen Kernbereiche von den gesellschaftlichen Machtkämpfen freizuhalten bzw. von der Überwältigung durch *eine* Partei, *eine* Kraft, *ein* Prinzip, dann ist die Wiederkehr der totalisierten Konfessionskriege die unmittelbare Folge: sie rütteln schon vernehmlich an den Toren[73].

Es ist eines der ermutigenden Zeichen in dieser krisenhaften Umbruchszeit, die unsere Gegenwart ist, daß nicht nur die Entmythologisierung des Herrschaftsmarxismus die Zeichen der Zeit vernommen hat, sondern daß auch bei uns im Westen in den letzten Jahren eine Front wacher Geister von „rechts“ bis zur „linken Mitte“ entstanden ist, welche im Namen des konkreten Menschen und seiner realen Freiheit gegen die Unfreiheit totaler Zukunftsbemächtigung auf den Plan treten und angesichts des „Unvermögens der Ideologen“ für die *„Disziplinierung der Demokratie“* plädieren. So geht z. B. auch Gerhard Szczesny von der grundlegenden Feststellung aus, „daß die Inbesitznahme und Ausbeutung der Erde durch die sich ständig vergrößernde und immer höhere Lebensansprüche stellende Gattung Mensch nicht mehr fortgesetzt werden kann“[74] und die Krise des zeitgenössischen Menschen und seiner sozialen Ordnungen in eben diesem Grenzerlebnis zu suchen ist, das neue Antworten erfordert. Auch für Szczesny ist die demokratistische und libertinistische Interpretation von Freiheit und Aufklärung, welche Freiheit als absolute und orientierungslose Freisetzung aller Triebe und Bedürfnisse der menschlichen Natur mißversteht, unübersehbar in die Sackgasse geraten, weil sie den Menschen durch die radikale Entmythologisierung aller Autorität und Rangordnung des integrierenden Lebensmodells beraubte. Freiheitliche, „qualitative" Demokratie darf künftig nicht mehr mißverstanden werden als völliger Verzicht auf jede Art verbindlicher Orientierung, Anleitung und Disziplinierung. Die erreichten politischen, materiellen und sozialen Lebensbedingungen, die nicht rückgängig gemacht werden sollen und können, sind künftighin nicht mehr als Selbstzweck, sondern als Voraussetzung erfüllten und sinnvollen Daseins zu verstehen. Die qualitative Demokratie muß jedenfalls den Willen zur Disziplinierung nicht nur lehren, sondern konkret praktizieren. Szczesny ist überzeugt, daß nur die *Stärkung der staatlichen Autorität* die totalitäre Tyrannis zu verhindern vermag, daß der Staat daher sittlich legitimiert ist, seinen Bürgern Ideale, Pflichten und Anstrengungen zuzumuten, und daß nur der Staat die humane Wertordnung gegen nacktes Rentabilitätsdenken wie gegen schwankende Mehrheitsstimmungen sichern und das Überranntwerden des einzelnen durch starke gesellschaftliche Gruppen verhindern kann.

Für eine Rehabilitierung der Tugend in der Politik

Unversehens, aber mit unverkennbarer Logik sind wir so mit unserer Frage nach den Bedingungen von Freiheit und Selbsterhaltung an den Grenzen des Wachstums von den Problemen der substantiellen Institutionen zu den damit aufs engste verknüpften Fragen nach ihren geistigen, moralischen und anthropologischen Voraussetzungen gelangt. Legitimität politischer Ordnung ist ja sowenig nur eine Frage der Modalitäten politischer Willensbildung, wie sie auf den sozio-ökonomischen Output reduziert werden kann. Die Dynamik demokratischer Politik bedarf zur Sicherung freiheitlich-konstitutioneller Ordnung in der fortgeschrittenen Industriegesellschaft mehr denn je der Institutionen, der „Ämter", wie der inhaltlichen ethischen Antwort auf die Frage nach ihrer Ausübung. Für die konstitutionelle Tradition, der angesichts der Herausforderungen der Freiheit in unserer Zeit eine so hohe aktuelle Bedeutung zukommt, war Macht und Herrschaft stets anvertrautes Amt, wie Wilhelm Hennis eindrücklich gezeigt hat [75]. In dieser Tradition wurde Herrschaft als der Gerechtigkeit und dem Gemeinwohl verpflichtete Aufgabe begriffen. Sie beruhte auf dem Band des Vertrauens zwischen Berufenen und Berufenden. Nicht zufällig explodierte die Revolution 1789 wie 1917 in Ländern, in denen sich solches konstitutionelle Amtsverständnis nie durchgesetzt hatte und Ämter zumeist nur zu Pfründen entartet waren. Wer heute von Legitimität politisch-sozialer Ordnung spricht, kann jedenfalls an dem unauflöslichen *Zusammenhang zwischen Demokratie und Tugend* nicht vorbeigehen, er kann sich um die Frage nach dem Bild des Bürgers wie der Amtsträger nicht herumdrükken [76]. Das abendländische politische Denken von Perikles' Gefallenenrede bis Montesquieu war sich dieses Zusammenhanges stets bewußt. Und noch die konstitutionelle Staatstheorie des vorigen Jahrhunderts von Kant bis Hegel und Lorenz v. Stein, von Benjamin Constant bis Alexis de Tocqueville gab sich von der entscheidenden Bedeutung der Tugenden für die „Verfassung der Freiheit“ Rechenschaft. Nach den Verwüstungen, welche die radikale Gesellschaftskritik der letzten Jahre im Zeichen der Demokratisierung und Emanzipation hinterlassen hat, hat jede legitimitätstheoretische Überlegung heute erst einmal wieder den Reichtum der diesbezüglichen abendländischen Überlieferung freizuschaufeln. Hat der Kahlschlag der letzten Jahre alle überlieferten Normen als der Entfaltung der Persönlichkeit hinderlich, als Instrumente vor allem zur Erhaltung von Machtpositionen und Privilegien denunziert, so gilt es heute wieder, ganz konkret und wirklichkeitsnah Tugend als „die Fähigkeit und dauernde Bereitschaft zur Bindung des Ich an etwas, das uns jenseits des eigenen Ich begegnet“ [77], zu begreifen, die Autonomie nicht als leeres Gefäß und Selbstzweck, sondern als *Bedingung* menschenwürdiger Existenz, deren *Entfaltung* sich jedoch stets in Bindungen vollzieht, in Bindungen an Menschen, an Gruppen, an die Sprache als dem wesentlichen Gehäuse der subjektiven geistigen Existenz, an eine Aufgabe, die bewältigt werden will. Man mag es Liebe im Sinne des christlichen Grundgebots nennen oder Solidarität – stets handelt es sich um Bedingungen und Vorgegebenheiten individueller Existenz, aus denen der einzelne erst seine Substanz zu gewinnen vermag: „Der Versuch, den Menschen aus Abhängigkeiten, wie sie hier gemeint sind, herauszulösen, wäre kein Akt der Befreiung, sondern eine elementare Bedrohung seiner Chancen der Selbstverwirklichung.“[78] Gewiß ist zwischen Abhängigkeiten, die erniedrigen, und Bindungen, in denen man erst Mensch wird, sorgsam zu unterscheiden. Keine Legitimitätsdiskussion in unseren Tagen kann jedoch an der erzieherischen Schwäche des „Staates der Industriegesellschaft“ und seiner „Subsysteme“ (nicht zuletzt „Erziehung und Bildung“) einfach vorbeigehen. Die Wiederentdeckung des unauflöslichen Zusammenhangs zwischen freiheitlicher Demokratie und Tugend – Hegel sprach von der Notwendigkeit des „inneren Staates“ im Geist und in den Seelen der Bürger – hat jedenfalls die Sensibilität für die unübersehbaren Defizienzien der industriellen Zivilisation *zu schärfen*[79].

Zur Erziehung und Einübung von Tugenden gehört nicht nur die sorgsame Überprüfung des heute so häufig mißverstandenen „kritischen Bewußtseins“, das sich in vielen Fällen als unkritisches Fürwahrhalten von Glaubenssätzen entpuppt, als Zynismus, rechthaberische Arroganz und recht schwach ausgebildete Fähigkeit zur Selbstkritik. Zu dieser Einübung von Tugenden gehört auch die Vermittlung von Erfahrung und Orientierung an Vorbildern, die Übung der Fähigkeit und Möglichkeit, sich in Ja und Nein zu Vorbildern zu verhalten: „Der Mensch kann nicht Mensch werden, wenn man ihn sich selbst überläßt“[80]: Das ist ein ebenso schlicht klingender wie inhaltsschwerer Satz. Gerade diejenigen Qualitäten, auf die ein so kompliziertes und voraussetzungsvolles Wagnis wie die freiheitliche Demokratie angewiesen ist, bilden sich angesichts des Spannungsreichtums der menschlichen Anlagen und Möglichkeiten keineswegs von selbst[81]. Die klassische Lehre von den Tugenden und ihrer Rangordnung war deshalb von unübertroffener realistischer Einsicht, weil sie wußte, daß der Mensch weder perfekt noch unbegrenzt perfektionierbar ist, sondern ein labiles und widersprüchliches Wesen, daß die Rätsel und Übel der Welt nicht hinwegzureformieren und hinwegzurevolutionieren sind[82]. Gerhard Szczesny hat darauf hingewiesen, daß schon der antike Mythos nichts anderes abbildete als Strukturen und Kategorien, die wir heute als natürliche wiedererkennen, daß er daher auch die Forderungen der Autorität und Rangordnung nicht erfunden, sondern der menschlichen Natur entnommen hat[83]. Die modernen Wissenschaften vom Menschen haben uns diese Einsichten bestätigt. Sie haben uns gezeigt, wie vielschichtig und widersprüchlich die menschliche Natur ist und daß deshalb Freiheit nicht als unbefangene Entfaltung solcher „Natur" begriffen werden könne. Individuelle Entfaltung ist vielmehr angewiesen auf Autorität, Vorbild, „Herrschaft"; des Menschen Natur bedarf der regulativen Autorität im Interesse eines realitätsbeständigen Gleichgewichts[84].

Der liberale Irrtum bestand in der Annahme, daß die sich selbst überlassene Natur des Menschen zu stabilisierenden Integrationsleistungen – sowohl personal wie gesellschaftlich – in der Lage sei. Die zeitgenössische Anthropologie, aber auch die praktische politische Erfahrung hat Platons Parallelisierung der individuellen Vermögen mit den Schichten der politischen Realität auf eindrucksvolle Weise bestätigt: Die universale Inthronisation des Lustprinzips hat keineswegs zum „größtmöglichen Glück der größtmöglichen Zahl" geführt. Die autonome Freiheit kann weder personal noch politisch das Chaos unserer Bedürfnisse ordnen, sie endet notwendig in jenem hypertrophen, selbstzerstörerischen Ökonomismus und auf niedrigem kulturellem Niveau, wie wir sie heute allenthalben in der westlichen Welt vor Augen haben[85]. Die Dialektik der Emanzipation zu neuer Selbstversklavung, von Selbstherrlichkeit bestenfalls zu Selbstbedienung[86], wenn nicht Selbstzerstörung, jener ganze Bumerangeffekt der „modernen" Freiheits-, Gleichheits- und Emanzipationskonzepte läßt die Idee autonomer Selbstregulation sowohl personal wie politisch fragwürdig werden. Weder beim einzelnen noch im Gemeinwesen ist die Durchsetzung einer humanen Rangordnung der Bedürfnisse ohne Disziplinierung möglich. Hier wie dort geht es um den Durchbruch von einer nur bedürfnisbestimmten zu einer wertorientierten Selbstverwirklichung[87]. Der Schichtaufbau der Person wie der politischen Ordnung ist hierarchisch, und Heteronomie und (Selbst-)„Repression" sind nicht der Gegensatz zur, sondern gerade die Basis der Autonomie[88]. Der für ein sinnvolles Dasein der Person unerläßlichen autoritären Ich-Instanz entspricht politisch der Anspruch des Staates in einer „qualitativen" Demokratie, sagen zu können, „was Würde ist"[89], entspricht seine Kompetenz und Pflicht zum regulierenden Eingriff in die materialistisch-naturwüchsige Sozialordnung[90]. Wie im individuellen Dasein die personale Ich-Instanz sich zum pluralistischen Selbst in einer gewissen Distanz halten muß, so der Staat gegenüber der jeweiligen gesellschaftlichen Kräftekonstellation, deren nicht bloßes Vollzugsorgan er sein darf, wenn er seiner Aufgabe gerecht werden will, die gemeinsame Wertordnung gegenüber der bloßen Vitalordnung zu sichern[91].

Systemveränderung als Alibi

Szczesny betont ausdrücklich, daß die damit postulierte Rangordnung der Lebensbereiche gleichwohl einen *absoluten Wahrheits- und Herrschaftsanspruch des Staates ausschließt,* da sie nicht das Bekenntnis zu einer bestimmten Lehre oder Glaubensüberzeugung zum öffentlich verbindlichen macht, sondern in der Offenheit der Transzendenz verwurzelt bleibt[92]. Es geht vielmehr um die Wiederentdeckung der Tugenden nach der zeitweiligen Überrollung durch politische Erlösungsideologien. Wer die Tugenden als Vollzug personaler Verantwortung zur Grundlage von Legitimität politischer Ordnung macht, der vermag sich zu feien gegen jene zeitgenössischen Sozialreligionen, die nahezu ausschließlich um die Kritik und Revolutionierung der gesellschaftlichen „Verhältnisse", der Institutionen und Strukturen kreisen und darob die personale Humanisierung als entscheidende Aufgabe übersehen[93]. Die „Humanisierung der realen Verhältnisse" gegen die angeblich überholte bürgerlich-individualistische Idee der „Besserung der Zöglinge" auszuspielen war lange Zeit ein charakteristisches Mißverständnis, das darauf hinauslief, daß individuelles Verhalten und die Humanität der Verhältnisse nichts miteinander zu tun hätten[94]. So wurde es möglich, daß z. B. das bloße Bekenntnis zu marxistischen Lehrsätzen schon für eine menschheitserlösende Tat gehalten wurde und „Systemveränderung" für immer neue Generationen als Alibi für den Verzicht auf Disziplinierung der eigenen Person dienen konnte[95]. Demgegenüber erkennt die Revindikation der Tugenden für die Stabilität und Legitimität politischer Ordnung, daß die Institutionen und das individuelle Verhalten sich in einem dialektischen Prozeß gegenseitig fortbilden, daß „die Verhältnisse" nie mehr sein können als Bedingungsfelder für das konkrete Leben, das sich seinerseits stets nur in ihrem Gefüge entfalten kann: „Man kann nicht von der Unmenschlichkeit der Verhältnisse sprechen, ohne die Frage nach der Menschlichkeit des Individuums zu stellen. Oder um die gleiche These mit etwas anderem Akzent zu wiederholen: Es ist unlauter, die moralische Rigorosität, mit der man die Gesellschaft mißt, nicht gegen sich selbst gelten zu lassen."[96]

Wir sind davon ausgegangen, daß der westliche Staat der Industriegesellschaft, der vorwiegend zum „Zweckapparat zur Sicherung notwendiger Lebensbedürfnisse" geworden ist, der „nicht von einem politischen und moralischen Willen getragen (wird), sondern von der Energie, die sich auf die Verbesserung der materiellen Lebensumstände richtet"[97], durch die doppelte Herausforderung der Grenzen des Wachstums wie der monopolistischen Indoktrinationsregimes mit ihrer ideologischen Verführung in die Krise, in den „Ernstfall" geraten ist. Es ist die Frage, ob unterhalb der Legitimierungsschicht kraft Erwartung sozialeudämonistischer Erfolge noch Legitimationsüberzeugungen vorhanden sind, die standhalten oder neu aufgerufen werden können[98]. Entscheidend ist dabei sicherlich – wie Peter Graf Kielmansegg gezeigt hat –, welche Rolle die Führungsminderheiten für die Erhaltung oder Zerstörung von Legitimität spielen[99]. Auch der Staat der Industriegesellschaft kann nicht vergessen machen – und in seiner heutigen Krise weniger denn je –, was Legitimität als geistige, sittliche und damit auch politische Kategorie für das Zusammenleben der Menschen bedeutet. Guglielmo Ferrero, noch tief in der Traditionslinie abendländischer politischer Philosophie stehend, hat das in gültiger Weise zusammengefaßt: „Damit ein Gemeinwesen ohne Furcht leben und durch eine menschliche Ordnung gedeihen kann, muß es einen dieser Geister (das heißt Legitimitätsideen) als Souverän annehmen, muß ihm treu sein und dieses Prinzip mit Redlichkeit, ohne Schliche und Ränke verwenden."[100]

Der Staat der Industriegesellschaft steht in der Gefahr, ohne sozialökonomische Effizienz nicht zu überleben. Es ist daher die Pflicht einer politisch verantwortlichen Analyse, auf jene Voraussetzungen aufmerksam zu machen, ohne welche der Fortbestand freiheitlicher Gemeinwesen nicht denkbar ist. Es sind in solcher Situation Energien aufzubieten, die nicht aus dem Kräfteparallelogramm des gesellschaftlichen „Systems der Bedürfnisse" allein hervorgehen. Freiheit setzt nach einem guten Wort Friedrich Gogartens „einen unangreifbaren Schatz an Unfreiheit" voraus[101]: der „Interessent" in unserer Brust bedarf des „Bürgers" in unserem Kopf, der an das Gemeinwesen als Ganzes und an die Kette der Generation zu denken und sich daher „staatsbürgerlich" zu verhalten vermag. Das ist kein unrealistisches Postulat, sondern die Formulierung unaufhebbarer anthropologischer und politisch-sozialer Grundbedingungen, die nur unter der Strafe des geschichtlichen Verlöschens mißachtet werden können. Im Zug der primären Entpolitisierung droht der pluralistische Sozialstaat – nicht nur in der Bundesrepublik – zu einem „Staat ohne Wächter"[102] zu werden. Die im besonderen Maß auf „das Ganze" verpflichteten Gruppen und Institutionen, wie Beamtentum, Richter, Lehrer und Armee, spüren eine solche Lage am unmittelbarsten. Lorenz v. Stein sah den Tod des Gemeinwesens sowohl dadurch eintreten, daß der Staat ohne Rücksicht auf die Gesellschaft „allein für sich" lebt, als auch dadurch, daß er nicht mehr „die zur Einheit erhobene Gemeinschaft des Willens aller" ist und der „Pleonexie" (Max Scheler), der grenzenlosen Begehrlichkeit der Gesellschaft, ihrer Interessen, Bedürfnisse und Zwecke zum Opfer fällt[103].

Die Sicherung der menschlichen Freiheit und Würde unter den Bedingungen auch der fortgeschrittenen Industriegesellschaft kann nur gelingen, wenn dem Staat der konstitutionellen Demokratie – als dem Inbegriff der Legitimität und dem Garanten von Freiheit – das gegeben wird, was ihm zukommt.

Anmerkungen

[1] Rudolf Krämer-Badoni: Mit Papst und Marx ins neue Mittelalter, In: Deutsche Zeitung Nr. 32, 9. 8. 1974, S. 15.
[2] Götz Briefs: Grundriß der Sozialökonomik, 1926, S. 1, zitiert bei Arnold Gehlen: Moral und Hypermoral, eine pluralistische Ethik. Frankfurt a. M. 1969, S. 61.
[3] Gehlen, a. a. O. S. 66ff.
[4] Hermann Lübbe: Zweifel am System – Die Legitimitätskrise hat die politische Mitte erfaßt. In: Deutsche Zeitung Nr. 32, 9. 8. 1974, S. 2.
[5] Werner Weber: Der Deutsche Bürger und sein Staat. In: W. Weber: Spannungen und Kräfte im westdeutschen Verfassungssystem. Berlin ^{3}1970, S. 332.
[6] Diese Überlegungen hat kürzlich Manfred Hättich in einem Vortrag „Legitimationsprobleme des Parteienstaates" bei der Landeszentrale für Politische Bildung Baden-Württemberg vorgetragen.
[7] Ernst Forsthoff: Der Staat der Industriegesellschaft, dargestellt am Beispiel der Bundesrepublik Deutschland. München 1971.
[8] Ebd., bes. S. 159f.
[9] Ebd. S. 167.
[10] Forsthoff: Epirrhosis. Festschrift für Carl Schmitt. 1968, S. 203.
[11] Ebd.
[12] Forsthoff: Der Staat der Industriegesellschaft, S. 109.
[13] Zum Beispiel in: Verfassungsprobleme des Sozialstaates. Münster 1954.
[14] Ebd. S. 9.
[15] Vgl. als frühe Kritik und Befürchtung in disem Sinne bes. noch Winfried Martini: Freiheit auf Abruf – Die Lebenserwartung der Bundesrepublik. Köln – Berlin 1960.
[16] Maunz – Dürig – Herzog: Grundgesetz-Kommentar, Art. 65 a, Randnummer 41. München 1968.
[17] Forsthoff: Der Staat als Industriegesellschaft, S. 26.
[18] Ebd. S. 57.
[19] Vgl. dazu die Einleitung zu meinem Buch „Staat und Armee – Studien zur Befehls- und Kommandogewalt und zum politisch-militärischen Verhältnis in der Bundesrepublik Deutschland". Mainz 1975.
[20] Das Verständnis von „Interesse" als der zentralen Kategorie gegenwärtiger Sozialwissenschaft und politischer Didaktik würde eine umfangreiche gesonderte Untersuchung benötigen; es wird heute im Anschluß z. B. an Th. Adorno als jene „materiellen wie immateriellen persönlichen Wünsche und Bedürfnisse, deren Erfüllung irgendwie an politisch-gesellschaftliche Voraussetzungen gebunden" ist, verstanden (Hermann Giesecke: Didaktik der politischen Bildung. Neuausgabe München 1972, S. 165).
[21] Vgl. Helmut Quaritsch: Führung und Organisation der Streitkrafte im demokratisch-parlamentarischen Staat. In: Veröffentlichungen der Vereinigung Deutscher Staatsrechtslehrer, H. 26 (1969) S. 227.
[22] Vgl. Carl Friedrich v. Weizsäcker: Bedingungen des Friedens. Göttingen 1964.
[23] Dieses Axiom wurde zuerst von den „positivistisch-bürgerlichen" Soziologen des 19. Jahrhunderts, wie Auguste Comte und Herbert Spencer, entwickelt; vgl. Ludwig v. Friedeburg: Zum Verhältnis von Militär und Gesellschaft in der Bundesrepublik. In: Studien zur politischen und gesellschaftlichen Situation der Bundeswehr, 2. Folge, Witten – Berlin 1966, S. 10ff.
[24] Vgl. Klaus Hornung: Der Gefälligkeitsstaat in der Sackgasse. In: Wohin geht Deutschland? München 1966, S. 35ff.
[25] Arnold Gehlen: Moral und Hypermoral, S. 110.
[26] Winfried Martini: Freiheit auf Abruf, bes. S. 155ff., 404ff.

[27] Joseph A. Schumpeter: Kapitalismus, Sozialismus und Demokratie. Bern ²1950, bes. Kap. VI.
[28] Wolfgang Zapf (Hrsg.): Beiträge zur Analyse der deutschen Oberschicht. München ²1965.
[29] Michael Freund: Demokratie – Wagnis des Vertrauens. In: Adolf Arndt, M. Freund: Notstandsgesetz – aber wie? Köln 1962, S. 73.
[30] Ebd.
[31] Ralf Dahrendorf: Gesellschaft und Freiheit – Zur soziologischen Analyse der Gegenwart, Sammlung Piper. München 1961, S. 253.
[32] Lothar Ruehl: Wer schützt die Armee? In: Die Welt Nr. 57, 8. 3. 1969.
[33] Hartmut Bülck: Abhängigkeit und Selbständigkeit der Verwaltung. In: Fritz Morstein Marx (Hrsg.): Verwaltung – Eine einführende Darstellung. Berlin 1965, S. 60f.
[34] Helmut Thielicke: An die Deutschen. Tübingen 1962, S. 22 (Rede zum Tag der Deutschen Einheit im Deutschen Bundestag 1962).
[35] Roman Schnur: Am Scheidewege – Das Ethos der Gesellschaft und der Staat. In: Die Politische Meinung, Nr. 153 (1974) S. 26.
[36] Forsthoff: Der Staat der Industriegesellschaft; vgl. auch Herbert Kremp: Am Ufer des Rubikon – Eine politische Anthropologie. Stuttgart 1973, bes. S. 45ff.
[37] Helmut Kuhn: Es tut not, die Fundamente zu retten. In: Die Politische Meinung Nr. 153 (1974) S. 9.
[38] Gehlen: Moral und Hypermoral, S. 17.
[39] Dolf Sternberger: Grund und Abgrund der Macht – Kritik der Rechtmäßigkeit heutiger Regierung. Frankfurt a.M. 1962, S. 118ff.
[40] Sternberger spricht vom Kommunistischen Manifest als der modernen „Urprophetie" des „Reiches der Freiheit"; vgl. Jacob L. Talmon: Politischer Messianismus. Köln – Opladen 1963.
[41] Sternberger, a.a.O. S. 134.
[42] Leo Trotzki: Mein Leben: Versuch einer Autobiographie, Fischer Taschenbuch Nr. 6258 (1974), S. 285.
[43] Sternberger, a.a.O. S. 150.
[44] Vgl. das Programm der KPdSU von 1961 in: Boris Meißner: Das Parteiprogramm der KPdSU, Köln 1962, bes. S. 146ff.
[45] Dieses Axiom von der Interessenidentität muß in der Tat als Kern des Herrschaftsanspruchs kommunistischer Monopolparteien verstanden werden; vgl. Eckart Förtsch: Die SED. Stuttgart 1969, S. 127.
[46] Vgl. dazu aus dem Umkreis „revisionistischer" Marxisten Jacek Kuron und Karol Modzelewski: Monopol-Sozialismus – Offener Brief an die Vereinigte Polnische Arbeiterpartei. Hamburg 1969.
[47] Sternberger, a.a.O. S. 157f.
[48] Ebd. S. 159.
[49] Vgl. in diesem Zusammenhang auch die Kritik von Thomas Nipperdey und Hermann Lübbe an den Hessischen Rahmenrichtlinien für Gesellschaftslehre: Gutachten, H. 1 der Schriftenreihe des Hessischen Elternvereins, Bad Homburg v.d.H. 1973, S. 28ff. u.a.
[50] Hans Albert: Der Mythos der totalen Vernunft. In: Kölner Zeitschrift für Soziologie (1964), S. 243.
[51] Svetozar Stojanović: Kritik und Zukunft des Sozialismus, Fischer-Taschenbuch. Informationen zur Zeit Nr. 1264, bes. S. 34ff.
[52] Arnold Künzli: Über Marx hinaus – Beiträge zur Ideologiekritik. Freiburg 1969, S. 9.
[53] Ebd. S. 10, 13. [54] Ebd. S. 15ff.

[55] Leszek Kolakowski: Der Mensch ohne Alternative. München 1960, S. 99ff.
[56] Ebd.
[57] Grundlegend für diese Überlegungen sind die Veröffentlichungen von Günter Rohrmoser: Emanzipation und Freiheit. München 1970 und Die Krise der Institutionen. München 1972.
[58] Rohrmoser: Neuzeit und Emanzipation. In: Emanzipation und Freiheit, bes. S. 14ff., 27ff.
[59] Ebd., bes. S. 364ff.
[60] Gerd-Klaus Kaltenbrunner: Konservatismus International. Stuttgart 1973, S. 11 (Vorwort).
[61] Lorenz v. Stein: Geschichte der sozialen Bewegung in Frankreich, Bd. I. Neudruck München 1921, S. 32, 38.
[62] Ebd.; vgl. auch v. Stein: Der Begriff der Gesellschaft und die soziale Geschichte der französischen Revolution bis zum Jahre 1830. Leipzig 1855, bes. Einleitung S. IX ff.
[63] Alexander Solschenizyn: Nobelpreisrede, dtv. München 1973, S. 45.
[64] Vgl. W. Martini: Freiheit auf Abruf, S. 385ff.
[65] Ebd. S. 366ff.
[66] Zitiert bei A. Gehlen: Moral und Hypermoral, S. 100.
[67] Ernst-Wolfgang Böckenförde: Lorenz v. Stein als Theoretiker der Bewegung von Staat und Gesellschaft zum Sozialstaat. In: L. v. Stein: Gesellschaft – Staat – Recht, hrsg. und eingel. von Ernst Forsthoff. Frankfurt a.M. 1972, S. 546.
[68] Ebd.
[69] A. Gehlen: Moral und Hypermoral, S. 100.
[70] Ernst Forsthoff in: Merkur 241, zitiert bei Gehlen, ebd.
[71] Gehlen, ebd.
[72] Ebd. S. 101.
[73] Über die Re-Konfessionalisierung und damit Re-Totalisierung politischen Kampfes infolge der Auflösung der „Neutralisationsebene“ des Staates schon früh der leider bei uns zuwenig bekannte französische Soziologe Jules Monnerot: Der Krieg, um den es geht. Köln–Berlin 1951.
[74] Gerhard Szczesny: Die Disziplinierung der Demokratie. Reinbek bei Hamburg 1974, S. 11.
[75] Wilhelm Hennis: Amtsgedanke und Demokratiebegriff. In: ders.: Die mißverstandene Demokratie, Herderbücherei Nr. 460. Freiburg i.Br. 1973, S. 9ff.
[76] Das Verdienst, das Problem überhaupt wieder aufgegriffen zu haben, gebührt insbesondere Wilhelm Hennis (Das Modell des Bürgers und Motive des Bürgersinns. Jetzt in: Politik als praktische Wissenschaft, München 1968, S. 201ff., 213ff.) und Peter Graf Kielmansegg: Emanzipation, Demokratie und Tugend. In: INITIATIVE Bd. 6 (Zur Emanzipation verurteilt). Freiburg i. Br. 1975, S. 17ff.
[77] Kielmansegg, a. a. O. S. 23f.
[78] Ebd. S. 28. [79] Ebd.
[80] Ebd. S. 27. [81] Ebd.
[82] Szczesny: Die Disziplinierung der Demokratie, S. 115ff.
[83] Ebd. S. 105ff., 143ff.
[84] Gerhard Szczesny: Das sogenannte Gute – Vom Unvermögen der Ideologen, bes. Kap. 18: Ein qualitativer Humanismus, S. 212ff.
[85] Ebd. Kap. 13: Autorität und autoritär, S. 145ff.
[86] Robert Hepp: Selbstherrlichkeit und Selbstbedienung – Zur Dialektik der Emanzipation, München 1971.
[87] Szczesny: Die Disziplinierung der Demokratie, bes. S. 79ff.
[88] Ebd. S. 111ff. [89] Ebd. S. 159ff. [90] Ebd. S. 166ff. [91] Ebd. S. 195f.

[92] Ebd. S. 192ff.
[93] Ebd. S. 103ff.
[94] Kielmansegg, a. a. O.
[95] Szczesny, a. a. O. S. 186.
[96] Kielmansegg, a. a. O.
[97] Friedrich Jonas: Die Institutionslehre Arnold Gehlens, Tübingen 1966, S. 8f.
[98] Peter Graf Kielmansegg: Legitimität als analytische Kategorie. In: Politische Vierteljahresschrift (1971) S. 400.
[99] Ebd. S. 398ff.
[100] Zitiert ebd. S. 401.
[101] Friedrich Gogarten: Politische Ethik – Versuch einer Grundlegung. Jena 1932, S. 153 u.a.
[102] W. Martini: Freiheit auf Abruf, bes. S. 352ff.; vgl. dazu jetzt mein Buch: Staat und Armee, Mainz 1975.
[103] L. v. Stein: Der Begriff der Gesellschaft usf. a.a.O., S. LXV; vgl. meinen Beitrag: Aspekte und Probleme des pluralistischen Sozialstaates der Gegenwart. In: Jahrbuch der Albertus-Universität zu Königsberg. Würzburg 1970, S. 40ff.

Alles bleibt dunkel, wenn man sich an bloße Manifestationen hält, ob man sie alle zusammen sozial nennt oder ob man im sozialen Menschen vor allem die Intelligenz berücksichtigt. Dagegen wird alles klar, wenn man hinter diesen Manifestationen das Leben selbst sucht. Wir wollen also dem Wort Biologie den sehr weiten Sinn geben, den es haben sollte, den es vielleicht einmal erhalten wird, und abschließend sagen: alle Ethik ist biologischer Natur.

Henri Bergson, Die beiden Quellen der Moral und der Religion (1932)

Dokumentation

GÉRARD DE NERVAL (1808–1855)

Goldene Verse

Homme, libre penseur, te crois-tu seul pensant
Dans ce monde où la vie éclate en toute chose?
Des forces que tu tiens ta liberté dispose,
Mais de tous tes conseils l'univers est absent.

Respecte dans la bête un esprit agissant:
Chaque fleur est une âme à la Nature éclose;
Un mystère d'amour dans le métal repose;
„Tout est sensible". Et tout sur ton être est puissant.

Crains, dans le mur aveugle, un regard qui t'épie:
A la matière même un verbe est attaché…
Ne la fais pas servir à quelque usage impie!

Souvent dans l'être obscur habite un Dieu caché;
Et comme un œil naissant couvert par ses paupières,
Un pur esprit s'accroît sous l'écorce des pierres!

Mensch! Freies Denken, wähnst du, eigne dir allein
In einer Welt, wo Leben ausbricht aus den Dingen allen?
Kräfte, die du beherrschest, sind dir zugefallen;
Doch was du planst, dem All wird es gleichgültig sein.

Im Tier ehr einen Geist der Tat. Schau in dem Schein
Der Blumen Seelen, die sanft der Natur entwallen.
Liebesgeheimnis schlummert in Metallen.
„Alles ist fühlend." Alles wirkt mit Macht herein.

Fürchte den Blick, der dich aus blinder Wand erspäht.
Sogar dem rohen Stoffe bleibt ein Wort gesellt.
Gebrauch ihn für ein Werk, das nicht der Herr verschmäht.

Oft ist's das Dunkle, das den Gott verborgen hält.
Und wie ein Aug' aus Schlafeslidern aufgeht, sieh erscheinen
Der reinen Geister einen aus den Steinen.

Goldene Verse. Deutsch von Felix Braun (Gastgeschenke. Nachdichtungen anderssprachiger Lyrik. Stifterbibliothek, Salzburg 1972, S. 62).

HANS SANER

Memento nasci

Vorbemerkungen zu einer Philosophie der Geburt

Wer nach den Zeugnissen über Geburt und Geburtlichkeit in der Philosophie sucht, wird bald auf einen merkwürdigen Sachverhalt stoßen: In der ganzen Geschichte des Denkens gibt es zwar eine breite Spekulation und Reflexion über die Sterblichkeit und besonders über den Tod des Menschen; aber Geburt und Geburtlichkeit sind kaum je eigens bedacht worden. Wie sonderbar das ist, merken wir erst, wenn wir uns der Allgegenwart des *memento nasci* vergewissern: Der *Geburtstag*[1] oder der Tag des Geburtsnamens ist die einzige lebenslange Feier für das Individuum. Die erste soziale Gemeinschaft des Menschen ist die durch Zeugung und Geburt geeinte *Familie.* Die bürgerliche Identität des einzelnen wird fixiert durch seinen *Geburtsnamen,* das *Geburtsdatum* und den *Geburtsort,* und das in einem politischen Verband, der *Nation* heißt. Nation aber kommt von *nasci,* von Geborenwerden, und bedeutet ursprünglich wiederum Geburt[2]. Das soziale Klassengefüge war über Jahrhunderte zementiert durch die Geburt: ein Mensch von Geburt zu sein war das Glück, das durch Leistung nicht eingeholt werden konnte. Das Geborenwerden scheint die paradigmatische Grundvorstellung für alles Werden und Wachsen gewesen zu sein. So ist auch *natura* abgeleitet von *nasci* und müßte eigentlich, wie schon Thomas von Aquino gesagt hat, *nascitura*[3], gleichsam Reich der Geburt, heißen. Und schließlich nimmt in allen Kulturen die Geburt im Brauchtum[4], in Mythen und Märchen, in der Kunst, ja selbst in den Religionen einen wichtigen Platz ein. Davon ist die Philosophie nicht ganz ausgenommen. Sie hat ihr Selbstverständnis ebenso früh an den großen Metaphern der Maieutik[5] und der Geburt erlangt wie an denen des Sterbens und des Todes[6]. Warum aber hat sie, die sich seit den Griechen gerne als die höchste, Theoria und Praxis vereinende Tätigkeit ausgab[7], nie zurückgefragt auf das Geburtliche in ihrem und in allem Tätigsein und auf die Geburtlichkeit des tätigen Wesens, des Menschen? Warum, wenn man so sagen darf, diese *Geburtsvergessenheit,* während sich, über Platon, Augustin, Kierkegaard und Heidegger, eine eigentliche Todesversessenheit in ihr herausbildete, so einseitig, so begriffstaub und faktenblind, daß sie schließlich das Dasein des Menschen einseitig als „Sein zum Tode"[8] ausgelegt hat?

Geburtsvergessenheit–Todesversessenheit

Angesichts dieser lebensfeindlichen Gewichtung ist man versucht, an die Kulturgeschichte Fragen von der Art zu richten:
Haben vielleicht uralte Tabuisierungen[9], Scham und Scheu den Zugang zu den Fragen um Zeugung und Geburt versperrt? Haben einige Jahrtausende des Patriarchats, die Neigung vieler antiker Philosophen zur Homo-

philie und das Mönchsleben der spezifisch christlichen Denker genügt, um die Geburt, jenes Geschäft der Frauen und der Kinder, von der philosophischen Reflexion auszuklammern? Ist der spiritualistischen Verachtung von Leiblichkeit und Geschlechtlichkeit und deren christlicher Verstrikkung mit der Sündhaftigkeit eine eigentliche Teknophobie erwachsen?[10] War die Tradition so mächtig, daß das Wort Platons, wonach der Philosoph es im Grunde auf nichts anderes abgesehen habe als darauf, „zu sterben oder tot zu sein"[11] – daß dieses Wort, einmal übernommen von Cicero[12], schlechthin bestimmend geworden ist für die Auslegung des Philosoph- und des Menschseins? Oder ist, über Platon hinaus bis zu Sophokles[13] und auch bis in die Anfänge des biblischen Denkens[14], in der ganzen abendländischen Kultur ein derart starker Hang zur Nekrophilie am Werk, daß die Geburt, beladen mit einem Fluch[15], nur ausgelegt worden ist als der Anfang des Sterbens[16]? Hat man vielleicht in der Dialektik von Leben und Sterben, von Geburt und Tod heimlich die beiden Pole vertauscht, die Geburt verstanden als den ersten Tod, den Tod als zweite Geburt[17]? Oder ist alles viel einfacher: Hat, wie etwa im Buddhismus, die Erfahrung des täglichen Elends zur Überzeugung geführt, daß Geborenwerden eine Strafe sein muß, daß die Geburt also der Sünde Sold[18] ist und der Tod ein Anfang der Erlösung? Spielt vielleicht das ursprüngliche metaphysische Bedürfnis des Menschen mit, alles in seiner Ganzheit zu betrachten, wobei erst der Tod, als Ende des Daseins, diesem seine Ganzheit verleiht und somit zum eigentlichen Konstituens des Daseins als eines Ganzen wird? Oder war jene antike, ins Christliche gewendete Metaphysik ausschlaggebend, die, unter der stillen, den biblischen Texten widersprechenden Voraussetzung, daß das Leben der Seele unsterblich sei[19], in der Geburt nur noch den Abfall auf Zeit in die Zeit sehen konnte, einen Sturz also, den allein der Tod wieder aufhebt?

Man könnte diese Fragen vielleicht teilweise beantworten; man könnte sie durch andere ergänzen; wer einmal das Eigenartige der Reflexionslücke um die Geburt gesehen hat, wird sich mit derlei Bildungsfragen und -antworten nicht begnügen.

Es lassen sich indes für den Vorrang der Todesspekulation Gründe nennen, die philosophisch ins Gewicht fallen:

Nur der Tod bedeutet einen Schnitt von letzter Radikalität; er ist der Austritt aus dem Leben, die Grenze vom Sein zum Nicht-Sein. Die Geburt ist dagegen ein Geschehen innerhalb des Lebens. – Niemand und nichts kann geboren werden, ohne sterben zu müssen; aber die Frucht kann vor der Geburt absterben. Dadurch hebt der Tod die Geburt zwar nicht schlechthin auf; für die Gebärende gibt es sie nun noch in einem defizienten Modus als Früh-, Fehl- und Totgeburt; aber vom nasciturus her ist doch angezeigt, daß der Geburt nicht die Reichweite des Lebens zukommt, die der Tod immer schon hat[20]. Weil also der Tod überall, wo Leben ist, sein wird, muß der Gedanke sich zwangsweise herausbilden, daß unser Leben, wie Augustin sagt, *„vita mortalis"* und *„mors vitalis"*[21] ist, während der Gedanke, daß das Leben *vita natalis* sei, offenbar nicht in dieser Allgemeinheit zutrifft. – Überdem: Die Geburt im Sinn von Geborenwerden liegt als Faktum für unser Bewußtsein natürlicherweise hinter uns; als etwas Abgetanes beunruhigt sie existentiell nicht. Aber der Tod steht uns immer bevor. Dieses Bevorstehende, auf das unser Dasein zuläuft, erlangt in unserer ganzen Existenz dadurch eine besondere Eindringlichkeit, daß wir uns völlig gewiß sind, sterben zu müssen, den Zeitpunkt unseres Todes aber nicht kennen, infolgedessen das Bewußtsein übernehmen müssen, jederzeit den Tod erleiden zu können. – Und weiter: Der Tod scheint vordergründig einen engeren Bezug zu meiner Aktivität und Freiheit zu haben. Ich kann nicht nur den Tod anderen zufügen, ich kann ihn auch mir selbst geben, mir selber aber nicht das Leben und nicht die Geburt. – Nur der Tod wirft mich schließlich ganz auf mich allein zurück. Ich kann ihn zwar im Beisein anderer erleiden, im Opfertod scheinbar für andere und etwa im Liebestod mit anderen; aber der Opfertod bedeutet nicht, daß ich dem anderen den Tod endgültig abnehme, und das Sterben mit dem anderen heißt nicht, daß mein Tod mit seinem Tod identisch wäre. Jeder erleidet vielmehr seinen Tod allein. Dagegen werde ich geboren von einem anderen, und ich zeuge oder gebäre einen anderen. Die Geburt ist also immer ein soziales Geschehen. Erst ihre Vollendung bringt die Entbindung vom anderen, eine Trennung, die nur der erste Schnitt ist hin auf die Einsamkeit des Todes.

All das mag, wie gesagt, den Vorrang der Todesspekulation vor dem Denken über Geburt und Geburtlichkeit verständlich machen. Aber es gibt gegen jeden Anspruch auf einen Vorrang in diesem Bereich zwei unüberhörbare Einwände:

1. *Ontisch,* also vom faktischen Leben her, gilt: Durch die Geburt sind wir zur Welt gebracht worden; durch den Tod werden wir der Welt entrissen. – 2. *Logisch* aber gilt im Hinblick auf die Endlichkeit des Lebens: Alles Endliche ist umklammert von Anfang und Ende, die sich im Begriff der Endlichkeit gegenseitig setzen. – Von beiden Einwänden her ist schlechthin nicht einzusehen, warum dem Tod in der philosophischen Daseinsbetrachtung ein Vorrang vor der Geburt zukommen sollte. Daß in der Tradition Dasein einseitig aufgefaßt worden ist als „Sein zum Tode" und nicht auch als „Sein von der Geburt her", ist letztlich eine hermeneutische Willkür, die sich weder an der Faktizität des Daseins noch am Begriff der Endlichkeit rechtfertigen läßt. Diese Willkür aber ist ein anthropologischer und logischer *Skandal.* Deshalb muß, gegen die Tradition, eigens nach der Bedeutung von Geburt und Geburtlichkeit für unser Dasein gefragt werden.

Wir fragen in folgender Richtung:

Was meinen wir überhaupt mit dem Wort *„Geburt"?* Verweist es auf ein Geschehen, das sich erkennen und kategorial erfassen läßt? In welcher Weise also ist Geburt eine Erfahrung? Ist sie ein Anfang? Ist sie ein Sprung in das Dasein oder bloß ein Schritt innerhalb der kontinuierlichen Entwicklung des Lebens oder vielleicht beides zugleich? Liegt die Bedeutung der Geburt für das Dasein im einmaligen, immer hinter uns liegenden Faktum des Geborenwerdens? Oder ist die Geburt ein Konstituens des Daseins, so daß man sagen muß: *Unser Dasein ist geburtlich?*[22] Wie läßt sich dann diese Geburtlichkeit erfassen? Wie hängt sie zusammen mit der Geburt? Was bedeutet sie und damit auch die Geburt für die spezifisch menschlichen Daseinsqualitäten des vernünftigen Denkens, des Sprechens, des Handelns, der Freiheit?

Was bedeutet Geburt?

Nur der Mensch gebiert und wird geboren. Das Tier wirft, wird geworfen, es legt und laicht. Mit dem Wort „Geburt" bezeichnen wir also, etwa entgegen den Philosophien des Mittelalters[23], nicht ein allgemeinbiologisches Geschehen, sondern ein *Humangeschehen.*
In rein physiologischem Sinn bedeutet Geburt ein Dreifaches, nämlich den Vorgang des *Gebärens,* das Geschehen des *Geborenwerdens* und das *Geborene*[24]. Diese drei Bedeutungen besagen nicht etwa, daß hier eine Homonymie vorliegt, daß also drei verschiedene Dinge zufällig mit dem gleichen Wort belegt werden. Im Gegenteil: erst die drei Wortsinne vereint machen das Totalgeschehen der Geburt aus: Im Gebären erleidet ein Zu-Gebärendes das Geborenwerden. Wo einer dieser Wortsinne fehlt – etwa in der Totgeburt –, müßte man von einem defizienten Modus der Geburt sprechen. Da aber dem Totalgeschehen der Geburt keine personale Einheit entspricht – die Mutter gebiert, und das Kind wird geboren –, kann es immer wieder nötig werden, vom Wort „Geburt" einen Gebrauch zu machen, der nicht das ganze Geschehen deckt.
In diesem physiologischen Sinn ist in der Geschichte der Philosophie, aber auch in Psychologie und Anthropologie von der Geburt nur sehr selten gesprochen worden, am phänomennahesten vielleicht noch bei jenem Denker, von dem man sagt, er sei der spekulativste, bei Hegel[25].
Neben der physiologischen Wortbedeutung gibt es die metaphorische. Geburt im übertragenen Sinn bedeutet ganz allgemein ein Entstehen oder Hervorbringen. Diese allgemeine Bedeutung ist theologisch spezifiziert worden in der ewigen Geburt Gottes[26] und in der Wiedergeburt[27] des Menschen, kosmologisch im ewigen Sich-selbst-Hervorbringen der Natur[28], anthropologisch-ethisch in der Umkehr, dem Akt der Selbsthervorbringung aus Freiheit[29], der wiederum eine Säkularisierung der religiösen Wiedergeburt ist.
Die philosophische Spekulation über die Geburt hat sich durch die Jahrhunderte fast ausschließlich in diesem metaphorischen und metaphysischen Bereich aufgehalten und bestenfalls versucht, diesen in einer Lehre von der zwiefachen[30] oder gar dreifachen[31] Geburt mit dem physiologischen Sinn vage und zufällig zu verbinden. – Ein Denker ragt da aus allen anderen hervor: *Jakob Böhme.* Seine Philosophie könnte man eine *Metaphysik der Geburt* nennen. Aber ihr Denken versinkt bis zur Unverständlichkeit in einer phantastischen, oft schon verwilderten Metaphorik[32].
Im Bereich des Physiologischen kommt nur dem passiven Geborenwerden

Universalität für das Dasein zu. Jeder Mensch tritt durch die Geburt ins Dasein, aber nicht jeder kann gebären, und nicht jeder, der gebären könnte, gebiert auch. Wir werden deshalb unseren Ansatz bei dieser passiven Bedeutung des Wortes „Geburt" nehmen müssen. – Im übertragenen Sinn kommt dagegen auch der aktiven Bedeutung des Hervorbringens Universalität zu. Der Mensch ist ein hervorbringendes Wesen. Das ist nicht eine metaphysische Spekulation, sondern eine basal-anthropologische Einsicht. Die Aufgabe wird also sein, dieses aktive Hervorbringen mit dem passiven Geborenwerden in der Geburtlichkeit zu verbinden.

Geburt als Geheimnis

Inwiefern ist die Geburt überhaupt ein Gegenstand unserer Erkenntnis? Wie verhält sie sich zur Erfahrung?

Das Totalgeschehen der Geburt, jene Einheit vom Gebären der Gebärenden mit dem Geborenwerden des Geborenen, ist nie in seiner Totalität ein Gegenstand der Erfahrung und damit der Erkenntnis. Es gibt die Selbsterfahrung des Gebärens und die Erfahrung, wie andere gebären. Da wir von beiden Zeugnisse haben, können wir sie auch in einen Konnex bringen. Aber wie steht es mit dem Geborenwerden? Glaubhafte Zeugnisse von der Selbsterfahrung des Geborenwerdens fehlen. Das Geborenwerden vollzieht sich offenbar ohne begleitendes Bewußtsein, jedenfalls ohne Selbstbewußtsein. Jede Erfahrungsbezeugung im Geborenwerden wird nur Gegenstand für andere und somit im Geborenwerden des anderen. Mein Geborenwerden, dieses unvertretbare und einmalige Geschehen, ist für mich Gegenstand der Erkenntnis nur in der späteren Vermittlung als Fremderfahrung.

Ist dann wenigstens das Geborenwerden des anderen ganz erkennbar? Auch es nur in Grenzen. Zwar läßt sich objektiv erforschen, was im Geborenwerden des anderen somatisch geschieht. Grenzen sind der Erkenntnis nur dadurch gesetzt, daß der Gegenstand überaus komplex ist und ein freies Experimentieren nicht erlaubt. Wenn ich aber das ganze psycho-somatische Geschehen erforschen will, wenn ich auch frage: „Was geht psychisch in diesem Wesen vor, das zur Welt gebracht wird?", dann bin ich auf Analogieverfahren angewiesen. Aus und mit einem Verstand, dessen Funktionalität herangebildet worden ist durch das In-der-Welt-Sein, schließe ich zurück auf eine Sensitivität und erst angelegte Geistigkeit, die diese Ausformung noch gar nicht haben. Ich projiziere Welterfahrung in ein Wesen, das keine oder nur verschwindende Welterfahrung hat, und ich bemesse es an Kategorien, die durch unser In-der-Welt-Sein geformt worden sind. Deshalb müssen wir skeptisch sein gegenüber allen psychologischen Konstruktionen, die sich auf die Geburt beziehen. Etwa Ranks Lehre vom Geburtstrauma[33], die ja heute noch ausgedehnt wird auf eine Traumabildung während des uterinen Lebens, ist, wie schon Freud gesagt hat[34], eine Spekulation, die sich wissenschaftlich weder falsifizieren noch

verifizieren läßt. Denn welche Garantie haben wir jemals, daß eine objektiv schwere Geburt vom Geborenen auch als schwere Geburt erfahren wird, welche, daß eine leichte Geburt nicht subjektiv als schwer erlebt wird, falls hier überhaupt erlebt und nicht bloß gelebt wird? Wir bleiben im Umkreis mehr oder weniger plausibler Hypothesen, die dann schädlich werden, wenn wir sie für wissenschaftliche Erkenntnis halten[35].
Angesichts der Geburt haben wir also etwa folgende Erkenntnissituation: Unerkennbar ist je mein Geborenwerden als Selbsterfahrung; der Möglichkeit nach ganz, faktisch aber in Grenzen erkennbar ist der physiologische Prozeß des Geborenwerdens des anderen, falls man ihn vom psychischen Geschehen abtrennen darf; nur mit Rückschlüssen erhellbar ist das psychische und damit auch das psycho-somatische Geschehen im Geborenwerden des anderen. Somit ist auch das Gesamtgeschehen der Geburt nur aspekthaft und partial erkennbar.
Die Rede vom *Geheimnis der Geburt* ist deshalb in einem strengen Sinn berechtigt. Die Geburt ist mehr, als wir von ihr wissen. Wer diesen Rest eliminiert, ist nicht ein klarerer, sondern ein unkritischerer Kopf. – Wenn wir also im folgenden das Geborenwerden ausdeuten, müssen wir uns bewußt bleiben, daß wir ein Geschehen für unser Dasein zwar erhellen, aber nicht erkennend fixieren können.
Das natürliche Bewußtsein sieht in Geburt und Tod die beiden zeitlichen Schranken des Daseins. Das Dasein nimmt seinen Anfang in der Geburt, steigt von ihr her mit abnehmender Kraft auf, eilt dann mit zunehmendem Gefälle dem Tod entgegen und findet in ihm sein Ende. Dasein ist so ein von Geburt und Tod umklammertes Zwischensein[36].
Diese alltägliche Sicht gerät bei näherem Zusehen ins Wanken: Der Tod ist als Schranke der Austritt aus dem Leben, für mein Leben in einem absoluten Sinn das Ende. Aber ist die Geburt auch der Eintritt ins Leben? Fängt mit ihr das Leben an, wie ein Ton anfängt, der vor dem Aufklingen nicht war?

Sein im Mutterleib als In-der-Welt-Sein

Doch wohl nicht. Das Geborene wird im Geborenwerden nicht augenblicklich lebendig. Es hat als Lebendiges eine Herkunft in doppeltem Sinn: Die Geburt erfolgt auf den zeitlich begrenzten Prozeß einer sich zunehmend individualisierenden pränatalen Existenz, und sie steht zugleich in der Folge eines quasi grenzenlosen Prozesses des Lebens, der Vererbung, der Phylogenese, aber auch der Geschichte. Diese beiden Prozesse haben personal ihren Berührungspunkt in den Eltern, die dem Kind durch die Folge der Generationen gegeben sind und die durch Zeugung eine neue Individuation bereits vorhandenen Lebens ermöglichen. Auch durch die Zeugung fängt nicht neues Leben an; sondern im Leben, aber veranlaßt durch die Zeugung, fängt ein neues Lebewesen an. – Die Prozesse haben zeitlich ihre Berührung in der Befruchtung, und vielleicht verbindet sie auch eine strukturelle Identität, nämlich durch die Wiederholung der Phy-

logenese in der Ontogenese. Dieser Gedanke, heute wissenschaftlich populär, aber nicht beweisbar, ist das zeitliche Pendant einer alten räumlichen Spekulation: So wie der einzelne Mensch als Seiender Abbild des Alls ist, Mikrokosmos des Makrokosmos[37], so ist er als Werdender Abbild der ganzen Menschwerdung, Mikro-chronos des Makro-chronos.
Wenn die Geburt weder der Beginn von Leben ist noch der Beginn eines Lebewesens: Ist sie dann der Beginn einer neuen Existenzweise, durch die das schon vorhandene Lebewesen seiner Seinsverfassung nach etwas anderes wird? Oder ist Sein-im-Mutterleib auch schon Dasein?
Sein-im-Mutterleib ist zwar eine Form des In-der-Welt-Seins. Im Mutterleib hat das Lebewesen eine fötale Umwelt, wie klein diese auch sein mag. Sie ist Umwelt in einem strengen Sinn: nur im Uterus findet das Lebewesen jene „natürlichen und urwüchsigen Bedingungen“[38], ohne die es nicht leben kann. – Dasein aber hat im strengen Sinn keine Umwelt. Es kann sich verschiedensten Umweltbedingungen anpassen, weil es zugleich die Umwelt sich anzupassen vermag. Seine geographische Weltoffenheit setzt Weltoffenheit durch Kultur voraus.
Sein-im-Mutterleib ist zwar eine Form des Mit-Seins. Daß das Kind in der Mutter mit der Mutter ist, macht sein Sein noch nicht zum Dasein. Dieses Mit-Sein in der Form einer vitalen, fast parasitären Symbiose ist für das Dasein gerade nicht charakteristisch. Dasein ist Mit-Sein durch Kommunikation; die aber setzt Trennung, Entbindung, voraus.
Sein-im-Mutterleib ist zwar eine Form des Individuum-Seins. Aber daß das Lebewesen selber nicht ein Teil der Mutter[39] ist, sondern Lebewesen in der Mutter, das schon eigene Lebensbekundungen zeigt, macht seine Seinsweise noch nicht zum Dasein. Dasein setzt Selbstbewußtsein voraus.
In-der-Welt-Sein, Mit-Sein und Individuum-Sein sind, wie Plessner gezeigt hat[40], Grundkategorien des Lebendigen und nicht allein Kategorien der humanen Seinsweise. Auf der Stufe des Seins-im-Mutterleib bezeichnen sie, gemessen an der Reifeform des Daseins, eine Existenzweise, die man nicht Dasein nennen kann. Unter Dasein aber verstehen wir jenes In-der-Welt-Sein, Mit-Sein und Individuum-Sein, das durch kulturelles Handeln weltoffen, durch Sprache kommunikativ und durch Reflexion selbstbewußt ist.
Ist also das menschliche Sein-im-Mutterleib vielleicht nur Leben auf einer niedereren Stufe, das unser Sprachgebrauch mit dem Reifen einer Frucht vergleicht, Hegel mit dem „Leben der Pflanze“[41], Jakob Böhme mit dem der Tiere[42]?
Eine derartige Interpretation wäre völlig verfehlt. Der Fötus ist auf keiner Stufe seiner Entwicklung etwa allgemeines oder pflanzliches oder tierisches Leben. Er ist vielmehr schon je spezifisch auf den Menschen hingeordnetes Leben. Das gilt für die ganze Entwicklung von der Zellverschmelzung bis zur Geburt[43]. Denn schon Ei und Spermium sind ja spezifisch menschlich organisiertes Leben. Deshalb muß die ganze Entwicklung im Mutterleib, wie Portmann sagt, „menschliches Sondergepräge zeigen“[44], auf einen ganz besonderen und nur darin auf den Menschen hin.

Wenn derart pränatales menschliches Leben nicht Dasein ist, so ist es doch Sein-zum-Dasein. Es steht in der Dialektik des Werdens: Dasein ist es noch nicht, weil es dieses erst wird; Dasein ist es auch schon, weil die Endform im Werden angelegt ist[45]. Allein in diesem dialektischen Verständnis ist der Satz von Tertullian wahr: „*Homo est et qui est futurus*" (Ein Mensch ist auch schon, was erst ein Mensch werden soll)[46]. Allerdings ist diese allgemeinbegriffliche Dialektik konkret immer auch unzureichend, weil sie je noch spezifiziert werden müßte am Stand der jeweiligen Entwicklung. Es macht eben einen Unterschied aus, auf welcher Stufe des Werdens das Ungeborene steht: ob es eine Zygote ist, die sich in der Gebärmutter noch nicht eingenistet hat, ob ein 14 Wochen alter, in der menschlichen Gestalt fast völlig ausgebildeter oder gar ein 28 Wochen alter Fötus, der bereits außerhalb des Mutterleibes lebensfähig wäre[47]. Damit wird die Geburt terminologisch etwas näher bestimmbar: So wie sie biologisch der Übergang aus dem intrauterinen in das extrauterine Leben ist, so ist sie philosophisch der Umschlag aus dem Sein-zum-Dasein in das Dasein.

Sprung und Entwicklung

Diesen Umschlag müssen wir gleichsam zweistimmig ausdeuten: als *Sprung* und als *Entwicklung:*

Die Geburt ist der Sprung aus dem gleichmäßigen elementarischen Zuströmen des Sauerstoffs in das „unterbrechende Einziehen und Ausstoßen von Luft"[48]: in die Atmung. Sie ist der Sprung aus der kontinuierlichen Ernährung[49] in die unterbrochene Nahrungsaufnahme. Sie ist der Sprung aus der gleichmäßigen Wärme in die Unterschiedlichkeit der Temperaturen, der Sprung aus dem Dunkel ans Licht, aus dem Wasser an die Luft, aus der weltabgeschlossenen Ununterschiedenheit in die weltoffene Objektfindung. Sie ist der Sprung aus der fötalen Umwelt in die soziale Kulturwelt, aus der vitalen Symbiose in das soziale Mit-Sein und somit in die Rechtswelt[50], aus der Stummheit in den allein im Sozialen notwendigen Gebrauch der Stimme.

Ich fahre in dieser Aufzählung nicht fort; denn das Entscheidende zeigt sich hinlänglich: Dieser Wechsel aus einem Element ins andere, aus einer Welt in die andere, ja aus einer ganzen Lebensform in eine andere ist nicht bloß ein quantitativer Wechsel; er ist, wie Hegel sagt, ein „ungeheurer"[51], ein „qualitativer"[52] Sprung, vergleichbar nur noch mit dem Tod.

Aber: In diesem Sprung bleibt die personale Identität[53] des Lebewesens gewahrt; er ist also nur ein ausgezeichneter Schritt in dessen Entwicklung. Diese Entwicklung hat sich aber, zumindest von der Mutter her, schon vor der Geburt nicht unberührt vom Sozialen und Kulturellen vollzogen, und das Kind hat schon vor der Geburt, wenn auch auf passive Weise, kulturbildend gewirkt: es hat, als erwartetes Kind, die Lebensweise der Mutter in ganz erheblichem Maß bestimmt und dadurch auch das soziale Leben der Familie.

Hat sich überhaupt mit der Geburt so vieles geändert? Das Kind, hilflos und schlafend wie im Mutterleib, wächst einfach. Es durchlebt auch in der Kulturgesellschaft vorerst eine Phase der passiven Entwicklung auf das Dasein hin. Ja von der Endform des Daseins her betrachtet, läßt sich alles Sprunghafte an der Geburt geradezu negieren: Das neugeborene Kind spricht nicht, es hält sich nicht aufrecht, es schafft aktiv keine Kultur. Es wäre sinnlos, irgendein Verhalten des Neugeborenen gewaltsam in dieser Richtung zu deuten. Die plötzliche stimmliche Verlautbarung bedeutet noch nicht, daß dieses Wesen einmal sprechen wird; denn die Wortsprache ist etwas fundamental anderes als die stimmliche Ausdruckssprache[54]. Diese Verlautbarung bedeutet auch nicht, daß das Kind ein Bewußtsein von seinem Befinden und damit ein Selbstbewußtsein hat. Sein Eintritt in die Sozialwelt heißt noch nicht, daß es in ihr eine Kultur schaffen wird.
Auch dieser Katalog der Negationen ließe sich weiterführen und erbrächte nur immer denselben Schluß: Das Zur-Welt-Kommen ist eindeutig ein Sprung nur in bestimmten vitalen Bereichen, etwa als Sprung zur Atmung und zur unterbrochenen Nahrungsaufnahme. Aber im Hinblick auf das Dasein scheint es ganz eingebettet zu sein in eine Entwicklung, ohne diese augenblicklich sprunghaft voranzutreiben. Pointiert gesagt: Nicht im Factum brutum des Zur-Welt-Kommens liegt der Sprung in die humane Seinsart.
Wenn das aber stimmt, muß dann nicht die These fallen, daß die Geburt der Umschlag vom Sein-zum-Dasein in das Dasein ist? Deutet dann nicht Hegel besser, wenn er in ihr bloß einen Sprung aus der vegetativen in die animalische[55] Lebensweise sieht, in der das eben geborene Kind als Mensch „eine vollkommene Wirklichkeit“[56] noch nicht hat?
Unsere Untersuchung muß an diesem Punkt eine etwas gezieltere Richtung einschlagen: Wenn nicht das Factum brutum des Zur-Welt-Kommens der Sprung in das Humane ist, müssen wir, nachdem die Indikatoren des Menschseins freigelegt sind, fragen, ob die Geburt nicht die Entfaltung des so indizierten Humanen erst ermöglicht, ob sie also nicht in einem transzendentalen Sinn doch der Sprung in das Dasein ist.
Die anthropologischen Forschungen von Portmann entwerfen, etwas vereinfacht, folgendes Bild vom neugeborenen Menschen: Der Säugling, dieser extreme Nesthocker, erweist sich bei näherem Zusehen als ein heimlicher Nestflüchter. Gemessen an der Endform des Menschen, darf man seine Geburt eine physiologische Frühgeburt und sein *erstes Lebensjahr eine extrauterine Frühzeit* nennen, in der die Sozietät die Funktion des Uterus übernimmt. Aber gerade in dieser Zeit gelangt das Kind zum Artgemäßen: zur aufrechten Haltung, zur Wortsprache, zu den Anfängen des technischen Denkens und Handelns. Das geschieht nicht einfach durch Herausbildung eines instinktgebundenen und -gelenkten Verhaltens, sondern durch Erkunden, Versuchen, Nachahmen, also durch einen Lernprozeß, in dem sich, und das ist das Entscheidende, in allem Spielen deutlich auch ein Streben zeigt[57].
Wie weit geht dieses Streben zurück? Bis zum Aufrichten des ganzen Kör-

pers mit fremder Hilfe? Bis zur Nachahmung einzelner Silben in der Lallphase? Bis zum Aufsitzen, dem Heben des Kopfes, dem frühen freien Spiel der Hände? Bis zur ersten Objektfindung durch die bei der Geburt bereits relativ offenen Sinne? – Das läßt sich im einzelnen nur schwer und fast nie ohne Willkür bestimmen. Wir haben keine eindeutigen Gründe dafür, die Anfänge dieses Strebens nicht bis zur Geburt zurückzuverfolgen. Das aber ist sowohl für das frühe Dasein als auch für die Geburt wichtig.

Geburt als Ursprung der Freiheit

Jedes Streben ist ein Gerichtetsein auf etwas, ist Intentionalität. Intentionalität ist eine Grundstruktur des Daseins, ist in der Sinnentätigkeit Ausrichtung auf das zu findende Objekt, im Sprechen auf die zu sagende Bedeutung, im Handeln auf das zu tuende Werk. Wenn nun die Zielrichtung dieses Strebens nicht ausschließlich triebgebunden und instinktgelenkt ist, dann muß in ihr ein Spielraum, wie klein er auch sein mag, des Wählens liegen. Wenn in diesem Streben ein Moment des Wählens liegt, so muß in ihm ein Anfangen sein. Und schließlich: Selbst wenn die Ziele des Strebens, wie etwa das artgemäße Verhalten, durch die Gesellschaft eindeutig vorgegeben sind, so liegt im Streben nach ihnen doch ein Übernehmen des Vorgegebenen und ebendadurch wieder ein Wählen und Anfangen. In allem Anfangen aber liegt *Freiheit.*

Indes: Wird hier nicht einfach ein Wort strapaziert? Fängt mit der Geburt nicht auch die Atmung an, ohne daß auch nur die Spur eines freien Strebens im Kind zu finden wäre? – Die Atmung fängt nicht an; sie setzt ein, setzt aus, wie der Herzschlag einsetzen und aussetzen kann. Einsetzen ist ein Beginnen, das ohne spontanes Streben anhebt. Anfangen aber kommt von Anfang, von *initium,* und hat etwas mit *Initiative* zu tun: *Anfangen ist jenes Beginnen, das durch ein spontanes Streben anhebt.*

Von diesem spontanen Streben her muß man den ungeheuren Sprung der Geburt neu auslegen: Als Sprung aus der weltabgeschlossenen Ununterschiedenheit in die Objektwelt gibt er dem Kind die Möglichkeit, überhaupt Objekte zu haben und die schon offenen Sinne auf sie zu richten. Er ist also die Bedingung der Möglichkeit der Intentionalität und des Strebens überhaupt. – Als Sprung aus der fötalen Umwelt in eine soziale Kulturwelt ist er die Bedingung der Möglichkeit, Streben und Lernprozeß in artgemäße Bahnen zu lenken, also hin zur aufrechten Haltung, zur Sprache, zum Schaffen der Kultur im weitesten Sinn.

Wo immer konkret im einzelnen Lernen und Streben das Anfangen liegen mag: die Geburt ist in einem strengen Sinn die *Bedingung der Möglichkeit des Anfangens.* Da aber in diesem menschlichen Anfangen ein Moment der Freiheit liegt, ist die Geburt auch, wie Fichte sagt, „die Erscheinung … der Genesis der Freiheit“[58]. Wir dürfen sie deshalb nicht bloß als Umschlag aus der vegetativen in die animalische Seinsweise deuten. Sie ist, so paradox das klingen mag, der Umschlag aus einer längst eingesetzten, bereits spezi-

fisch organisierten Entwicklung in das Anfangen. Nur dadurch, als „Anfang des Anfangens“[59], ist sie der Sprung in das Dasein.
Und in der Tat ist der Mensch nie mehr Anfänger als nach der Geburt. Er hat sich zwar seine Gaben der Natur, seine Herkunft, seine Eltern, sein Leben und die Stunde der Geburt nicht gewählt. Aber von dieser Stunde an steht er am Anfang der Intentionalität, des Strebens und Lernens, am Anfang jenes Prozesses, durch den er ein artgemäßes Verhalten und in ihm sich selbst hervorbringen muß. In diesem Anfang ist er, obwohl schon geprägt, doch auch ganz offen und prägebereit, ganz unverstellt, als Ganzes noch Möglichkeit. Für ihn gilt das Wort Schillers: „An dem Eingang der Bahn liegt die Unendlichkeit offen.“[60] Dieses unendliche Offensein des Anfängers bewirkt es, daß der total Hilflose nicht nur, wie Francis Bacon meint, ein Hindernis für alles Große, eine Geisel an das Schicksal ist[61], sondern, wie Vergil dichtet, auch die Hoffnung, daß mit ihm „die große Ordnung der Zeiten neu entspringt“[62], daß also mit ihm und durch ihn ein Neuanfang der Geschichte gesetzt sein kann[63]. Zwar ist er noch ganz Gast in der Kultur; aber er wird doch nie mehr so viel lernen, wie er es in dieser ersten Zeit spielend tut. Mit einem Wort: Nie mehr wird sich in seinem späteren Leben die Struktur seines Daseins in solcher Offenheit zeigen, und nie mehr wird er in diesem Ausmaß in der Fülle des Anfangens sein.

Der Mensch als der geborene Anfänger

So wie der Mensch nicht nur ein Ende hat, sondern endlich ist, so hat er nicht bloß einen Anfang, sondern er ist anfänglich. Dieses Anfangend- und Anfänglich-Sein nennen wir *Geburtlichkeit*[64], weil es transzendental gegründet ist in der Geburt[65]. Wenn also die Geburt das einmalige Ereignis ist, durch das die Bedingung der Möglichkeit des Anfangens gesetzt ist, so ist Geburtlichkeit ein Wesensmerkmal des Geborenen, durch das er initiativ, in einem metaphorischen Sinn gebährend sein kann.
Weil der Mensch Anfänger ist von Geburt und hinfort ein Anfangender in seinem Dasein, kann er hervorbringen durch Denken, Sprechen und Handeln, durch sie die Kulturwelt und in ihr sich selbst. Durch seine Geburtlichkeit ist ein lebendiges Prinzip des Schaffens in der Welt und nicht allein die naturgesetzliche Wiederholung der Schöpfung. Deshalb sagt Augustinus von der Erschaffung der ersten Menschen: „*Ut initium esset, homo creatus est*“ (Damit ein Anfang sei, ist der Mensch erschaffen worden)[66]. Daß aber der Mensch aus dem Anfänglich-Sein nicht bloß ein Arbeiter ist, sondern ein Schaffender sein kann, macht aus ihm ein vergleichsweise göttliches Wesen. „Denn der Anfang ist auch ein Gott, und solange er in den Menschen wohnt“[67], ist zwar nicht alles geborgen, aber doch alles dem Bergenden offen.
Für seine Geburt muß sich der Mensch zwar nicht verantworten. Sie kann ihm, wie Goethe sagt, nicht „zur Schande gereichen“[68]. Denn bis zu ihr und mit ihr gilt der Satz in einem strengen Sinn: „Wir haben uns nicht

selbst geschaffen."[69] Aber der nachfolgende initiative Prozeß, Selbstwerdung und Selbsterschaffung zugleich, ist doch etwas wie eine Rechtfertigung auch seiner Geburt. Und da der Mensch in diesem Prozeß sich zu dem hervorbringt, der er ist, übernimmt er in ihm auch seine Herkunft und rechtfertigt sie und in ihr die Menschwerdung. Der Anfang im Menschen ist die Rechtfertigung des Menschen.

Im Anfangenkönnen liegt die Möglichkeit der Freiheit. Die Möglichkeit der Freiheit erscheint mit der Geburt in der Welt und lebt in ihr fort durch die Geburtlichkeit des Menschen. *Mit der Geburt beginnt so die Geschichte der Freiheit.* Insofern ist die Geburt des Menschen auch die Geburt der Freiheit. Das Wesen der Geburtlichkeit aber ist die Freiheit.

Geburtlich ist der Mensch, weil er unvollkommen ist. Nur das Vollkommene, so sagt Thomas von Aquino, „bedarf nicht der Geburt"[70]. Es wäre, wie der Sphairos des Parmenides, „a-genetos"[71], ungeboren. – Die Geburtlichkeit ist die Chance der menschlichen Unvollkommenheit.

Geburtlich ist der Mensch zugleich, weil er sterblich ist. Daß er sterblich ist, heißt: Wo sein Dasein ganz wird, bricht es durch den Tod um in das Nicht-Sein. Solange es ist, ist es unganz. Weil es unganz ist, ist es offen. In seinem Offensein liegt der Raum der Freiheit und der Geburtlichkeit.

Es ist deshalb falsch, in der Geburt nur etwas Vergangenes zu sehen, wie es falsch wäre, im Tod nur das Künftige zu erblicken. Das Dasein heißt sterblich auch, weil es einmal vergangen sein wird. Das scheinbar Zukünftigste in meinem Dasein, der Tod, weist so in das Vergangensein. Geburtlichkeit aber gibt es, solange das Dasein noch zukünftig ist. Es ist dies ganz und gar in der Geburt. Das Zukünftigste ist die Geburt.

Warum bedenken wir überhaupt die Geburt?[72] Warum negieren wir weder ihre Faktizität noch ihre Bedeutung, wie dies seit Empedokles und den Atomisten bis zu den Enzyklopädisten und bis zu Nietzsche immer wieder geschehen ist?[73] – Existentiell hat diese Reflexion den Sinn, an die Freiheit des Daseins zu erinnern. Das geschah hier nicht am Leitgedanken des Ganzseins, sondern an dem des Ganz-Offenseins des Daseins. Dadurch dringt gleichsam eine andere Stimmung in die Freiheit. Sie ist nicht mehr so ausschließlich mit den Kategorien „Ende", „Unwiderruflichkeit", „Verpaßthaben", „Angst", „Schuld" und „Verzweiflung" verknüpft, sondern auch mit „Anfangen", „Offensein", „Spielen", „Versuchen", „Schaffen", „Zeit haben", „Hoffnung". Es ist die gleichsam unschuldigere Freiheit, die nicht die Erlösung für die letzte Lösung hält.

Indes: Es wäre nur ein neuer Unsinn, den Gedanken der Geburt gegen den Todesgedanken ausspielen zu wollen. Auch das Bedenken des Todes mündet in die Freiheit des Anfangens. Deshalb soll hier nicht gegen das memento mori in der philosophischen Tradition Anklage erhoben werden. Nur gegen den einseitigen Vorrang des Todesgedankens wollten wir an das zu oft und zu lange Vergessene erinnern, damit das Verhältnis gesehen werde, das uns das Dasein selber vorgibt: Geburt und Tod setzen sich gegenseitig[74]. Der Mensch ist sterblich von Anfang und geburtlich bis in den Tod.

Anmerkungen

[1] Vgl. W. Schmidt: Geburtstag im Altertum. 1900; F. Boehm: Geburtstag und Namenstag im deutschen Volksbrauch. 1938; W. Dürig: Geburtstag und Namenstag. 1954.

[2] Zum Begriff „Nation" und zu seinen Bedeutungswandlungen siehe Friedrich Hertz: Nation, nationale Ideologie und Nationalismus. In: Grundbegriffe der Geschichte. 50 Beiträge zum europäischen Geschichtsbild, hrsg. in Zusammenarbeit mit dem Europarat und dem Internationalen Schulbuchinstitut. Gütersloh 1964, S. 243ff.

[3] S. theol. III, 2, 1: „Sciendum est igitur quod nomen naturae a nascendo est dictum vel sumptum. Unde primo est impositum hoc nomen ad significandum generationem viventium, quae nativitas vel pullulatio dicitur: ut dicatur natura quasi nascitura. – Maß muß also wissen, daß das Wort ‚Natur' hergenommen ist von Geborenwerden. Daher wurde dieses Wort zuerst gebraucht, um das Hervorgehen der Lebewesen zu bezeichnen, welches man Geburt oder Hervorsprießen nennt, so daß natura sozusagen nascitura bedeutet." – Vgl. auch „Natur" im Etymologie-Duden.

[4] Vgl. dazu: Claude Lévi-Strauss: Die Wirksamkeit der Symbole. In: Strukturale Anthropologie. Frankfurt a. M. 1967; S. 204–225; ders.: Das wilde Denken. Frankfurt a. M. 1968, S. 223ff.; Wilhelm Schmidt: Gebräuche des Ehemannes bei Schwangerschaft und Geburt. Mit Richtigstellung des Begriffes der Couvade. Wiener Beiträge zur Kulturgeschichte und Linguistik, Bd. X. Wien – München 1955; Gisela Katharina Braun: Untersuchungen über das Brauchtum um Schwangerschaft und Geburt bei den Batakstämmen in Sumatra. Diss. Köln 1955; Christa Bausch: Geburtsriten in Polynesien. Eine religionsethnologische Untersuchung. In: Mitteilungen der Anthropologischen Gesellschaft in Wien 96/97, S. 191–247; H. Dietschy: Geburtshütte und „Männerkindbett" bei den Karaja. In: Verh. Naturf. Ges. Basel, Bd. 67, Nr. 2, S. 114–132.

[5] Platon; Theaitetos 148eff., 160e, 184b, 210aff.

[6] Platon: Phaidon 64a.ff.

[7] Vgl. etwa Platon: Sophistes 216bf.; Aristoteles: Nikomachische Ethik, Buch VI.

[8] Heidegger: Sein und Zeit, §§ 46–53.

[9] Diese Vermutung liegt nahe, wenn man etwa die Geschichte der Gynäkologie betrachtet. Konventionen, die vielleicht alten Tabuvorstellungen erwachsen sind, haben Forschung und Therapie zurückgehalten, ja oft rückgängig gemacht. Vgl. Paul Diepgen: Die Frauenheilkunde der alten Welt. München 1937; ders.: Frau und Frauenheilkunde in der Kultur des Mittelalters. Stuttgart 1963; Eduard Kaspar Jakob v. Siebold: Versuch einer Geschichte der Geburtshülfe. Bd. I. Berlin 1839, Bd. 2 Berlin 1845; Heinrich Fasbender: Geschichte der Geburtshülfe. Jena 1906.

[10] Von einer eigentlichen philosophischen Teknophobie müßte man bei Berdjaew sprechen. Für ihn sind die leibliche Zeugung und die Geburt nur noch Usurpation der Schöpfungskraft, sinnlose Verausgabung der schöpferischen Energie: „In der Tiefe des Geschlechts muß das Schöpfertum die Geburt überwinden ... Die schöpferische Aktivität wird auf die Erschaffung einer anderen Welt, auf die Fortführung der Schöpfung gerichtet" (Vom Sinn des Schaffens, S. 211ff.).
Kierkegaard hat auf die religiöse Verstrickung von Zeugung und Geburt mit Sünde und Schuld in seiner letzten Tagebucheintragung hingewiesen: „Durch ein Verbrechen bin ich entstanden gegen Gottes Willen. Die Schuld, die jedoch in einem Sinne nicht die meine ist, wenn sie mich auch in Gottes Augen zum Verbrecher macht, ist: Leben zu geben. Die Strafe entspricht der Schuld: aller Lust zum Leben beraubt zu werden, zum höchsten Grad von Lebensüberdruß gebracht zu werden."

[11] Platon: Phaidon 64a.

[12] Cicero: Tusculanae disputationes I, 75: „Tota enim philosophorum vita... commentatio mortis est.“ Als Übersetzung dieses Satzes findet man nicht selten: „Es ist nämlich das ganze Leben der Philosophen... ein Denken an den Tod.“ Ähnlich übersetzt noch Karl Büchner in der Artemis-Ausgabe der „Gespräche in Tuskulum“ (Zürich [2]1966): „... ist ein Denken auf den Tod“. Diese Übersetzungen haben den systematischen Gedanken Ciceros und Platons verfehlt. Das Leben der Philosophen ist nicht ein Denken an den Tod, sondern es ist Denken und als solches dadurch gekennzeichnet, daß in ihm der Geist von allem Äußerlichen weggeführt und zu sich selbst hingerufen wird. Dieses Wegführen aber von allem Körperlichen ist ein mori discere, ein Sterbenlernen, und ein consuescere mori, ein Gewöhnen an das Sterben und Totsein, aber an jenes Totsein, das das eigentliche Leben, das Leben des freien Geistes, ist. Die commentatio mortis der Philosophen ist eine Antizipation des Totseins als des eigentlichen Lebens durch das Denken und in ihm. Sinngemäß müßte man übersetzen: „Das ganze Leben der Philosophen ist nämlich... ein übendes Vorwegnehmen des Sterbens und des Totseins.“ Um die Philologie nicht zu strapazieren, wäre annehmbar: „Das ganze Leben der Philosophen ist nämlich eine Vorübung des Todes.“

[13] Siehe Sophokles: Ödipus auf Kolonos, Verse 1224–27 (Übersetzung Emil Staiger):

„Nicht geboren zu sein, übertrifft
Jeden Begriff. Doch wann's erschien,
Ist das Zweite weithin dies,
Eilends zu gehen, von wannen es kam.“

Plutarch zitiert in seiner Trostschrift an Apollonius (§ 27) eine Schrift von Aristoteles, „Eudemus oder Über die Seele“. Darin berichtet Aristoteles auch über etwas, „was in aller Mund und schon seit langer Zeit unter allen bekannt ist“, nämlich „daß nicht geboren zu werden das Beste von allem ist, das Sterben aber besser als das Leben“. Aristoteles erzählt dann, wie der auf einer Jagd gefangene Silen dem Midas auf die Frage, was denn für den Menschen das Wünschenswerteste sei, antwortet: „... für den Menschen aber ist es keineswegs das Beste, geboren zu werden und an der Natur des Höchsten Anteil zu nehmen; das Beste für alle und jeden ist, nicht geboren zu werden; das zweite nach diesem und das erste unter den übrigen Dingen, die dem Menschen zustehen, ist, sobald wie möglich, nach der Geburt, wieder zu sterben.“ – Plutarch nimmt dann später dieses Motiv in eigener, abwandelnder Aussage wieder auf (31). – Sophokles sprach also eine Meinung aus, die in der Antike sehr verbreitet war.

[14] Vgl. Pred. 7,1: „Besser ist der Tag des Todes als der Tag der Geburt.“

[15] Gemeint ist naturlich 1 Gen. 3,16, wo das Gebären (nicht das Geborenwerden) mit dem Fluch Gottes beladen wird.

[16] Vgl. Heraklit: Fr. 20: „Da sie geboren sind, nehmen sie auf sich, zu leben und den Tod zu haben – vielmehr auszuruhen –, und Kinder hinterlassen sie, daß neuer Tod geboren wird.“ – Das scheint eine „Weisheit“ zu sein, die bei vielen Völkern sprichwörtlich geworden ist. So sagt ein deutsches Sprichwort: „Bei jeder Geburt wird eine Leiche angesagt.“ Und ein arabisches: „Die Geburt ist der Gesandte des Todes.“

[17] Seneca vergleicht in seinen Briefen an Lucilius (Ad Lucilium epistulae morales, Ep. 102) den Tod mit der Geburt. Er verwendet dazu Bilder aus dem Bereich der Leiblichkeit. So wie die Umhüllung im Mutterleib platzen muß, damit das Kind zur Welt kommen kann, so muß der Leib, als Hülle des Geistes, platzen, damit der Geist eingehen kann in die Ewigkeit. Dadurch wird der Tod „eine neue Geburt“ und der Todestag zum „Geburtstag der Ewigkeit“. Dieser Passus ist nicht durch

seine Analogie bemerkenswert, sondern durch Senecas phänomenologische Nähe in der Schilderung des Neugeborenen.
Luther hat diese Analogie wiederaufgenommen, sie aber in eine kosmische Bildsprache übersetzt. So wie das Kind „aus der kleinen Wohnung, seiner Mutter Leib", in die große Welt tritt, so tritt der Sterbende aus der verhältnismäßig kleinen Welt in die Unendlichkeit des Himmels (s. Ein Sermon von der Bereitung zum Sterben. WW Buchwald, Bd. VI, S. 63).
Weder bei Seneca noch bei Luther – und ähnliche Analogien ließen sich vermutlich vielerorts zeigen – geht es um die Auslegung der Geburt, sondern um die Auslegung des Todes in erbaulicher und tröstender Absicht.
[18] Weit stärker als sonstwo ist der Fluch des Geborenwerdens im Buddhismus ausgesprochen. Hier wird das Geborenwerden ausgelegt als der Anfang aller Leiden, der sich in einer Kette von Wiedergeburten immer erneuert. Erst der Eingang in das Nirwana ist der Abbruch dieser Kette: der Zustand des Nicht-mehr-geboren-Werdens, und das ist auch der Zustand, in dem es den Tod nicht mehr gibt. Da nur ein Läuterungsprozeß des Menschen in diesen Zustand führen kann, gilt für den Buddhismus geradezu die Formel: Die Geburt ist der Sünde Sold.
[19] Dazu Karl Barth: Unsterblichkeit. In: N. M. Luyten, A. Portmann, K. Jaspers, K. Barth: Unsterblichkeit. Basel (o. J.), S. 45ff.
[20] Darauf hat Nietzsche verwiesen: „Es gibt unter den Menschen keine größere Banalität als den Tod; zu zweit im Range steht die Geburt, weil nicht alle geboren werden, welche doch sterben..." (Menschliches, Allzumenschliches II, 2. Abt., Nr. 58).
Möglicherweise ist in Calderóns „Welttheater" das „Kind", das der Meister weder belohnen noch bestrafen kann, ein vor der Geburt verstorbenes Lebewesen. Das wäre vermutlich der einzige Fall in der Literatur, daß ein Fötus zur Bühnenfigur wird.
[21] Augustinus: Confessiones, 1. Kap., 6. Abschn.
[22] In dieser Richtung hat als erster Martin Heidegger in „Sein und Zeit" (§ 72) gefragt und dabei die grundlegende Einsicht ausgesprochen, daß Geburt, „existential verstanden", „nicht und nie ein Vergangenes im Sinne des Nichtmehrvorhandenen" ist. „Das faktische Dasein existiert gebürtig, und gebürtig stirbt es auch schon im Sinne des Seins zum Tode." Heidegger hat aber diesen Gedanken nie weiterverfolgt. Es gibt bei ihm weder die Analyse des Gebürtigseins, noch fragt er nach dem Zusammenhang des Existentials „Gebürtigkeit" mit den anderen Existentialien. Die Gebürtigkeit bleibt bei ihm in der Daseinsstruktur ausgeklammert. Die Auslegung des Daseins als „Sein zum Tode" ist nicht nur vorherrschend, sondern allbestimmend.
[23] Thomas gebraucht nasci, natio und nativitas für alles Lebendige, „sicut in plantis sive in animalibus et in partibus eorum" (5 met. 5a). Er nennt das Hervorgehen „eines lebenden Dinges von einem mit ihm verbundenen Prinzip" Geburt (S. theol. I, 27,2).
[24] Dieser heute nicht mehr gebräuchliche Wortsinn ist noch erhalten in Totgeburt, Mißgeburt, Ausgeburt usw.
[25] Vgl. Hegel: WW (Glockner) VI, 304; X, 95, 98f., 449; XII, 282, 284f.
[26] Vgl. z.B. Meister Eckehart: Von der ewigen Geburt. Vier Predigten. Abgedruckt in: Meister Eckeharts Schriften und Predigten, aus dem Mittelhochdeutschen übersetzt und herausgegeben von H. Büttner, Bd. I. Jena 1919, S. 75ff.
[27] Siehe Eranos-Jahrbuch 1939: Vorträge über die Symbolik der Wiedergeburt in der religiösen Vorstellung der Zeiten und Völker. Zürich 1940.
[28] Es gehört mit zu den Eigenartigkeiten dieser Thematik, daß man früh von der „Geburt" (Schöpfung, Entstehung) der Welt gesprochen hat, aber selten von ihrem Ende, hingegen früh vom Tod des Menschen, aber selten von seiner Geburt. Das

kann eigentlich nichts damit zu tun haben, daß der Kosmos als unsterblich, der Mensch aber als sterblich gedacht worden ist. Der unsterbliche Kosmos müßte ungeworden sein, und das schlösse die Kosmogonie aus.

[29] So etwa bei Kant die „Revolution der Denkungsart" und bei Jaspers die Umkehr. Beide Denker haben die Analogie zur religiösen Wiedergeburt selber gesehen. Siehe Kant: Religion innerhalb der Grenzen der bloßen Vernunft. Werke (Akademie), Bd. VI, S. 47; K. Jaspers: Der philosophische Glaube angesichts der Offenbarung. München 1962, S. 294.

[30] So etwa bei Franz v. Baader. Sein Denken über die zwiefache Geburt dient dem Verständnis des geburtlichen Daseins. Baader unterscheidet:
1. Die erste, unmittelbare, natürliche, kreatürliche Geburt, die dem Menschen gegeben ist (WW Hoffmann X, 35f.). Durch sie ist der Mensch weder gut noch schlecht.
2. Das zweite, mittelbare, geistige Geborensein (IV, 343), die aufgegebene Geburt, durch die der Mensch nun gut oder böse wird. In ihr bringt er sich selbst hervor, nicht dadurch, daß er das natürliche Geborensein abwirft, sondern dadurch, daß er es geistig durchformt.

Diese Lehre hat ihren religiösen Angelpunkt. Alle Kreatur hat durch die erste, die natürliche Geburt, Teil an Gottes Schöpferkraft; aber diese Teilhabe ist noch verlierbar, ist „unfixiert" (IV, 340). Sie ist nicht Abbild des „ewigen theogonischen Prozesses", in dem sich Gott ewig „als Liebe und Licht in seinem Genitus gebiert" (VIII, 181). Der Mensch soll aber teilhaftig dieses Prozesses sein. Er wird es in der Teilhabe an der Sohnschaft Gottes. In ihr gründet die zweite Geburt, die selber ein unendlicher Prozess ist. Man „kann darum sagen, daß die Creatur nicht anders zur Vollendtheit ihres Seins gelangt, als daß sie zweimal geboren wird und einmal stirbt" (X, 35f.).

[31] Gerhard Tersteegen (1697–1769), der pietistische Liederdichter, hat sich für „die Kinder Gottes" eine dreifache Geburt gedacht: die natürliche Geburt (der einmalige Eintritt in die Welt), die Gnadengeburt (der stufenweise Prozeß der Wiedergeburt) und die Geburt in die Ewigkeit (der Tod des „Gnadenkindes"). All das ist kaum eine Lehre von der dreifachen Geburt, sondern eine metaphorische Daseinsbetrachtung, die wahrscheinlich in dieser Art im Pietismus nicht selten war. S. Tersteegen: Geistliche Briefe über das inwendige Leben, Bd. I, Teil 2, Br. 5. – Gegen alle diese Spekulationen gewinnt etwa Epikur gerade durch seine Nüchternheit eine existentielle Kraft: „Wir sind ein einziges Mal geboren. Zweimal geboren zu werden ist nicht möglich. Die ganze Ewigkeit hindurch werden wir nicht mehr sein" (Epikur: Von der Überwindung der Furcht, eingel. und übertragen von O. Gigon, Zürich 1949, S. 50).

[32] Jakob Böhme ist der einzige Denker, der Geburt und Geburtlichkeit „centraliter" (s. F. Ch. Oetinger: Brief an einen Unbekannten Nr. 592. 1769) gesehen hat. Aber sein Denken ist eine meist abstruse Mischung aus Theosophie, Kosmosophie und Anthroposophie, eine Spekulation, die unentwegt im Umkreis des Gleichnishaften spricht, aber sich selbst als Realerkenntnis versteht. Ein Philosoph kann ihn heute nicht viel anders sehen als der Chemiker einen genialen Alchemisten: als einen Mann der großen Ahnungen und hohen Gedanken und zugleich des abgründigen Aberglaubens.

Böhmes Lehre von der dreifachen Geburt, die stark auf Baader gewirkt hat, läßt sich vereinfacht so umreißen:

Die „innerste und tiefste Geburt stehet in der Mitte und ist das Herz der Gottheit" (WW Schiebler II, 199). Die Gottheit also ist „das Zentrum der Geburt" (IV, 13) und dadurch der „ewigen Macher" (ebd.), „die Geburt aller Dinge" (II, 273), geboren aus sich selber, „aus den Quellgeistern Gottes" (II, 199). Gott ist das sich selbst und alles andere gebärende Licht. – Aus ihm wird die zweite Geburt geboren, die Geburt der „sieben Geister der Natur" (ebd.). Es sind die Geister, die Ursprünge,

„darinnen alle Dinge im Himmel und in dieser Welt stehen" (ebd.). Zu ihnen gehört auch die Natur, die, zugleich geboren von den übrigen Geistern der Natur, die Körperlichkeit aller Wesen, auch der Menschen, gebiert. Die Quellgeister des Menschen gründen aber letztlich wieder in den Quellgeistern Gottes; ebendarum kann der Mensch Gott zumindest erahnen. – „Die dritte Geburt nun ist die Begreiflichkeit der Natur ... (II, 200), durch die das Geschaffene verstehbar wird.
Diese ganze Lehre ist äußerst verflochten, oft absonderlich konkretisiert, oft auf einem hohen spekulativen Niveau. Man kann diesen Wechsel von Aufstieg und Abfall gleicherweise studieren in Böhmes Auslegung der Schöpfung (II, 196ff.), in der Lehre „von der Geburt und Bezeichnung aller Wesen" (IV, 269ff.) und in der Lehre „von des Menschen Geburt und Fortpflanzung" (III, 133ff.). – Bei aller Absurdität bleibt das Bedeutende, daß Böhme die Geburt und die Geburtlichkeit zum Prinzip der Schöpfung und des Schaffens erhoben hat. Es ist vor ihm nicht geschehen und nach ihm nicht wieder.

[33] Otto Rank: Das Trauma der Geburt. 1924; ders.: Der Mythus von der Geburt des Helden. Schriften zur angewandten Seelenkunde, H. 5. 1909.

[34] Dazu Freuds Kritik: Freud: WW XIV, 182f. – Freuds eigene Theorie, daß der Geburtsakt „das erste individuelle Angsterlebnis" (XIV, 120f.) sei, hat darum etwas Plausibles, weil sie sich rein physisch auf die toxische Enge, die Beengung der Atmung im Geburtsakt, stützt (s. XI, 411). – Aber selbst bei dieser von Freud nicht überschätzten und nicht strapazierten Theorie muß man auf die spekulativen Vorgänger hinweisen: auf Franz v. Baaders Satz: „Alles Leben beginnt mit der Angst und vergeht mit der Angst" (WW Hoffmann XIII, 102), und auf Jakob Böhmes Äußerungen von „der ewigen ängstlichen Qual der Geburt" (WW Schiebler III, 135). Das Weinen des Neugeborenen hat, wenn auch physiologisch weniger präzis, schon früh ähnliche Vermutungen nahegelegt (vgl. Senecas Br. 102 an Lucilius).

[35] Jakob Böhme spricht in der Darstellung der pränatalen Existenz zu den törichten Doktoren: „Da wirst du sagen, du steckest nicht in der Menschwerdung und siehest es, du bist einmal Mensch worden und weißt nicht, wie oder wann, und kannst nicht wieder in Mutterleib kommen oder gehen und sehen, wie es zugeht" (WW Schiebler III, 144). Nach Böhme kann sich der Weise in die Geburt und in die Menschwerdung eindenken, weil er das niedere empirische Prinzip der törichten Doktoren in der Spekulation übersteigt. Wer Wissenschaft betreiben möchte, dem werden im Hinblick auf die Psyche des Embryos die Worte der törichten Doktoren zu weisen Worten.

[36] Siehe dazu Karl Barth; Kirchliche Dogmatik III/4, S. 653. Barth hat darauf hingewiesen, daß die anfängliche Schranke des Menschen meist außer acht gelassen wird. Er hat diese Schranke aber relativ unkritisch betrachtet, was ihn zum Satz geführt hat: „Der Mensch ist nur von seiner Geburt an und nur bis zu seinem Tod."

[37] Diese durch Galenos Demokrit (vgl. Fr. B 34) zugeschriebene und später von Paracelsus, Leibniz und Goethe wiederaufgenommene Idee ist bei Aristoteles (Physikvorlesung, Buch VIII, 252b) ausgeweitet auf alle Lebewesen. Sie erhält ihre letztmögliche Ausweitung durch den Vergleich von Atom und Weltall. In allen Formen ist sie bloß ein Vergleich, im strengen Sinn auch keine Analogie. Sie hat allein für das Verhältnis Mensch – Welt eine philosophische Relevanz, weil der Mensch das Wesen ist, das durch Erkenntnis ein Abbild der Welt in sich haben kann, und ein Wesen, das Welt schafft.

[38] Arnold Gehlen: Anthropologische Forschungen. Zur Selbstbegegnung und Selbstentdeckung des Menschen. rowohlts deutsche enzyklopädie 138, S. 47.

[39] Etwa in der römischen Kultur galt der Fötus lange Zeit als „portio mulieris", als Teil des Weibes, oder gar als „pars viscerum matris", als Teil der Eingeweide der Mutter.

[40] Siehe Helmut Plessner: Die Stufen des Organischen und der Mensch. Einleitung in die philosophische Anthropologie, Berlin – Leipzig 1928.
[41] Hegel: WW (Glockner) X, 98.
[42] Böhme: WW (Schiebler) III, 145.
[43] So sagte schon Thomas: „Das scheint die Ordnung der menschlichen Erzeugung zu erfordern, daß, wer empfangen wird, selbst als derselbe geboren wird und nicht als ein anderer; wird doch die Empfängnis auf die Geburt hingeordnet" (S. c. gent. IV. Buch, Kap. 43).
[44] A. Portmann: Zoologie und das neue Bild des Menschen. Biologische Fragmente zu einer Lehre vom Menschen. rowohlts deutsche enzyklopädie 20, S. 79f., 13, 59f.
[45] Dieses Dialektische an der pränatalen Existenz ist übrigens der Grund dafür, daß das Abortus-Problem rational nicht befriedigend gelöst werden kann. Der springende Punkt liegt nicht darin, daß Leben abgetötet wird, sondern darin, daß dieses Leben Sein-zum-Dasein ist. Die sich daraus ergebenden schwierigen philosophisch-ethischen und rechtlichen Probleme können in der Kürze nicht diskutiert werden.
[46] Tertullian: Apologeticum 9,B.
[47] Zu der Problematik vgl. Herbert Heiss: Die künstliche Schwangerschaftsunterbrechung und der kriminelle Abort. Stuttgart 1967 (mit sehr großer Bibliographie); Jürgen Baumann (Hrsg.): Das Abtreibungsverbot des § 218. Sammlung Luchterhand 62. Neuwied – Berlin 1972; Wigand Siebel: Soziologie der Abtreibung. Stuttgart 1971. – Die Frage nach der Seinsart des Fötus ist fast nur im Zusammenhang mit der Abtreibung diskutiert worden.
[48] Hegel: WW (Glockner) X, 98.
[49] Unter einer kontinuierlichen Ernährung verstehen wir nicht unbedingt eine gleichmäßige Ernährung. Schwankungen mögen vorhanden sein innerhalb der Kontinuität. Das ändert nichts daran, daß erst nach der Geburt die rhythmisch geregelte, mit totalen Unterbrechungen voneinander getrennte Folge der Nahrungsaufnahmen einsetzt.
[50] Zu dem Problem nimmt innerhalb der Philosophie Wilhelm Traugott Krug in seinem „Allgemeinen Handwörterbuch der philosophischen Wissenschaften" (^{2}1832–38) im Artikel „Geburt" klar Stellung: „Geburt ist in bezug auf den Menschen der Anfangspunct der Existenz desselben als eines sinnlich-vernünftigen Wesens, mithin auch als eines berechtigten Subjectes, indem der Embryo noch nicht als ein solches angesehen werden kann. Von der Geburt datiert sich also erst das selbständige und persönliche Leben eines Menschen und alles, was ihm als Person in rechtlicher Hinsicht zukommt." Das scheint auch ungefähr Kants Meinung gewesen zu sein: „... geboren werden ist nichts anderes als den Gebrauch der Güter der Erde, sofern sie zu unserer Fortdauer unentbehrlich sind, erwerben" (Religion, WW Akademie VI, 40 Anm.). – Im modernen Recht gilt der Grundsatz, daß mit der Vollendung der Geburt die Rechtsfähigkeit des Menschen beginnt: „Jeder vom Weibe Geborene besitzt die Rechtsfähigkeit eines Menschen."
Über den rechtlichen und soziologischen Status des Nasciturus vgl. Soziologie der Abtreibung. Empirische Forschung und theoretische Analyse. Von W. Siebel, N. Martin, K. Stumpf, P. Waldmann und M. Werth. Stuttgart 1971, S. 224ff.
[51] Hegel: WW (Glockner) X, 98.
[52] Hegel: WW (Glockner) II, 18.
[53] Hegel hat die Meinung vertreten, daß die Frucht noch das „mit der Mutter identische Kind" (WW X, 98) ist, daß dieses infolgedessen „noch gar keine eigentliche Individualität" (ebd.) habe. So gesehen, würde die Identität in der Geburt nicht gewahrt. Aber gegen diese Auslegung spricht doch wohl das Faktum, daß das Kind im Mutterleib sterben kann, ohne daß die Mutter stirbt und ohne daß ein Teil ihres Organismus hinfort abgestorben ist, und daß anderseits die Mutter sterben kann,

bevor die Frucht abstirbt. Hier zeigt der Tod an, daß Mutter und Kind nicht identisch sind. Die eigentliche Bestätigung dafür ist natürlich die Geburt.

[54] Vgl. dazu: Max Scheler: Zur Idee des Menschen. In: Scheler, WW III, 173ff.

[55] Hegel: WW (Glockner) X, 98.

[56] Hegel: WW (Glockner) II, 18.

[57] Vgl. dazu neben den Werken Portmanns auch die Arbeit von Rolf Kugler: Philosophische Aspekte der Biologie Adolf Portmanns. Zürich 1967; ebenfalls die Arbeiten von B. Hassenstein, K. Goerttler und K. Wezler im 2. Band von: Neue Anthropologie, hrsg. von Hans-Georg Gadamer, Paul Vogler. dtv Wissenschaftliche Reihe 4070, S. 60–97, 215–257, 292–385.

[58] Fichte: WW (Medicus) VI, 522.

[59] Hannah Arendt: Vita activa oder Vom tätigen Leben. Stuttgart 1960, S. 166.

[60] Schiller: Menschliches Wirken. In: WW (Säkularausgabe) II, 92.

[61] Francis Bacon: Über Ehe und Ehelosigkeit. In: F. Bacon: Essays, hrsg. v. L. L. Schücking. Leipzig 1940, S. 28f.

[62] Vergil: Ecloga IV, Vers 5: „Magnus ab integro saeclorum nascitur ordo."

[63] Vgl. dazu die Reflexionen Kierkegaards über das Verhältnis des Individuums zur Geschichte des Geschlechts. In: Der Begriff Angst, Kap. 1, §§ 1f.

[64] Der Terminus stammt möglicherweise von Hannah Arendt. Sie spricht in der „Vita activa" (Stuttgart 1960) von Gebürtlichkeit und Natalität, in „On Revolution" (New York 1963) von natality, das wiederum mit Gebürtlichkeit übersetzt worden ist (Über die Revolution, München 1963). Wir haben lautlich an vorgeburtlich angeglichen.

Hannah Arendt ist, soviel ich sehe, die einzige Denkerin, die jenen Hinweis von Heidegger (vgl. Anm. 22) weitergeführt hat. Zwar findet sich in ihren Werken keine Analyse des Geborenwerdens und deshalb auch keine nähere Kennzeichnung dieses Anfanges. Daß in der Geburt der Anfang des Anfangens liegt, ist für sie vielmehr unmittelbar mit dem Faktum des Geborenwerdens gegeben (On Revolution, S. 213), was man bestreiten kann. Aber das Hindenken auf die Geburtlichkeit des Menschen spielt in ihren Werken dann eine fundamentale Rolle wie nirgends sonst. Vieles, was in diesem Vortrag über Geburtlichkeit gesagt ist, findet sich bereits bei ihr. Vgl. dazu Vita activa, S. 15,f., 165ff.; Über die Revolution, S. 270ff. – Dazu auch Ernst Vollrath: Politik und Metaphysik. Zum politischen Denken Hannah Arendts. In: Zs. für Politik, 18. Jg. Neue Folge, H. 3 (1971), S. 205–232.

[65] Bei Meister Eckehart findet sich eine metaphysische Gründung der Geburtlichkeit in der ewigen Geburt Gottes. Diese ewige Geburt vollzieht sich auch in der Zeitlichkeit, innerhalb der menschlichen Natur. Damit kann nicht bloß die Geburt als Faktum gemeint sein, denn in die Natur des Menschen ist ja das fortwährende Gebären Gottes gelegt. Ohne das Wort zu haben, spricht Meister Eckehart von Geburtlichkeit und gründet sie in der ewigen Geburt Gottes: „Wir feiern hier in dieser Zeitlichkeit an der ewigen Geburt, die Gottvater ohne Unterlaß in der Ewigkeit vollbracht hat und noch vollbringt, daß diese selbe Geburt sich nun auch vollzogen hat innerhalb der Zeit, in der menschlichen Natur" (Von der ewigen Geburt, s. Anm. 26, a.a.O. S. 75).

[66] Augustinus: De civitate Dei XII, 21 (20).

[67] Platon: Nomoi 775e.

[68] Goethe: Reineke Fuchs, 8. Gesang, Vers 203.

[69] K. Jaspers; Einführung in die Philosophie. München 1953, S. 63.

[70] S. theol. III, 35, 2. Dieses Argument gehört für Thomas zwar nur zu den Einwänden, die er ja immer noch beantwortet. Aus dem Kontext wird indes klar, daß er es für richtig hält.

[71] Parmenides: Fr. 7.8.

72 Wenn die institutionalisierte Form des Denkens an die Geburt, der Geburtstag, überhaupt einen Sinn haben soll, so als Erinnerung an die Geburtlichkeit, die im Geborenwerden gründet, und somit nicht eigentlich als Rückerinnerung, sondern als Erinnerung an die Möglichkeit des neuen Anfangs. So hat den Geburtstag auch noch der siebzigjährige Goethe verstanden, nämlich als einen Tag, „wo man doch immer eine Art neuen Daseins beginnt" (Br. vom 19.8.1819 an Johanna Maria Melber).

73 Empedokles (Fr. B 8): „Geburt gibt es von keinem einzigen unter allen sterblichen Dingen und auch nicht ein Ende im verwünschten Tode, sondern nur Mischung und Austausch der gemischten Stoffe ist. Geburt wird nur dafür bei den Menschen als üblicher Name gebraucht."

Diese Mischlehre, freilich mit einem stärkeren Anstrich moderner Wissenschaftlichkeit, findet sich auch bei d'Holbach und Diderot. d'Holbach (Système de la Nature, 1. Teil, 3. Kap., Schlußanmerkung): „Genaugenommen entsteht und stirbt nichts in der Natur ..." Das ist dann in der Encyclopédie im Stichwort „Naître" (das wahrscheinlich Diderot geschrieben hat) wörtlich wiederaufgenommen: „A proprement parler, on ne naît point, on ne meurt point; on était dès le commencement des choses, et on sera jusqu'à leur consommation."

Bei Nietzsche geht es um eine existentielle Diffamierung der kleinen „abgespielten Tragikomödien" (Menschliches, Allzumenschliches II, 2. Abt., Nr. 58), zu denen auch die Geburt gehört.

74 Eine ontische Begründung dafür gibt Fichte (WW Medicus VI, 521f.): „Indem die Menschheit das Vermögen erhielt, sich neu zu erzeugen, übernahm sie in ihren alten Mitgliedern die Verpflichtung, abzutreten vom Schauplatze; und wer einen Menschen in seine Stelle erzeugt, verpflichtet sich zugleich, ihm dieselbe zu rechter Zeit zu überlassen. So setzen Tod und Geburt sich gegenseitig: und nur in einer solchen Welt kann kein Tod sein, in der auch keine Geburt ist – in der künftigen."

WILHELM BLASIUS, WILFRIED HÖBEL

Wachstumstendenzen in der industrialisierten Welt

Tatsachen – Berechnungen – Schlußfolgerungen

> Gesund denken ist die größte Vollkommenheit. Und die Weisheit besteht darin, die Wahrheit zu sagen und zu handeln nach der Natur, auf sie hinhörend.
> *Heraklit*

In verschiedenen Veröffentlichungen der Jahre 1966, 1969, 1970 und 1973 wurde von dem einen von uns (Bl.) bereits ausführlich auf den rein *exponentiellen Charakter des Wachstums der Weltbevölkerung* der letzten hundert Jahre hingewiesen. Diese rapide Entwicklung der Menschheit konnte in Parallele zur technischen Entwicklung gesetzt werden, welche sich an der Zunahme der Geschwindigkeit lenkbarer Fortbewegungsmittel ebenfalls als exponentiell darstellen ließ.

Die ernsten Folgen dieses Beschleunigungszuwachses der Fortbewegungsmittel sowie des ungeheuren Vermehrungsdranges der Menschen in Verbindung mit der Technisierung des gesamten Lebens wurden als Zerstörung der bisher obwaltenden natürlichen Gleichgewichte von Natur, Landschaft, Pflanzen, Tieren und Menschen auf der Erde beschrieben.

Mit besonderem Nachdruck wurde die exponentiell gesteigerte *Ausrottung der Säugetiere* auf der Erde herausgestellt; und im Bereich der menschlichen Entwicklung die *exponentielle Zunahme der Kriegstoten* in den Kriegen der letzten hundert Jahre sowie der *Verkehrstoten* in den zivilisierten Staaten seit dem letzten Weltkrieg.

In der grausigen Bilanz, die aus diesen Tendenzen gezogen werden mußte, erschien die schrittweise Dämpfung der Wachstumszunahme in den zivilisierten Staaten als einziger Lichtblick. Allerdings waren für die Dämpfung der Zunahme der Weltbevölkerung bisher keine Anzeichen zu finden. Als Grund dafür war die Tatsache zu werten, daß die unterentwickelten Völker, die einen großen Teil der Weltbevölkerung ausmachen, eine sehr hohe Zuwachsrate aufweisen und die Abnahme dieser Größe bei den hochentwickelten Völkern zur Zeit für das Ganze nur wenig wirksam wird.

Im Zusammenhang mit diesen Untersuchungen versuchte Blasius 1971, am Beispiel der Entwicklung der Bundesrepublik Deutschland (BRD) herauszufinden, ob zwischen der Bevölkerungsentwicklung, dem Bruttosozialprodukt und dem Ausbau der Bildungseinrichtungen, insbesondere der Universitäten, quantitative Beziehungen bestehen. Hierbei konnten Tendenzen aufgedeckt werden, die bei Weiterbestehen zu volkswirtschaftlich untragbaren Verhältnissen führen würden.

Aus den damaligen Berechnungen wurde abgeleitet, daß die Zunahme der Gesamteinwohnerzahl der BRD mit großer Wahrscheinlichkeit geringer werden würde und im Zusammenhang damit auch die Zahl der Studierenden an den Universitäten. Die starke Verringerung des relativen Verhältnisses der Studierenden zum Lehrpersonal, die in den Jahren 1960–1970 zu beobachten war, kann in diesem Maß nicht anhalten, sonst würde, wie sich errechnen ließ, bei gleichbleibender Tendenz um das Jahr 2000 auf einen Hochschullehrer in der BRD nur noch ein Student entfallen.

Ferner wurde ein steigender Anteil der Gesamtausgaben für die Hochschulen am Bruttosozialprodukt konstatiert, welcher auch nicht beliebig lange in derselben Proportion anhalten würde.

Alle diese Entwicklungen waren durch reine Exponentialfunktionen zu beschreiben. Allerdings ließen sich zukünftige Entwicklungen nur durch die Paradoxie von Fortschreibungen augenblicklicher Verhältnisse einigermaßen erschließen.

Es schien daher vielversprechend, modifizierte Exponentialfunktionen zur Beschreibung des Wachstums einer geschlossenen Bevölkerung, ihrer ökonomischen Leistungsfähigkeit und ihrer Bildungsanstrengungen heranzuziehen.

Die zur Darstellung des Größenwachstums von Pflanzen, Tieren und Menschen bereits gebräuchliche, organische Wachstumsfunktion sollte deshalb auch für das Wachstums einer geschlossenen Bevölkerung verwandt werden. Diese Funktion erlaubt ferner, drei charakteristische Phasen der Größenentwicklung abzugrenzen: eine langsam ansteigende kindliche, eine steil ansteigende jugendliche und eine dem Maximum entsprechende Erwachsenenphase (A. Crowe, 1969). Diese Wachstumsgleichung lautet:

$$y = \frac{a}{1 + b \cdot e^{-c \cdot t}}, \qquad (1)$$

in der y die Wachstumsgröße, t die Zeit, e die Basis des natürlichen Logarithmensystemes und a, b, c positive charakteristische Konstanten für das organische Wachstum darstellen. Dabei wäre a als obere Grenze des Wachstums definiert und die Konstante c als Maß für die Dämpfung des Wachstums bei Näherung an die obere Grenze anzusehen.

Die maximale Wachstumsrate zur Zeit t, also der Wendepunkt der Kurve, ist bestimmt durch die Gleichung

$$t_w = \frac{\ln b}{c}. \qquad (2)$$

Die graphische Darstellung eines „organischen Wachstums“ zeigt Abb. 1. Zur Beschreibung der von uns ausgewählten Wachstumsprozesse wurde die Gleichung (1) eingesetzt, wobei mit Hilfe eines Digitalrechners* und eines programmierten numerischen Iterationsverfahrens (*P. Sampson*, 1964) die Parameter a, b und c berechnet wurden und diejenige Funktion

---

* Für die Unterstützung mit den Einrichtungen seines Institutes danken wir Herrn Professor Dr. J. Dudek, Gießen.

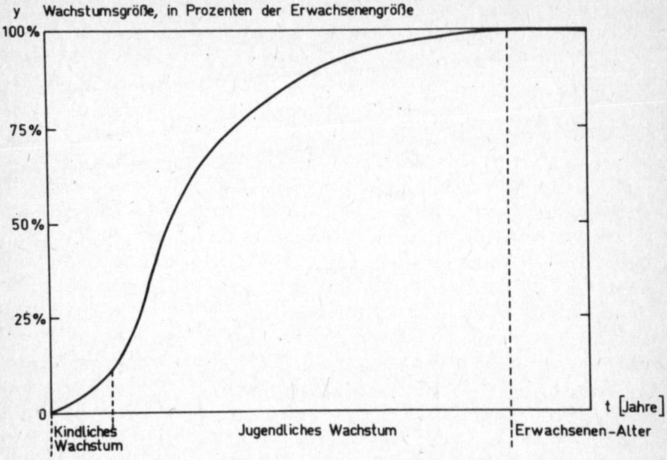

Abb. 1: Darstellung des organischen Wachstums y in der Zeit t nach der Wachstumsfunktion (1) mit Einteilung in die 3 Wachstumsphasen (modifiziert nach *A. Crowe*, 1969).

des Typs (1) bestimmt wurde, die sich optimal an die vorhandenen Daten anpaßt.

An einem geradezu klassischen Modell kann die Brauchbarkeit der Formel (1) zur Beschreibung des Wachstums einer geschlossenen Bevölkerung demonstriert werden. Es ist dies die *Entwicklung der Bevölkerung der USA* vom Jahre 1790 bis zum Jahre 1970 (Abb. 2). Wenn man die Bevölkerungszahlen (in Abständen von 10 Jahren) in ihrer Gesamtheit durch eine Funktion nach Art der Gleichung (1) darstellt, dann ergeben sich einige sehr bemerkenswerte Tatsachen.

Erstens fällt sofort auf, wie gering die Streuung der empirischen Werte von dem errechneten Gesamtverlauf sich darbietet. Dies bedeutet, daß die USA in ihrer Entwicklung sich organisch entfaltet haben und daß das Wachstum, von geringfügigen Schwankungen abgesehen, verhältnismäßig ruhig verlaufen ist, erklärbar vor allem durch die isolierte Lage des Landes und die Fülle seiner Nahrungsquellen und Rohstoffe.

Zweitens ist an dieser Wachstumskurve abzulesen, daß nach einer anfänglich langsamen Bevölkerungszunahme von ca. 1790–1870 eine Periode rapiden Wachstums einsetzt, die etwa bis zur Mitte dieses Jahrhunderts reicht.

Drittens läßt sich aus dem theoretischen Ansatz errechnen, daß von dieser Zeit an eine Dämpfung des Wachstums zu beobachten ist. Der errechnete Wendepunkt der Kurve liegt im Jahre 1956 bei 172,8 Millionen Einwohnern.

Viertens ließe sich aus der errechneten Kurve ein Schluß auf den Fortgang und das wahrscheinliche Ende des Wachstums der USA tun. Im Jahre 1975 wären ca. 210 Millionen, im Jahre 1990 238 Millionen und schließlich zum Zeitpunkt der Jahrtausendwende im Jahre 2000 eine Zahl von 256 Millionen zu erwarten. Das 90-%-Maximum läge im Jahre 2048 bei etwa 312 Millionen Einwohnern.
Allerdings müßte dieser Interpretation hinzugefügt werden, daß ein solches Wachstum eine adäquate Ausweitung der Ernährungsbasis und eine entsprechende Ergiebigkeit der Rohstoffreserven voraussetzt. Auf diese Notwendigkeit wurde bereits vom „Club of Rome“ in dessen Studie „Die Grenzen des Wachstums“ (1972) hingewiesen. Vor allem erschien den Autoren die zunehmende Umweltverschmutzung als Folge der Industrialisierung ein sehr ernst zu nehmender Hinderungsgrund für ein fortgesetztes organisches Wachstum der USA. Es ist also mit einer Zunahme des Dämpfungsfaktors c, der mit dem Wert 0,024 für die bisherige Entwicklung relativ niedrig liegt, durchaus noch zu rechnen.
Gegenüber dem Wachstum der USA, das einigermaßen gut überschaubar auch für die nähere Zukunft erscheint, zeigt die *Entwicklung der Bundesrepublik Deutschland (BRD)* und der auf ihrem Territorium im vergangenen Jahrhundert lebenden Bevölkerung einen erheblich heterogeneren Verlauf (Blasius, 1970, 1973).
Zunächst versuchten wir (wie im Falle der USA), den gesamten Verlauf der Bevölkerungsentwicklung von 1816 bis 1973, für welchen ver-

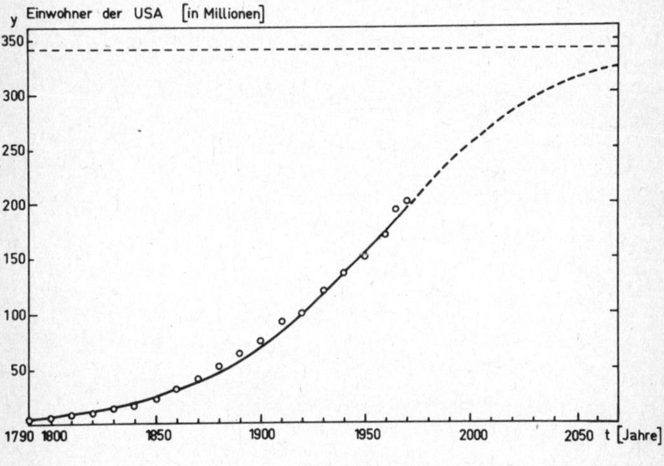

Abb. 2: Bevölkerungsentwicklung in den Vereinigten Staaten von Nordamerika (USA) von 1790–1970. O Zahl der Einwohner in Millionen. —— ausgezogene Kurve = Approximation nach der Wachstumsfunktion (1). ---- errechnetes Maximum des Wachstums.

gleichbares Zahlenmaterial vorlag, durch eine Wachstumskurve zu approximieren. Dabei zeigte sich aber, daß durch Verlangsamungen in den Zeiträumen von 1848–1870 und 1929–1934 und Beschleunigungen in den Zeiten 1870–1910, 1934–1939 und 1949–1959 erhebliche Abweichungen von einer ausgeglichenen organischen Gesamtentwicklung zustande gekommen waren. Diese Schwankungen ließen eine rechnerische Approximation über den gesamten Zeitraum nicht zweckmäßig erscheinen. Außerdem ergab die approximierte Funktion völlig unrealistische Werte für einen Wendepunkt der Kurve. Dieser hätte bei Berücksichtigung nur der Bevölkerungszahlen des Teilbereiches 1816–1910 im Jahre 2358 bei 1334 Millionen Einwohnern gelegen. Auch eine Approximation über die Zeit 1925–1973 ließ einen Wendepunkt der Kurve im Jahre 2117 bei 208 Millionen erwarten. Ein ebenfalls unrealistisches Ergebnis!
Erst als wir die Entwicklung der BRD allein vom Jahre 1949 bis 1973 in den Einwohnerzahlen durch eine Wachstumskurve rechnerisch darstellten, ergaben sich brauchbare und realistische Aspekte (Abb. 3).
Man erkennt, daß erstens in diesem Zeitraum eine sehr geringe Streuung von der Approximation vorliegt. Dies bedeutet ein verhältnismäßig ruhiges und organisches Wachstum. Ferner ist bemerkenswert, daß ein Wendepunkt schon für das Jahr 1936 errechnet werden kann, mithin dieser Zeitpunkt bereits um 20 Jahre weiter zurückreicht als für die USA. Drittens ist die zukünftige Entwicklung mit 65,2 Millionen im Jahre 1980, mit 68,9 Millionen im Jahre 1990 und 71,9 Millionen zur Zeit der Jahrhundertwende in etwa als realistisch anzusehen. Das 90-%-Maximum läge im Jahre 2006 bei 73,4 Millionen Einwohnern, also erheblich früher als dasjenige für das Wachstum der Vereinigten Staaten von Nordamerika.

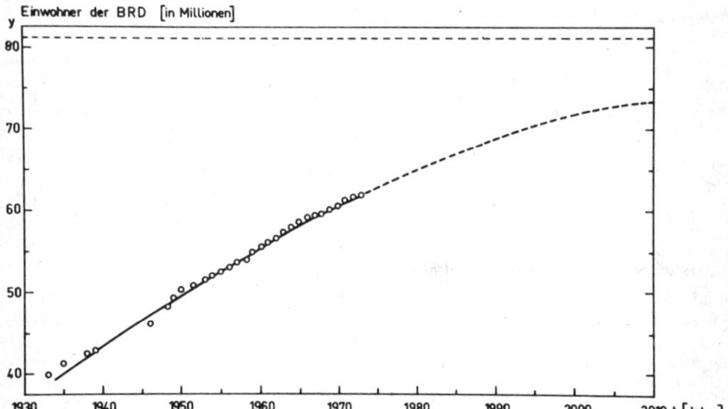

Abb. 3: Bevölkerungsentwicklung in der Bundesrepublik Deutschland (BRD) von 1933–1973. O Zahl der Einwohner in Millionen. —— ausgezogene Kurve = Approximation nach der Wachstumsfunktion (1) für die Zeit von 1949 bis 1973. ---- errechnetes Maximum des Wachstums.

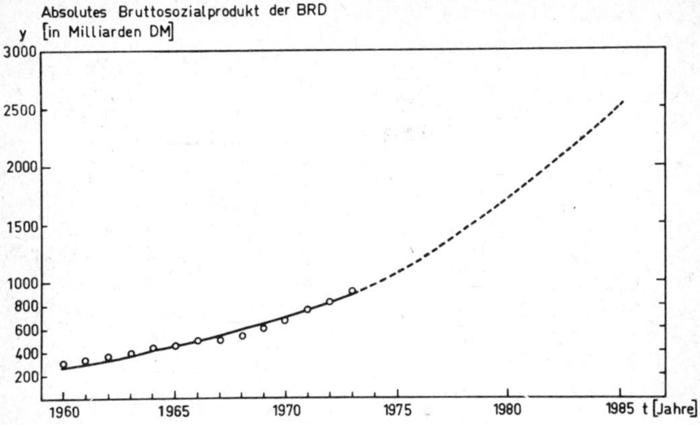

Abb. 4: Entwicklung des absoluten Bruttosozialproduktes in der BRD von 1960 bis 1973. O Werte in Milliarden DM. —— ausgezogene Kurve = Approximation nach der Wachstumsfunktion (1).

Bei einem *Vergleich der Bevölkerungsentwicklung in den USA und in der BRD* läßt sich mithin feststellen, daß die Dämpfung des Wachstums in der BRD, im ganzen gesehen, stärker ist als in den USA, wie die zeitliche Lage des Wendepunktes und des 90-%-Maximum deutlich ausweist. Eine weitere wichtige Größe, die über das Wachstum einer Bevölkerung, über deren Leistungsfähigkeit und deren Leistungsreserven quantitative Aussagen zu machen gestattet, ist das sogenannte *Bruttosozialprodukt* (BSP), also die in Geldeinheiten gemessene Summe der Verdienste aller Einwohner des Landes.
Die Unterlagen zu unseren Rechnungen über die Entwicklung des BSP entnahmen wir ebenfalls dem „Statistischen Jahrbuch für die BRD“ (1974).
Es zeigte sich wiederum, daß die wahren Werte des BSP der BRD in den Jahren 1925–1931 und 1950–1954 sehr wesentlich von einer approximierten Wachstumskurve über die Zeit von 1925–1960 abwichen, wobei hinzukam, daß Angaben über das BSP in den Jahren 1939–1949 nicht zu erhalten waren.
Wir beschränkten uns daher auf die Darstellung des Wachstums des absoluten BSP für die Zeit von 1960–1973 (Abb. 4). Wie zu erkennen, ergibt eine Approximation mit der organischen Wachstumsfunktion einen sehr genau angepaßten Verlauf, das heißt, die Streuung gegenüber der errechneten Kurve ist sehr gering.
Bedeutsam sind ferner die Feststellungen, die für die wahrscheinliche zukünftige Entwicklung rechnerisch gewonnen werden können. Der Wendepunkt liegt erst im Jahre 2023, also 87 Jahre später als der Wendepunkt

des Bevölkerungswachstums. Dies bedeutet, daß offenbar ein Überhang an Volkseinkommen bisher vorlag und bei gleichbleibender Tendenz weiterbestehen würde. Das 90-%-Maximum liegt sogar erst im Jahre 2048 bei 6737,6 Milliarden DM gegenüber 926 Milliarden DM im Jahre 1973. Diese Zahlen lassen Zweifel am Fortbestehen des rapiden Wachstums des BSP der letzten Jahrzehnte aufkommen und legen die Vermutung nahe, daß die Dämpfung in nächster Zeit zunehmen wird. Viele Anzeichen im Wirtschaftsleben der BRD deuten bereits darauf hin.

Im Verhältnis zum BSP erschien uns die *Entwicklung der Ausgaben für die Universitäten und Forschungseinrichtungen in der BRD* aufschlußreich zu sein, weil aus dieser Relation die Leistungsfähigkeit des Landes besonders deutlich abzulesen ist. Denn in gut regierten Ländern gilt immer noch der alte Grundsatz, eine ökonomische Aufwärtsentwicklung durch den Ausbau von Universitäten und durch eine damit gegebene geistige, naturwissenschaftliche, technische und wirtschaftliche Erschließung der Leistungsreserven in Gang zu setzen.

Die vorliegenden Zahlen über die Ausgaben des Bundes, der Länder und Gemeinden für die Hochschulen und für die Forschung außerhalb der

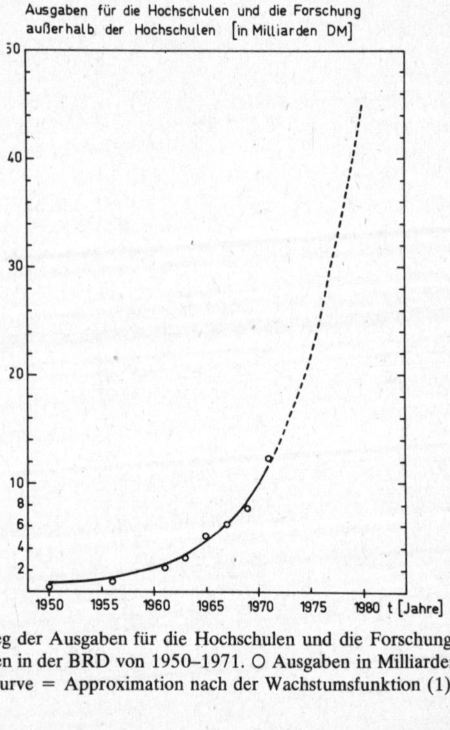

Abb. 5: Anstieg der Ausgaben für die Hochschulen und die Forschung außerhalb der Hochschulen in der BRD von 1950–1971. O Ausgaben in Milliarden DM. —— ausgezogene Kurve = Approximation nach der Wachstumsfunktion (1).

Hochschulen lassen sich zwanglos ebenfalls durch eine Wachstumskurve sehr gut approximieren (Abb. 5).
Es wurde ein Zahlenmaterial über die Zeit von 1950–1971 zur Grundlage der Rechnungen verwandt. Man erkennt, daß eine Steigerungsphase im vollen Umfang seit den sechziger Jahren in Gang gekommen ist. Diese Entwicklung wird bei gleichbleibendem Wachstum und ungeminderter Dämpfung erst im Jahre 2006 einen Wendepunkt erreichen. Das 90-%-Maximum dürfte jedoch schon im Jahre 2021 liegen, das heißt, die Dämpfung setzt relativ spät ein und ist daher um so stärker. Dies würde zwar bedeuten, daß die Ausgaben für die Hochschulen und die außerhalb der Hochschulen stattfindenden Forschungen früher gedämpft werden als das BSP; jedoch dürfte das relative Verhältnis dieser Ausgaben zum BSP, das derzeit etwa 0,0160% ausmacht, im Jahre 2000 0,0085% betragen, ein Wert, der etwa die Hälfte darstellt. Mithin wird das Ausgabenvolumen für die Hochschulen und die außeruniversitäre Forschung sicher in den nächsten Jahrzehnten eine relative Verringerung erfahren.
Die gleichen Aussichten ergeben sich für die Entwicklung der Zahl der Studierenden an den Hochschulen der BRD. Wie die Abb. 6 verdeutlicht, haben die Studentenzahlen in der BRD von 1968–1974 rapide zugenommen, und zwar von etwa 250000 auf 700000. Führt man eine Approximation der vorliegenden Zahlen nach der Formel (1) durch, ließen sich folgende Prognosen für die Zukunft anstellen:
Der Wendepunkt läge im Jahre 1999 bei etwa 3,4 Millionen. Diese Zahl ist unvorstellbar hoch; sie würde bedeuten, daß zu dieser Zeit etwa 5% der Einwohner der BRD Studierende wären. Diese Tatsache ist so grotesk, daß eine erhebliche Dämpfung mit Sicherheit in den nächsten Jahren zu erwarten ist. Das Wachstum der Studentenzahlen ist aus diesen Gründen als forciert und extrem „unorganisch“ anzusehen und besonders in Relation zu der Bevölkerungsentwicklung, dem Wachstum der Hochschulausgaben und des BSP als extrem unangemessen zu bewerten. Durch den Massenandrang von Studenten an die Hochschulen wird zudem das Wesen und die Leistungsfähigkeit dieser wichtigen Einrichtungen des Staates ausgehöhlt und schließlich zerstört.
Welche allgemeinen Erkenntnisse sind nun aus den beschriebenen Feststellungen abzuleiten? Zweifellos haben unsere Untersuchungen exemplarischen Charakter, das heißt, sie können wichtige Entwicklungstendenzen in den hochindustrialisierten Ländern aufdecken und beispielhaft zeigen, welche dieser Entwicklungen als organisch und natürlich und welche als „unorganisch“ anzusehen sind.
Geht man von den Bevölkerungsentwicklungen in den USA und in der BRD aus, so fällt bei aller Verschiedenheit beider, die bereits früher erläutert wurde, doch die bemerkenswerte Tatsache auf, daß ihre Wachstumstendenzen ganz ähnliche sind. Für beide Länder lassen sich Wachstumsfunktionen beschreiben, die dem organischen Wachstum entsprechen und die in den genannten drei Phasen beschrieben werden können. Daß diese Wachstumsfunktionen den vorgegebenen Daten nicht willkürlich aufge-

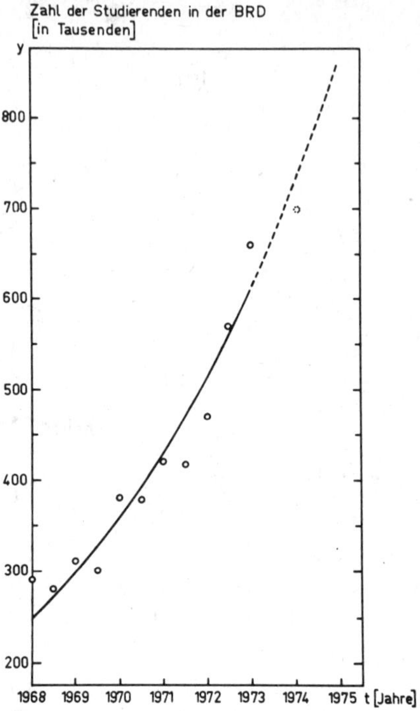

Abb. 6: Anstieg der Zahl der Studierenden in der BRD. O Studierende in Tausenden. — ausgezogene Kurve = Approximation nach der Wachstumsfunktion (1). Schätzwert für das Jahr 1974.

zwungen wurden, beweisen die eindeutigen Tatsachen, daß die realen Werte durch die gefundenen Funktionen sehr gut angenähert und in beiden Fällen Wendepunkte in den Kurven aufgedeckt werden konnten, die die Zeitpunkte des Überganges vom progressiven zum gedämpften Wachstum markieren und aufgrund der Erfahrungen als plausibel angesehen werden können. Auch die zu erwartenden 90-%-Maxima der Bevölkerungsentwicklungen könnten im Falle der USA und der BRD als realistisch angesehen werden. Wenn die Entwicklung in der BRD früher mit der gedämpften Phase beginnt und eher ein solches Maximum erreicht als diejenige der USA, so liegt dies sicher an den schwierigeren politischen Bedingungen, unter denen die BRD leben mußte, und an den schmerzhaften Erfarungen des letzten Krieges und ihren ökonomischen Folgen.

Die *Überlebenschancen* hochindustrialisierter Staaten werden heute unter den verschiedensten Gesichtspunkten diskutiert. Unter diesen stehen die zukünftigen Ernährungsmöglichkeiten an erster Stelle. Ferner sind die

Rohstoff- und Energieverknappung, eine mangelnde Geldschöpfung und die Umweltverschmutzung als wichtige Faktoren zu nennen, die das Bevölkerungswachstum erheblich dämpfen können. Es ist daher nicht von der Hand zu weisen, daß die bisherige organische Entwicklung in den USA und auch in der BRD (seit etwa 1950) in der Zukunft durch die genannten Mangelerscheinungen – von Schlimmerem einmal ganz abgesehen – empfindlich getroffen würde. Daher dürfte die Vorsorge auf diesen Gebieten das dringendste Gebot sein. Da diese Probleme für alle industrialisierten Staaten mehr oder weniger ähnliche sind, wird es auf eine europäische und weltweite Abstimmung sehr wesentlich ankommen, um sinnvolle Lösungen für alle industrialisierten und auch die unterentwickelten Staaten zu finden. Nur durch diese Lösungen können organische Bevölkerungsentwicklungen erhalten bleiben. An einem organischen Wachstum der Bevölkerung wird man zweifellos die Effektivität aller ökonomischen Bemühungen ablesen können.

Gegenüber dem lebendigen Wachstum der Bevölkerung erscheinen die Entwicklungen des BSP, des Ausgabenvolumens der Hochschulen und der Forschung und erst recht die Entwicklung der Studentenzahlen offenbar weniger bedeutsam, obwohl alle diese sicher in Wechselwirkung zum Wachstum der Bevölkerung stehen. Dazu wären noch einige Bemerkungen anzufügen.

Wie wir sahen, nimmt das Wachstum des BSP gleichsinnig mit demjenigen der Bevölkerung in der BRD zu. Offenbar besteht aber insofern eine gewisse Uneinheitlichkeit der Entwicklung beider, als das BSP gegenüber dem Bevölkerungswachstum einen beträchtlichen Überhang zeigt. Dies kommt sehr deutlich in dem sehr viel später gelegenen Wendepunkt und in dem hinausgezögerten 90-%-Maximum zum Ausdruck. Für eine zunehmende Dämpfung in der Zukunft könnten die gleichen Einflüsse geltend gemacht werden, die auch das Wachstum der Bevölkerung in den nächsten Jahren und Jahrzehnten beeinflussen würden.

Was nun die Entwicklung der Ausgaben für die Hochschulen und für die Forschung anlangt, so kann aus der rapiden Zunahme im letzten Jahrzehnt geschlossen werden, daß diese Zunahme durch die bisherige Zunahme des BSP durchaus gegeben und auch möglich war. Wenn der Anstieg der Hochschulausgaben sogar im Verhältnis zum BSP zugenommen hat, so ist darin ein gewisser Nachholbedarf zu erblicken, der durch die Kriegs- und Nachkriegsverhältnisse bedingt war. Jedenfalls kann diese Entwicklung als relativ günstig und organisch angesehen werden.

Diese Charakterisierung kommt allerdings nicht der *Zunahme der Studentenzahlen in der BRD* zu. Bei Weiterbestehen dieses überstürzten Wachstums würde bereits – wie wir zeigen konnten – im Jahre 1999 eine Lawine von 3,4 Millionen Studierenden auf die Universitäten drängen. Dies würde bedeuten, daß zu dieser Zeit etwa 12% aller Beschäftigten der BRD (bei einem Beschäftigungsgrad von ca. 40% der Bevölkerung) die Universitäten bevölkerten – eine volkswirtschaftlich unmögliche Situation. Wie schon angedeutet, liegt hier bei ungedämpfter Tendenz in der Zukunft eine sehr

ernste Gefahr für die Universitäten *und* die gesamte Volkswirtschaft vor. Über die innenpolitischen Folgen dieser Entwicklung ist in verschiedenen Publikationsorganen genügend und ausführlich berichtet worden. Es möge hier nur auf diesen Übelstand hingewiesen sein, weil er in der rechnerischen Behandlung so außerordentlich forciert und überstürzt erscheint.
Ob allerdings nach der sehr künstlichen Steigerung dieser Entwicklung eine abrupte, ebenso schroffe Praktizierung des Numerus clausus eine Lösung des Problems bringen würde, muß stark bezweifelt werden.
Wenn man das Wachstum einer Bevölkerung als *die* organische Grundgröße ansieht, dann dürften die sekundären Entwicklungen des BSP, des Ausgabenvolumens für die Universitäten und der Zahl der Studierenden sich auf die Erhaltung dieser Grundgröße einspielen. Wie diese Entwicklungen im einzelnen in der Zukunft sich darstellen, kann jedoch mit Sicherheit nicht vorausgesehen werden.
Allerdings gibt ein allgemeines Gesetz der Natur einen Hinweis, wie alle diese Probleme sich schließlich lösen. In allen ihren Bereichen weist die Natur uns auf ihr Gesetz hin: „zu leben aus dem, was immer gilt", und weniger den forcierten, relativ ungedämpften Tendenzen als einem ausgewogenen organischen Wachstum zu vertrauen.

Literaturhinweise

Blasius, W.: Ehrfurcht vor dem Leben und Zerstörung des Lebens – Gedanken und Berechnungen eines Physiologen. In: Hippokrates 37 (1966) S. 483–489.
Blasius, W.: Das Denken in Zahlen. In: Bild der Wissenschaft 3 (1966) S. 636–643.
Blasius, W.: Das Denken in Zahlen und seine Folgen für die Menschheit. In: Die Zukunft – Wille und Vorstellung, Vorträge der Steirischen Akademie. Graz 1969, S. 111–124.
Blasius, W.: Das Denken in Zahlen und seine Folgen für die Menschheit. In: Gefährdete Schöpfung. Homburg – Zürich 1970, S. 43–62.
Blasius, W.: Das Denken in Zahlen und seine Folgen für die Menschheit. In: Hess. Ärzteblatt 31 (1970) S. 854–871.
Blasius, W.: Probleme der Lebensforschung – Physiologische Analysen und erscheinungswissenschaftliche Deutungen, Kap. VI: Das Zahlendenken in der Lebensforschung. Freiburg i.Br. 1973, S. 143–162.
Blasius, W.: Zur Futurologie der deutschen Universitäten – Gedanken und Berechnungen. In: Die Deutsche Universitätszeitung 12 (1971) S. 372–374.
Blasius, W.: Zur Futurologie der deutschen Universitäten. In: Hessisches Ärzteblatt, H. 10 (Okt. 1971); s. auch „Justus-Liebig-Universität – Forum", Nr. 23, 12. 7. 1971, Gießen.
Crowe, A.: Mathematics for Biologists. London – New York 1969, S. 176–179.
Das Gesundheitswesen der Bundesrepublik Deutschland im internationalen Vergleich, hrsg. vom Bundesministerium für Jugend, Familie und Gesundheit, bearb. im Statist. Bundesamt, Bd. IV. Stuttgart – Mainz 1970.
Historical Statistics of the United States, Colonial Time to 1956. Prepared by the Bureau of the Census with Cooperative of the Social Science Research Conncil. Second Printing. Washington D. C. 1961.

Meadows, Dennis und Donella, Erich Zahn, Peter Milling: The Limits to Growth. New York 1972; deutsche Übersetzung: D. Meadows: Die Grenzen des Wachstums – Bericht des Club of Rome zur Lage der Menschheit. Stuttgart 1972.

Sampson, Paul: Non linear least Squares. In: Biomedical Computing Programs. Los Angeles 1964.

Statistisches Jahrbuch für die Bundesrepublik Deutschland, hrsg. v. Statistischen Bundesamt Wiesbaden. Stuttgart – Mainz 1974.

In einem Garten, wo alles erlaubt scheint, benehmen sich Kinder mit einer ungeahnten Brutalität; doch der Schaden, den sie anrichten, ist begrenzt, da sie noch zu klein sind. Wir, die wir groß geworden sind und über ungeahnte Kräfte verfügen, können uns eine solche Brutalität nicht mehr erlauben. Es ist an der Zeit, daß wir unseren Garten sinnvoll bebauen. – Je mehr wir uns als Herren der Erde begreifen, desto mehr müssen wir uns auch um ihre richtige Verwaltung sorgen. Diese Aufgabe erstreckt sich von globalen bis zu alltäglichen Angelegenheiten. Wir müssen begreifen, daß die Atmosphäre der Erde zu unseren kostbarsten Gütern gehört – aber auch, daß der Blick aus unserem Fenster ein wesentlicher Bestandteil unserer Bildung ist.

Bertrand de Jouvenel,
Jenseits der Leistungsgesellschaft (1971)

Kurzrezensionen

Hans Jonas: Organismus und Freiheit. Ansätze zu einer philosophischen Biologie.
Vandenhoeck & Ruprecht, Göttingen 1973, 342 S.

Hans Jonas, Verfasser des Standardwerks „Gnosis und spätantiker Geist", legt mit seinen verschiedenen Studien über „Wahrnehmung, Kausalität und Teleologie", „Philosophische Aspekte des Darwinismus", „Bewegung und Gefühl" und andere naturphilosophische Fragen zwar keine systematische Theorie des Lebendigen, doch immerhin überaus anregende Versuche in Richtung auf „eine ‚ontologische' Auslegung biologischer Phänomene" (S. 3) vor. Sie umgreift thematisch die Philosophie des Organismus und die Philosophie des Geistes (S. 11), wobei die letztere die Ethik miteinschließt (S. 340ff.).
Für die Anfänge menschlicher Seinsdeutung war Leben dasselbe wie Sein. In einer solchen Weltsicht war der *Tod* das ontologische Rätsel, weil er dem Leben als dem Natürlichen, Verständlichen und „Normalen" zu widersprechen schien (S. 19ff.). Das neuzeitliche Denken befindet sich in der genau umgekehrten theoretischen Lage: es ist jetzt die Existenz des *Lebens* in einem mechanischen Universum, das eine Erklärung verlangt, und diese Erklärung wird in Kategorien des Leblosen gesucht. Das Leblose gilt als das Wißbare per excellence (S. 22ff.). Auch heute noch steht unser Denken unter der „ontologischen Dominanz des Todes" (S. 25). Zwischen diesen beiden Epochen menschlicher Weltdeutung liegt die Phase des *Dualismus*. Seine Bedeutung besteht darin, daß er alles Geistige vom Phy-

sischen abzog und schließlich, als er sich zu Beginn der Neuzeit verflüchtigte, eine Welt zurückließ, die als leeres Grab erschien (S. 28). Materialismus und Idealismus sind nach Jonas nichts als „Zerfallsprodukte des Dualismus“ (S. 31 ff.). Beiden gerät der organische Körper, das Phänomen des Lebens als körperlich-seelische Einheit aus dem Blick. Jonas anerkennt, daß der Dualismus keine willkürliche Erfindung darstellt. Die Zweiheit, die er thematisierte, ist im Sein selbst begründet. Der Philosoph stellt jedoch die Frage, ob nicht ein neuer *„integraler Monismus“* (S. 30) einen Weg finden könnte, „der die dualistische Entfremdung vermeidet und doch genug von der dualistischen Einsicht bewahrt, um die Menschlichkeit des Menschen zu erhalten“ (S. 316). In einer solchen Sicht sei vielleicht der Mensch doch das Maß aller Dinge, nämlich „durch das Paradigma seiner psycho-physischen Totalität, die das Maximum uns bekannter, konkreter ontologischer Vollständigkeit darstellt, von dem aus die Klassen des Seins durch fortschreitende ontologische Abzüge bis zum Minimum der bloßen Elementarmaterie reduktiv bestimmt werden“ (S. 39). Auf diese Weise könnten die anthropozentrischen Schranken idealistischer und existentialistischer Philosophie sowie die materialistischen Schranken der Naturwissenschaft durchbrochen werden. Das Problem einer Begründung der Ethik stellt sich dann nicht mehr zwischen den beiden Polen „Autonomie des Selbst“ und „Bedürfnisse der Gesellschaft“, sondern auf dem Hintergrund einer *Theorie der Evolution.* Der Mensch erschiene dann als „der Vollstrecker einer Pflegschaft, die er allein sehen kann, aber nicht geschaffen hat“: „Daß nach kosmischem Maßstab der Mensch nur ein Atom ist, ist eine quantitative Unerheblichkeit: seine innere Weite kann ihn zu einem Ereignis von kosmischer Bedeutung machen“ (S. 341). Jonas gibt zu, daß er sich damit auf metaphysische Annahmen einläßt (vgl. bes. S. 331 ff.), doch handelt es sich dabei gleichsam um eine induktive Metaphysik im Sinne G. Th. Fechners, die weit entfernt ist vom christozentrischen Optimismus eines Teilhard de Chardin oder von Whiteheads Theorie der permanenten, stets gelingenden Schöpfung. Ariadnefaden von Jonas' Ontologie des Lebens ist die Idee der *Freiheit* (S. 14, 258 ff.). Freiheit, wie rudimentär auch immer, sei bereits in den primitivsten Formen des Lebens präfiguriert, damit aber auch eine gewisse „Transzendenz“, ein Über-sich-Hinausweisen des jeweiligen organismischen Seins. Schon der Stoffwechsel, die Grundschicht allen Lebens, lasse Freiheit erkennen, ja repräsentiere selber die erste Form von Freiheit (S. 14 ff.).

Ein facettenreiches Buch, das überwiegend phänomenologisch vorgeht, aber auch gelegentlich das Mittel des „experimentellen Mythos“, der glaublichen Erfindung im Sinne Platons, nicht verschmäht und erkenntnistheoretische, biologische, geistesgeschichtliche sowie ethische Probleme analysiert. G.-K. K.

John B. Cobb: Der Preis des Fortschritts. Umweltschutz als Problem der Sozialethik.
Mit einem Geleitwort von Klaus Scholder. Claudius Verlag, München 1972, 187 S.

John B. Cobb, Jahrgang 1925, ist Professor für Systematische Theologie in Claremont (Californien, USA). Er gehört zu den namhaftesten Vertretern der sogenannten Prozeßtheologie, die an die Metaphysik des englisch-amerikanischen Philosophen Alfred North Whitehead (1861–1947) anknüpft. Cobb spricht zwar nicht von den „gnadenlosen Folgen des Christentums" (Carl Amery), doch sieht auch er in einer bestimmten Tradition christlichen Naturverständnisses eine der Wurzeln der gegenwärtigen ökologischen Krise. Er plädiert nicht für eine Rückkehr zu primitiven Bewußtseinsstufen oder einen Umstieg in eine fremde Tradition, sondern für eine Umformung der westlich-christlichen Überlieferung im Sinne Franziskus' von Assisi und Albert Schweitzers. In philosophischer Hinsicht hätten zu dieser notwendigen Erneuerung Teilhard de Chardin und – vor allen andern – Whitehead wichtige Beiträge geleistet. Whitehead sei der Begründer einer „ökologischen Philosophie", in der der Mensch weder als einsamer Herrscher noch als ins Dasein Geworfener erscheint, sondern als Mitkreatur eines unendlichen schöpferischen Prozesses, der keine scharfe Trennungslinie zwischen Belebtem und Unbelebtem aufweist. Von dieser Philosophie aus könne der extreme Anthropozentrismus der vorherrschenden Philosophie der Neuzeit überwunden und ein neues ethisches Engagement, das auch die subhumane Welt miteinschließt, überzeugend begründet werden.
So verdienstvoll die nachdrückliche Erinnerung an die im deutschen Sprachraum kaum bekannte Philosophie Whiteheads ist, so wenig kann übersehen werden, daß eine „ökologische Askese", wie sie Cobb skizziert, auch von ganz anderen philosophischen Standpunkten aus zu rechtfertigen wäre, etwa im Anschluß an Max Scheler, Ludwig Klages, Henri Bergson, Gabriel Marcel, Josiah Royce oder, um ältere Denker zu nenne, Paracelsus, Jakob Böhme, Leibniz, Rousseau und Schelling. Am wenigsten eignet sich dafür der klassische Marxismus, obwohl paradoxerweise die Regimes, die sich auf ihn berufen, eher die notwendigen Voraussetzungen besitzen, ihren Unterworfenen jene ökologische Askese aufzuerlegen, die Cobb aus einem whiteheadianisch modifizierten Christentum ableiten will.
Der amerikanische Theologe erliegt dem intellektualistischen Fehler, zwischen bestimmten ethischen Zielen und einer speziellen Metaphysik einen allzu unvermittelten Zusammenhang herzustellen. Dieselben ethischen Ziele können jedoch, wie die geschichtliche Erfahrung lehrt, mit sehr verschiedenen Denkweisen gerechtfertigt und von theoretisch kaum miteinander vereinbaren metaphysischen Annahmen aus erstrebt werden. Zu den weltgeschichtlich bedeutsamsten Ergebnissen der westlichen Kultur der Neuzeit gehört spätestens seit Bayle der auch politisch-rechtlich garantierte Grundsatz, daß differierende metaphysisch-theologische Lehren

über das Wesen und den Ursprung der Wirklichkeit toleriert werden können, ohne daß dadurch ein sittlicher Konsensus leiden müsse. Daß wir in einer veränderten geschichtlichen Situation leben, daß die bisherige technisch-wirtschaftliche Entwicklung auf kaum überschreitbare Grenzen gestoßen ist, daß die Biosphäre und unsere Rohstoffvorräte gefährdet sind, daß wir einer Rehabilitierung der Tugenden des Maßes, einer „Ethik der Grenze“ bedürfen – all dies wissen wir auch ohne Rekurs auf die sehr subtile Metaphysik Whiteheads oder eine visionäre „Theologie der Umweltlichkeit“, die im Sauseschritt die Theologien der „Weltlichkeit“, der Hoffnung, der Revolution und der Befreiung zu verdrängen sich anschickt.

So hinterläßt das anregende und fast durchweg leicht zu lesende Bändchen, das der Verlag als eine „Theologie der Ökologie“ verstanden wissen will, beim Leser eine gewisse Ambivalenz. Wo Cobb die gegenwärtige Situation beschreibt und praktische Vorschläge diskutiert, wirkt er überzeugend, doch nicht originell; wo er eine theologische Antwort auf die Ökokrise zu formulieren unternimmt, scheinen seine Aussagen allzu vage, erbaulich und wohl auch harmonisierend. Was ist das für eine „Gottesvorstellung“, von der Cobb sagt, sie müsse „in unserer gegenwärtigen Situation verwurzelt sein und sich völlig mit dem decken, was sich evident machen läßt“ (S. 175)? Auf die Frage, ob es vielleicht schon zu spät sei, gibt Cobb am Schluß seines Buches die Antwort: „Wenn wir aber verzweifeln, dann besteht in der Tat keine Hoffnung mehr.“ CvT

In diesem Jahrhundert, in dem der Mensch danach trachtet, zahllose lebendige Formen zu zerstören – nach so vielen Gesellschaften, deren Reichtum und Vielfalt seit undenklichen Zeiten sein deutlichstes Erbe bildeten –, ist es notwendiger denn je, zu sagen, wie die Mythen es tun, daß eine wohlgeordnete Humanität nicht mit sich selbst beginnt, sondern die Welt vor das Leben setzt, das Leben vor die Menschen und die Achtung der anderen Wesen vor die Selbstliebe; und daß selbst ein Aufenthalt von ein oder zwei Millionen Jahren auf dieser Erde, da er auf alle Fälle ein Ende haben wird, nicht irgendeiner Rasse, und sei es auch der unseren, als Entschuldigung dafür dienen kann, sie sich gleich einem Ding anzueignen und sich darin schamlos und rücksichtslos zu verhalten.

Claude Lévi-Strauss: Mythologica III;
Der Ursprung der Tischsitten. Suhrkamp,
Frankfurt a.M. 1973, S. 546.

Weiterführende neuere Literatur

Adorno, Theodor W.: Minima Moralia. Reflexionen aus dem beschädigten Leben. Suhrkamp, Frankfurt a.M. 1965.

Anders, Günther: Die Antiquiertheit des Menschen. C. H. Beck, München 1957, 353 S.

Anderson, Stanford (Hrsg.): Die Zukunft der menschlichen Umwelt. Rombach, Freiburg i.Br. 1971, 339 S.

Aron, Raymond: Fortschritt ohne Ende? Bertelsmann, Gütersloh 1970, 287 S. (Orig.: Progress and Disillusion, 1968).

Baader, Franz v.: Über die Begründung der Ethik durch die Physik und andere Schriften, Freies Geistesleben, Stuttgart 1969, 136 S.

Baier, Kurt, Nicholas Rescher: Values and the Future. The Impact of Technological Change on American Values. The Free Press, New York 1969, XIV, 527 S.

Berger, Peter L., Brigitte Berger, Hansfried Kellner: Das Unbehagen in der Modernität. Campus Verlag, Frankfurt a.M. – New York 1975, 210 S. (Orig.: The Homeless Mind. Modernization and Consciousness).

Berglar, Peter: Gedanken über den „Fortschritt". In: Criticón, H. 11 (Mai/Juni 1972), S. 118–120.

Bergson, Henri: Die beiden Quellen der Moral und der Religion. In: Materie und Gedächtnis und andere Schriften. S. Fischer, Frankfurt a.M. 1964, S. 247–489.

Bernhart, Joseph: Die unbeweinte Kreatur. Reflexionen über das Tier. Kösel, München 1961, 243 S.

Betz, Otto (Hrsg.): Tugenden für heute. Zwischen Möglichkeit u. Wirklichkeit. J. Pfeiffer, München 1973, 148 S. (Experiment Christentum 15).

Blasius, Wilhelm: Probleme der Lebensforschung. Physiologische Analysen und erscheinungswissenschaftliche Deutungen. Rombach, Freiburg i.Br. 1973, 226 S., 45 Abb.

Böckle, Franz: Menschenwürdiges Sterben. Die Bedeutung des letzten Lebensabschnittes. In: Neue Zürcher Zeitung, Nr. 41, 19. Februar 1975, S. 31.

Böhler, Eugen: Psychologie des Zeitgeistes. Herbert Lang, Bern – Frankfurt a.M. 1973, 280 S.

Bollnow, Otto Friedrich: Wesen und Wandel der Tugenden. Ullstein, Frankfurt a.M. – Berlin – Wien 1972, 204 S. (Ullstein Buch 209).

Bruns, Herbert: Lebensschutz oder Bioprotektion als Integration von Menschen-, Tier-, Pflanzen-, Natur- und Landschaftsschutz. Biologie-Verlag, Wiesbaden 1969, 56 S. (Biologische Abhandlungen 32/33).

Buber, Martin: Schriften zur Philosophie. Werke, Bd. I. Kösel, München – Lambert Schneider, Heidelberg 1962, 1132 S.

Calder, Nigel: Vor uns das Paradies? Entwurf eines Gelobten Landes. Desch, München 1968, 220 S. (Orig.: The Environment Game).

Carson, Rachel L.: Der stumme Frühling. Biederstein, München 1962, XVI, 355 S.

Chargaff, Erwin: Bittere Früchte vom Baume der Erkenntnis. Anmerkungen zur gegenwärtigen Ablehnung der Naturwissenschaften. In: Scheidewege, Jg. 4, H. 3 (1974) S. 326–345.

Chorafas, Dimitris N.: Die kranke Gesellschaft. Vor dem Zusammenbruch von Freiheit und Wohlstand. Ullstein, Frankfurt a.M. – Berlin – Wien 1974, 283 S.

Churchman, C. West: Philosophie des Managements. Ethik von Gesamtsystemen und gesellschaftliche Planung. Rombach, Freiburg i.Br. 1973, 251 S. (Orig.: Challenge to Reason).

Churchman, C. West: Die Konstruktion von Erkenntnissystemen. Grundlagen für die System- und Organisationstheorie. Herder & Herder, Frankfurt a.M. – New York 1973, VII, 255 S. (Orig.: The Design of Inquiring Systems).

Clark, Colin: Der Mythos von der Überbevölkerung. Adamas, Köln 1975, 148 S.

Cobb, John B.: Der Preis des Fortschritts. Umweltschutz als Problem der Sozialethik. Mit einem Geleitwort von Klaus Scholder. Claudius, München 1972, 188 S. (Orig.: Is it too late?)

Coudenhove-Kalergi, Richard Nikolaus: Ethik und Hyperethik. Verlag Der Neue Geist, Leipzig 1922, 125 S.

Coudenhove-Kalergi, Richard Nikolaus: Der Schatten der Militärdiktatur. In: Zeitbühne, Jg. 1, H. 3 (August 1972), S. 20–30.

Cramer, Friedrich: Biologie und Kultur. Eine Betrachtung zum Ende des Fortschritts. In: Neue Zürcher Zeitung, Fernausgabe Nr. 331, 3. Dezember 1971, S. 49 (Nachdruck in: Criticón, Nr. 9, Januar/Februar 1972, S. 35f.).

Cramer, Friedrich: Fortschritt durch Verzicht. In: Brennpunkte. Hrsg. vom

Gottlieb-Duttweiler-Institut für wirtschaftliche und soziale Studien, Jg. 6, H. 1 (1975), S. 117–120.
Croce, Benedetto: Fragmente zur Ethik. Übers. von J. Schlosser. Wien 1923, 303 S.
Dahl, Jürgen: Auf Gedeih und Verderb. Zur Metaphysik der Atomenergie-Erzeugung. In: Scheidewege, Jg. 5, H. 2 (1975), S. 201–226.
Deschner, Karlheinz (Hrsg.): Das Jahrhundert der Barbarei. Desch, München 1966, 530 S.
Díez del Corral, Luis: Asiatische Reise. Kulturgeschichtliche Betrachtungen über den Fernen Osten. C. H. Beck, München 1967, 264 S. (Beck'sche Schwarze Reihe 46).
Dorst, Jean: Natur in Gefahr. Aus dem Französischen von Vinzenz Ziswiler. Orell Füssli, Zürich 1966, 368 S., mit Abb.
Egger, Kurt, Bernhard Glaeser: Kritik der Grünen Revolution: Weg zur ökologischen Alternative. In: Scheidewege, Jg. 4, H. 4 (1974), S. 541–563.
Eibl-Eibesfeldt, Irenäus: Krieg und Frieden aus der Sicht der Verhaltensforschung. Piper, München 1975, 316 S.
Eppler, Erhard: Die Qualität des Lebens. In: Bulletin, Nr. 52, 12. April 1972, S. 730–734.
Ethik im Zeitalter der Technik. Ein neuer Kodex wissenschaftlich-technischer Verantwortung. In: Frankfurter Allgemeine Zeitung, Nr. 48, 26. Februar 1975, S. 27.
Fahrbach, Georg (Hrsg.): Naturschutz – eine politische Aufgabe? Fink, Stuttgart 1965, 105 S. (Politikum-Reihe 12).
Farb, Peter: Die Ökologie. Aus dem Englischen von Werner Bollkämper. TIMELIFE International, 1968, 192 S., mit zahlr. farb. u. schwarzweißen Abb.
Fischer, Hugo: Vernunft und Zivilisation. Die Antipolitik. Seewald, Stuttgart 1971, 412 S.
Forrester, Jay W.: Der teuflische Regelkreis. Deutsche Verlags-Anstalt, Stuttgart 1972, 115 S. (Orig.: World Dynamics, Cambridge, Mass. 1971).
Frauchiger, Ernst: Auf den Spuren des Geistes. Ein Neurologe mit Ludwig Klages und Teilhard de Chardin. Huber, Bern 1974, 240 S.
Friedrich, Heinz: Die Maskerade der neuen Moralisten. In: Deutsche Zeitung, Nr. 17, 26. April 1974, S. 28.
Fritsch, Bruno: Wachstumsbegrenzung als Machtinstrument. Deutsche Verlags-Anstalt, Stuttgart 1974, 157 S.
Fuhrmann, Ernst: Grundformen des Lebens. Biologisch-philosophische Schriften. Lambert Schneider, Heidelberg 1962, 261 S. (Veröffentlichungen der Deutschen Akademie für Sprache und Dichtung, Darmstadt 28).
Fuller, Buckminster: Konkrete Utopie. Econ, Düsseldorf – Wien 1974, 366 S.

Furger, Franz: Umbruch in Ethik und Christentum. In: Neue Zürcher Zeitung, Fernausgabe Nr. 207, 30. Juni 1972, S. 33.

Gebser, Jean: Ein Mensch zu sein. Betrachtungen über die Formen menschlicher Beziehungen. Francke, Bern – München 1974, 136 S.

Gehlen, Arnold: Moral und Hypermoral. Eine pluralistische Ethik. Athenäum, Frankfurt a.M. 1969, 193 S.

Gehlen, Arnold: Einblicke. Klostermann, Frankfurt a.M. 1975, 136 S.

Gehlen, Arnold: Über die Wurzeln der menschlichen Moral. In: Neue Deutsche Hefte, Nr. 145 (1975), S. 3–16.

Gehmacher, Ernst: Psychologie und Soziologie der Umweltplanung. Rombach, Freiburg i.Br. 1973, 173 S.

Gehmacher, Ernst: Lebens-Management. Planungswissenschaft für die individuelle Daseinsgestaltung. Seewald, Stuttgart 1975, 151 S.

Geilen, Gerd: Euthanasie und Selbstbestimmung. Juristische Betrachtungen zum „Recht auf den eigenen Tod". J. C. B. Mohr (Paul Siebeck), Tübingen 1975, 30 S. (Recht und Staat 446).

Gerlach, Robert: Bedrohte Tierwelt. Claasen, Zürich 1974, 247 S.

Geyer, Hans F.: Biologie der Logik. Philosophisches Tagebuch IV. Rombach, Freiburg i.Br. 1972, 296 S.

Geyer, Hans F.: Gedanken des Leibes über den Leib. Philosophisches Tagebuch VI. Rombach, Freiburg i.Br. 1974, 217 S.

Goebel, Gert: Umweltschmutz in Ost und West. In: Die Welt, Nr. 42, 19. Februar 1974, S. 11.

Goldschmidt, Hermann Levin: Dialogik. Philosophie auf dem Boden der Neuzeit. Eurpäische Verlagsanstalt, Frankfurt a.M. 1964, 268 S.

Grau, Gerd-Günther (Hrsg.): Probleme der Ethik. Alber, Freiburg – München 1972, 111 S.

Greiner, Franz: Menschheitsentscheidung. Die internationale Bevölkerungsfrage heute und morgen. Johannes-Verlag, Einsiedeln 1967, 84 S.

Grzimek, Bernhard: Umweltschutz in einer überbevölkerten Umwelt. Plädoyer für eine einheitliche Bundesgesetzgebung. In: Universitas, Jg. 26, H. 12 (Dezember 1971), S. 1305–1308.

Grzimek, Bernhard (Hrsg.): Grzimeks Buch der Ökologie. Unsere Umwelt als Lebensraum. Kindler, München – Zürich, 744 S.

Gupta, Rajender K.: Studien zur Ethik. Bouvier, Bonn 1966, 65 S. (Mainzer Philosophische Forschungen 2).

Guratsch, Dankwart: Strategien für das Überleben. Die Gruppe Ökologie bläst zu einer neuen Attacke. In: Die Welt, 30. August 1973.

Häsler, Alfred A.: Mensch ohne Umwelt? Fakten und Konsequenzen. Walter, Olten 1972, 208 S.

Hare, R. M.: Die Sprache der Moral. Suhrkamp, Frankfurt a.M. 1972, 243 S. (Orig.: The Language of Morals, 1952).

Hepp, Robert: Der Umschlag in Lebensqualität. In: Criticón, H. 14 (November/Dezember 1972), S. 243–251.

Hersch, Jeanne: Die Unfähigkeit, Freiheit zu ertragen. Aufsätze und Reden. Benziger, Zürich – Köln 1974, 192 S.

Hildebrandt, Dietrich v.: Substitute für wahre Sittlichkeit. In: Idolkult und Gotteskult. Gesammelte Werke VII. Habbel, Regensburg, Kohlhammer, Stuttgart 1974, S. 11–188.
Hildebrandt, Walter: Das nachliberale Zeitalter. Studien zur Gesellschaftslehre und politischen Bildung. Diederichs, Düsseldorf – Köln 1973, 268 S.
Himmelheber, Max: Rückschritt zum Überleben. In: Scheidewege, Jg. 4, H. 1 (1974), S. 61–92; H. 3, S. 369–393.
Hoeres, Walter: Keynes und die Tugend der Mäßigkeit. Anthropologische Konsequenzen der totalen Expansion. In: Criticón, H. 29 (Mai/Juni 1975), S. 114–116.
Hoerster, Norbert: Utilitaristische Ethik und Verallgemeinerung. Alber, Freiburg – München 1971, 141 S.
Holz, Harald: Philosophie humaner Praxis in Gesellschaft, Religion und Politik. Karl Alber, Freiburg – München 1974, 408 S.
Horkheimer, Max: Zur Kritik der instrumentellen Vernunft. Hrsg. von Alfred Schmidt. S. Fischer, Frankfurt a.M. 1967, 357 S.
Hunke, Sigrid: Das nach-kommunistische Manifest. Der dialektische Unitarismus als Alternative. Seewald, Stuttgart 1974, 241 S.
Illich, Ivan: Die Enteignung der Gesundheit. Medical Nemesis. Rowohlt, Reinbek 1975, 192 S.
Illies, Joachim: Anthropologie des Tieres. Piper, München 1973, 250 S.
Illies, Joachim: Biologie und Menschenbild. Herder, Freiburg i.Br. 1975, 128 S. (Herderbücherei 526).
Ingarden, Roman: Über die Verantwortung. Ihre ontischen Fundamente. Reclam, Stuttgart 1970, 126 S. (Universal-Bibliothek Nr. 8363/64).
Jagmetti, Riccardo L.: Der Schutz und die Gestaltung der Umwelt als Objekte der Rechtsordnung. In: Schweizer Monatshefte, September 1970, S. 489–496.
Jaspers, Karl: Die Atombombe und die Zukunft des Menschen. Politisches Bewußtsein in unserer Zeit. Deutscher Taschenbuch-Verlag, München 1961, 369 S.
Jodl, Friedrich: Vom Lebenswege. Gesammelte Vorträge und Aufsätze 2. Cotta, Stuttgart – Berlin 1916/1917, S. 3–497, insbes. S. 245 ff. (Die Ethische Bewegung und die Religion) und S. 427 ff. (Göttliche Weltordnung und religionslose Sittlichkeit).
Jodl, Friedrich: Allgemeine Ethik. Cotta, Stuttgart – Berlin 1918, bes. S. 38 ff. (Kriterium und Fundament der Moral) und S. 175 ff. (Mythologie und Religion).
Jonas, Hans: Organismus und Freiheit. Ansätze zu einer philosophischen Biologie. Vandenhoeck & Ruprecht, Göttingen 1973, 342 S.
Jouvenel, Bertrand de: Jenseits der Leistungsgesellschaft. Elemente sozialer Vorausschau und Planung. Rombach, Freiburg i.Br. 1971, 297 S.
Jünger, Ernst: An der Zeitmauer. Klett, Stuttgart 1959, 314 S.
Jünger, Friedrich Georg: Die Perfektion der Technik. Klostermann, Frankfurt a.M. [2]1949, 232 S.

Keller, Rolf: Bauen als Umweltzerstörung. Alarmbilder einer Un-Architektur der Gegenwart. Artemis, Zürich 1973, 192 S.

Kielmansegg, Peter Graf: Emanzipation, Demokratie und Tugend. In: INITIATIVE 6 (1975), S. 17–31.

Kimminich, Otto: Das Recht des Umweltschutzes. Goldmann, München 1972, 340 S.

Klages, Ludwig: Mensch und Erde. Gesammelte Abhandlungen. Kröner, Stuttgart 1956, 212 S.

Klages, Ludwig: Der Geist als Widersacher der Seele. Bouvier, Bonn [5]1972, 1524 S.

Kloepfer, Michael: Deutsches Umweltschutzrecht. Sammlung des Umweltschutzrechts des Bundes und der Länder. R. S. Schulz, Percha 1972, 1200 S. (Loseblattausgabe).

Klopfer, Peter H.: Ökologie und Verhalten. Übers. aus dem Englischen. Gustav Fischer, Stuttgart 1968.

Kluxen, Wolfgang: Ethik des Ethos. Alber, Freiburg – München 1974, 92 S.

Knaul, Eckart: Glanz und Elend des Fortschritts: C. H. Beck, München 1972, 173 S. (Beck'sche Schwarze Reihe 92).

Knecht, Sigrid: Stadtmensch – deine Bäume! In: Konservativ heute, Jg. 3, H. 5 (September/Oktober 1972), S. 259–263.

Köhler, Oskar: Schöpferische Konservative: In: INITIATIVE 3 (1974), S. 142–150.

Koestler, Arthur: Das Gespenst in der Maschine. Molden, Wien – München – Zürich 1968, 400 S.

Kolbenheyer, Erwin Guido: Die Bauhütte. Elemente einer Metaphysik der Gegenwart. Albert Langen, München 1925, XIV, 501 S. (Studienausgabe in der Fassung 1951: Die Bauhütte. Grundzüge einer Metaphysik der Gegenwart. Kolbenheyer-Gesellschaft, Nürnbg. 1969, 510 S.)

Kolnai, Aurel: Der ethische Wert und die Wirklichkeit. Herder, Freiburg i.Br. 1927, XIV, 171 S.

Kolnai, Aurel: Konservatives und revolutionäres Ethos. In: Rekonstruktion des Konservativismus. Hrsg. von G.-K. Kaltenbrunner. Rombach, Freiburg i.Br. [2]1973, S. 95–136.

Korff, Wilhelm: Norm und Sittlichkeit. Untersuchungen zur Logik der normativen Vernunft. Grünewald, Mainz 1973, 208 S. (Tübinger Theolog. Studien 1).

Kraus, Otto: Zerstörung der Natur – Unser Schicksal von morgen? Der Naturschutz in dem Streit der Interessen. Ausgewählte Abhandlungen und Vorträge. Glock & Lutz, Nürnberg 1966, 259 S.

Kristol, Irving: „Wo alle Tugend nicht mehr zählt". Betrachtungen über Kapitalismus und „freie Gesellschaft". In: Kapitalismus heute. Hrsg. von Daniel Bell und Irving Kristol. Herder & Herder, Frankfurt a.M. – New York 1974, S. 22–36.

Kühnelt, Wilhelm: Grundriß der Ökologie. Mit besonderer Berücksichtigung der Tierwelt. Gustav Fischer, Jena 1965, 402 S.

Kuehnelt-Leddihn, Erik v.: Luftschlösser, Lügen und Legenden. Herold, Wien – München 1972, 336 S., 16 Bilder.

Künzli, Arnold: Amerikas Traum von der guten Erde. In: National-Zeitung, Nr. 218, Basel, 17. Mai 1970.

Künzli, Arnold: Von der Kunst des Überlebens in einer technologischen Gesellschaft. In: Futurum, Jg. 4, H. 3 (1971), S. 265–281.

Kursbuch 33. Rotbuch-Verlag, Berlin (West) 1973, 200 S.

Landschaftsschutz und Umweltpflege. Fortbildungskurse der Abteilung für Forstwirtschaft an der Eidgenössischen Technischen Hochschule Zürich vom 5. bis 9. November 1973. Huber & Co., Frauenfeld (Schweiz) 1974.

Lenk, Hans: Chancen praktischer Vernunft im systemtechnologischen Zeitalter. In: INITIATIVE 1 (1974), S. 148–163.

Lipp, Wolfgang (Hrsg.): Konformismus – Nonkonformismus. Kulturstille, soziale Mechanismen und Handlungsalternativen. Luchterhand, Darmstadt – Neuwied 1975, 433 S. (Soziologische Texte 93).

Löbsack, Theo: Versuch und Irrtum. Der Mensch: Fehlschlag der Natur. Bertelsmann, München 1974, 320 S.

Loesch, Heinrich v.: Stehplatz für Milliarden? Das Problem Überbevölkerung. Deutsche Verlags-Anstalt 1974, 280 S., 16 Grafiken.

Loewenstein, Bedrich: Die Zivilisation und ihre Sackgassen. In: Futurum, Jg. 1, H. 2 (1968), S. 205–224.

Lommel, Andreas: Fortschritt ins Nichts. Die Modernisierung der Primitiven Australiens. Atlantis, Zürich 1969.

Lorenz, Konrad: Die acht Todsünden der zivilisierten Menschheit. Piper, München 1973, 112 S. (Serie Piper 50).

Lorenz, Konrad: Das sogenannte Böse. Zur Naturgeschichte der Aggression. Deutscher Taschenbuch-Verlag, München 1974, 262 S. (dtv 1000) (zuerst: Wien 1963).

Loub, Walter: Umweltverschmutzung und Umweltschutz in naturwissenschaftlicher Sicht. Deuticke, Wien 1975, XVI, 324 S., 49 Abb.

Mahr, Alexander: Der unbewältigte Wohlstand. Probleme der modernen Industriegesellschaft. Duncker & Humblot, Berlin 1964, 196 S.

Manstein, Bodo: Im Würgegriff des Fortschritts. Europäische Verlags-Anstalt, Frankfurt a. M. 1961, ^{2}1964.

Marcel, Gabriel: Tragische Weisheit. Zur gegenwärtigen Situation des Menschen. Europa-Verlag, Wien 1974, 251 S.

Marxismus und Ethik. Texte zum neukantianischen Sozialismus. Hrsg. von Hans Jörg Sandkühler und Rafael de la Vega. Suhrkamp, Frankfurt a. M. 1974, 377 S.

McNamara, Robert S.: One Hundred Countries, Two Billion People. The Dimensions of Development. Praeger, New york – Washington – London 1973, 140 S.

Meadows, Dennis H., Donella L. Meadows u. a.: Die Grenzen des Wachstums. Bericht des Club of Rome zur Lage der Menschheit. Deutsche-Verlags-Anstalt, Stuttgart 1972, 180 S.

Meadows, Donella L., H. v. Nussbaum, K. Rehaczek, D. Senghaas u.a.: Wachstum bis zur Katastrophe? Pro und contra zum Weltmodell. Hrsg. von H. E. Richter. Deutsche Verlags-Anstalt, Stuttgart 1974, 132 S.
Meves, Christa: Manipulierte Maßlosigkeit. Herder, Freiburg i. Br. [14]1975, 144 S.
Mitscherlich, Alexander: Auf dem Weg zur vaterlosen Gesellschaft. Ideen zur Sozialpsychologie. Piper, München 1963, 499 S.
Mommsen, Helmut, Walter Herbst u.a.: Gefährdete Schöpfung. Bircher-Benner-Verlag, Bad Homburg v.d.H. – Zürich 1970, 181 S.
Müller, Werner: Geliebte Erde. Naturfrömmigkeit und Naturhaß im indianischen und europäischen Nordamerika. Bouvier, Bonn 1972, 67 S.
Natur in Not. Eine Dokumentation des Deutschen Naturschutzringes. Redaktion: Hubert Wienzierl. Gersbach, München 1966, 410 S.
Nietzsche, Friedrich: Jenseits von Gut und Böse/Zur Genealogie der Moral. Mit einem Nachwort von Alfred Baeumler. Kröner, Stuttgart 1959, 428 S. (Kröners Taschenausgabe 76).
Oelmüller, Willi (Hrsg.): Fortschritt wohin? Zum Problem der Normenfindung in der pluralen Gesellschaft. Patmos, Düsseldorf 1972, 135 S.
Otto, Walter F.: Epikur. Klett, Stuttgart 1975, 72 S. (Edition Alpha 8).
Patzig, Günther: Ethik ohne Metaphysik. Vandenhoeck & Ruprecht, Göttingen 1971, 144 S. (Kleine Vandenhoeck-Reihe 326).
Picht, Georg: Bevölkerungslenkung, Welternährung und Geburtenkontrolle als Probleme einer neuen Weltpolitik. In: Universitas, Jg. 25, H. 7 (Juli 1970), S. 673–681.
Pieper, Josef: Zucht und Maß. Kösel, München [9]1964, 132 S.
Pieper, Josef: Vom Sinn der Tapferkeit. Kösel, München [8]1963, 82 S.
Pieper, Josef: Über die Gerechtigkeit. Kösel, München [4]1965, 151 S.
Pieper, Josef, Helmut Schoeck u.a.: Altes Ethos – neues Tabu. Eine Dokumentation. Adamas, Köln 1974, 109 S.
Plack, Arno: Die Gesellschaft und das Böse. Eine Kritik der herrschenden Moral. List, München 1967, 430 S.
Popper-Lynkeus, Josef: Das Recht zu leben und die Pflicht zu sterben. Sozialphilosophische Betrachtungen. Leipzig [3]1903 (zuerst 1878).
Portmann, Adolf: Entläßt die Natur den Menschen? Gesammelte Aufsätze zur Biologie und Anthropologie. Piper, München 1970, 382 S.
Portmann, Adolf: Vom Lebendigen. Versuche einer Wissenschaft vom Menschen. Suhrkamp, Frankfurt a.M. 1973, 268 S.
Reininger, Robert: Wertphilosophie und Ethik. Wien – Leipzig 1946.
Rescher, Nicholas: Introduction to Value Theory. Prentice-Hall, Englewood Cliffs (New Jersey) 1969, VIII, 199 S.
Richta, Radovan: Die wissenschaftlich-technische Revolution und die Alternativen der modernen Zivilisation. In: Futurum, Jg. 1, H. 2 (1968), S. 173–204.
Riedl, Rupert: Die Ordnung des Lebendigen. Systembedingungen der Evolution. Parey, Hamburg 1975, 372 S., 317 Abb., 7 Tab.

Riedel, Manfred (Hrsg.): Rehabilitierung der praktischen Philosophie. Rombach, Freiburg i. Br. 1972 und 1974. Bd. I: 584 S., Bd. 2: 640 S.

Rose, J. (Hrsg.): Technological Injury. The Effect of Technological Advance on Environment, Life, and Society. Gordon & Breach, London 1970, 234 S.

Rose, Steven (Hrsg.): Gefahr aus der Retorte. Die geheimen Vorbereitungen des chemisch-biologischen Krieges. Walter, Olten – Freiburg i. Br. 1969, 233 S.

Sachsse, Hans: Technik und Verantwortung. Probleme der Ethik im technischen Zeitalter. Rombach, Freiburg i. Br. 1972, 156 S.

Scheler, Max: Der Formalismus in der Ethik und die materiale Wertethik. Francke, Bern – München [4]1954, 639 S.

Scheler, Max: Nachgelassene Schriften, I: Zur Ethik und Erkenntnistheorie. Berlin 1933 (2. Aufl. in: Gesammelte Werke, Bd. X. Francke, Bern – München 1957).

Schlette, Heinz Robert: Späte Stunde der Nemesis? Geschichtsphilosophie angesichts der Grenzen des Wachstums. In: Denken über die Geschichte. Hrsg. von F. Engel-Janosi, G. Klingenstein, H. Lutz. Verlag für Geschichte und Politik, Wien 1974, S. 82–96.

Schopenhauer, Arthur: Die beiden Grundprobleme der Ethik (Über die Freiheit des Willens. Über das Fundament der Moral). In: Sätmliche Werke. Hrsg. von Paul Deussen, Bd. III. Piper, München 1912, S. 429–745.

Schultz, Uwe (Hrsg.): Lebensqualität. Konkrete Vorschläge für einen abstrakten Begriff. Aspekte, Frankfurt a. M. 1975, 170 S.

Schumacher, Ernst Friedrich: Es geht auch anders. Jenseits des Wachstums. Technik und Wirtschaft nach Menschenmaß. Desch, München 1974, 238 S.

Schwab, Günther: Schutz dem Mutterboden. In: Wiener Zeitung, Nr. 113, 15. Mai 1955, Beilage, S. II.

Schwabe, Gerhard H.: Fünfzig Thesen zur Umweltkrise. In: Scheidewege, Jg. 2, H. 1 (1972), S. 26–37.

Schwabe, Gerhard H.: Umwelt heute. Beiträge zur Diagnose. Eugen Rentsch, Erlenbach – Zürich 1973, 208 S., 5 Abb.

Schwabe, Gerhard H.: Zur Mechanik der Ökokatastrophe. In: Ökologie und Lebensschutz in internationaler Sicht. Hrsg. von Harald Sioli. Rombach, Freiburg i. Br. 1973, S. 355–389.

Schwabe, Gerhard H.: Menschheit am Wendepunkt? In: Scheidewege, Jg. 5, H. 2 (1975), S. 296–319.

Schweitzer, Albert: Die Lehre von der Ehrfurcht vor dem Leben. Grundtexte aus fünf Jahrzehnten. Hrsg. von Walter Bähr. C. H. Beck, München 1966, 160 S.

Schweitzer, Albert: Kultur und Ethik. Mit Einschluß von ‚Verfall und Wiederaufbau der Kultur'. C. H. Beck, München 1972, 372 S.

Sedlmayr, Hans: Leblose Umwelt. In: Scheidewege, J. 2, H. 2 (1972), S. 123–137.

Sedlmayr, Hans: Natur, Kunst u. Technik in drei Weltlagern. In: Zeitschrift f. Ganzheitsforschung, N. F. (Wien), Jg. 16, H. 3 (1972), S. 7–22.
Sioli, Harald (Hrsg.): Ökologie und Lebensschutz in internationaler Sicht Rombach, Freiburg i. Br. 1973, 548 S.
Spaemann, Robert: Die zwei Grundbegriffe der Moral. Antrittsvorlesung an der Technischen Hochschule Stuttgart am 8. Januar 1964. In: Jahrbuch der Görres-Gesellschaft, 74. Jg., 2. Halbbd. (1964).
Spaemann, Robert: Haben Ungeborene ein Recht auf Leben? Replik auf Giselher Rüpke. In: Zeitschrift für Rechtspolitik, Jg. 1974, H. 5, S. 114–118.
Steinbuch, Karl: Ja zur Wirklichkeit. Seewald, Stuttgart 1975, 297 S.
Stöhr, Adolf: Kampf und Bündnis der Ethiken (1895). In: Philosophische Konstruktionen und Reflexionen. Ausgewählt, hrsg. und eingeleitet von Franz Austeda. Deuticke, Wien 1974n S. 149–169.
Szczesny, Gerhard: Das sogenannte Gute. Vom Unvermögen der Ideologen. Rowohlt, Reinbek bei Hamburg 1971, 224 S.
Szczesny, Gerhard: Die Disziplinierung der Demokratie oder Die vierte Stufe der Freiheit. Rowohlt, Reinbek bei Hamburg 1974, 217 S.
Tammelo, Ilmar: Zur Philosophie des Überlebens. Gerechtigkeit, Kommunikation und Eunomik. Alber, Freiburg i. Br. – München 1975, 267 S.
Taylor, Gordon Rattray: Die biologische Zeitbombe. G. B. Fischer, Frankfurt a. M. (o. J.), 308 S.
Toffler, Alvin: Die Grenzen der Krise. Scherz, München – Bern 1975, 160 S.
Troller, Alois: Rechtsordnung und Umweltschutz. In: Vaterland (Olten), Nr. 111 und 117, 13. und 20. Mai 1972.
Vickers, Geoffrey: Der Preis der Institutionen. Konflikt, Krise und sozialer Wandel. Herder & Herder, Frankfurt a. M. – New York 1974, 204 S. (Orig.: Making Institutions Work, 1973).
Vickers, Geoffrey: Freiheit im kybernetischen Zeitalter. Der Wandel der Systeme und eine neue politische Ökologie. Seewald, Stuttgart 1975, 215 S. (Orig.: Freedom in a Rocking Boat).
Vonessen, Franz: Ökologie und Ethik. Das Problem einer säkularisierten Kosmologie. In: Scheidewege, Jg. 2, H. 2 (1972), S. 159–182.
Waelder, Robert: Fortschritt und Revolution. Aus dem Amerikanischen von Erwin Bauer. Klett, Stuttgart 1970, 400 S.
Wagner, Friedrich (Hrsg.): Menschenzüchtung. Das Problem der genetischen Manipulierung des Menschen. Beck, München 1964, 255 S.
Wagner, Friedrich: Die Wissenschaft und die gefährdete Welt. C. H. Beck, München ²1969, 582 S.
Wahle, Richard: Das Ganze der Philosophie und ihr Ende. Braumüller, Wien – Leipzig ²1896, bes. S. 484 ff.
Weber, Max: Die protestantische Ethik. Eine Aufsatzsammlung. Hrsg. von Johannes Winckelmann. Siebenstern, München – Hamburg 1965, 317 S. (Siebenstern-Taschenbuch 53/54).

Weil, Simone: Schwerkraft und Gnade. Aus dem Französischen von Friedhelm Kemp. Kösel, München 1952, 291 S.
Weil, Simone: Die Einwurzelung. Aus dem Französischen von Friedhelm Kemp. Kösel, München 1956, 436 S.
Weil, Simone: Unterdrückung und Freiheit. Politische Schriften. Aus dem Französischen übersetzt und mit einem Vorwort von Heinz Abosch. Rogner & Bernhard, München 1975, 276 S.
Weizsäcker, Ernst v. (Hrsg.): Humanökologie und Umweltschutz. Klett, Stuttgart, Kösel, München 1972, 141 S. (Studien zur Friedensforschung 8).
Wellmann, Burkhard (Hrsg.): Von der Ökonomie zur Ökologie. Beiträge zur Politik, Technologie und Ökonomie der nachindustriellen Epoche. Bachem, Köln 1972, 269 S.
White, Lynn: Die historischen Ursachen unserer ökologischen Krise. In: Gefährdete Zukunft. Prognosen amerikanischer Wissenschaftler. Hrsg. von M. Lohmann, 1970, S. 20–29.
Whitehead, Alfred North: Abenteuer der Ideen. Mit einer Einleitung von Reiner Wiehl. Suhrkamp, Frankfurt a. M. 1971, 524 S. (Orig.: Adventures of Ideas, 1933).
Wickler, Wolfgang: Die Biologie der Zehn Gebote. Piper, München 1975, 225 S. (zuerst 1971).
Wyss, Dieter: Strukturen der Moral. Untersuchungen zur Anthropologie und Genealogie moralischer Verhaltensweisen. Vandenhoeck & Ruprecht, Göttingen 1970, 238 S.
Wyss, Nora: Auf dieser Erde überleben. Eugen Rentsch, Erlenbach – Zürich 1974, 160 S.
Zechmeister, August: Das Herz und das Kommende. Wien 1946.

Notizen über die Autoren

FRANZ FURGER, geboren 1935 in Bern, Studium der Philosophie und Theologie in Löwen und Rom (Doktorat in Philosophie 1958, in Moraltheologie 1964). 1961 Priesterweihe. Zunächst Lehrer für Philosophie und Religion an der Kantonsschule (Gymnasium) Luzern. 1965 Subregens am Priesterseminar und Lehrauftrag an der Theologischen Fakultät Luzern, seit 1967 ordentlicher Professor für Ethik und Moraltheologie an dieser Fakultät; 1970–1972 deren Rektor.
Wichtigste Veröffentlichungen: Struktureinheit der Wahrheit bei Karl Jaspers (Salzburg 1960), Gewissen und Klugheit (Luzern 1965), Der Beruf – Selbstverwirklichung in Welt und Gesellschaft (Fribourg 1969), Anspruch Christi und Handeln des Menschen (Fribourg 1972), Sittliche Praxis (Augsburg 1973), Begründung des Sittlichen. Ethische Strömungen der Gegenwart (Fribourg 1975). Herausgeber der „Theologischen Berichte" (Zürich, Bd. I–IV).

WILFRIED HÖBEL, geboren 1945 in Tiefenbach (heute: Braunfels), Kreis Wetzlar, Mathematikstudium an der Justus-Liebig-Universität Gießen von 1965 bis 1971, Diplomarbeit über „Identitätssätze für analytische Funktionen".
Seit 1971 wissenschaftlicher Mitarbeiter am Institut für Medizinische Statistik und Dokumentation der Justus-Liebig-Universität Gießen (Direktor: Prof. Dr. J. Dudeck).
Wissenschaftliche Arbeiten auf dem Gebiet der Auswertung von Biosignalen, speziell automatische Auswertung von Elektrokardiogrammen im Kindes- und Erwachsenenalter.

KLAUS HORNUNG, geboren 1927, Professor für Politikwissenschaft an der Pädagogischen Hochschule Reutlingen.
Wichtigste Veröffentlichungen: Politik und Zeitgeschichte in der Schule (1966), Totalitäre Herrschaft im 20. Jahrhundert (1967), Demokratisierung und Emanzipation als Problem der politischen Bildung (in: Bürger im Staat – Politische Bildung im Wandel, hrsg. von Th. Pfizer, 1971), Staat und Armee – Oberbefehl und militärische Spitzengliederung im politischen System der Bundesrepublik (1974), Blick vom Olymp. Griechenland heute (gemeinsam mit Lothar Bossle und Georg Mergl, 1974), Christen und Konservative. Gegensätze und Gemeinsamkeiten. In: Die Herausforderung der Konservativen (INITIATIVE 3, Freiburg i. Br. 1974).

ROLAND MÜLLER, geboren am 15. 1. 1944 in Bern. Zuerst Studium der Naturwissenschaften und Medizin, dann Psychologie, Philosophie und Soziologie an den Universitäten Zürich und Basel. 1970 Promotion in Basel mit einer kritischen Arbeit über das philosophische Hauptwerk von Ludwig Klages („Das verzwistete Ich", Verlag H. Lang, Bern). 1968 bis 1972 redaktioneller Mitarbeiter der „Basler Nachrichten" vor allem für die Gebiete Philosophie, Wissenschaft, Planung und Umweltschutz. Hernach selbständige postgraduate Ausbildung, wissenschaftliche und publizistische Tätigkeit in den Bereichen Systemwissenschaften, Psychologie und Grundfragen der Wissenschaft. Seit 1975 Lehrauftrag für „Systemwissenschaft" an der Eidgenössischen Technischen Hochschule Zürich.

HANS SACHSSE, geboren 1906 in Wuppertal-Elberfeld, studierte Chemie, Physik und Philosophie in Tübingen, Bonn und Berlin, war Assistent bei Fritz Haber und Arnold Eucken und habilitierte sich 1935 in Göttingen mit einer Arbeit über den thermischen Zerfall des Äthans. Von 1935 bis 1949 war Sachsse in verantwortlicher Stellung bei der BASF tätig, 1945 als Leiter der Personalabteilung und zuletzt als Leiter des Ammoniaklaboratoriums. Von 1949 bis 1957 hatte er leitende Funktionen bei dem Zellstoffunternehmen Waldhof, von 1957 bis 1960 zeichnete er bei den Farbwerken Hoechst für die Lösungsmittel-Kunststofforschung verantwortlich. Seit 1960 lehrt Sachsse als Professor für Physikalische Chemie, Technische Chemie, Philosophie der Naturwissenschaften und Wissenschaftstheorie an der Universität Mainz. Er erfand und entwickelte ein petrochemisches Verfahren zur Erzeugung von Acetylen durch unvollständige Verbrennung von Kohlenwasserstoffen mit Sauerstoff.
Wichtigste Veröffentlichungen: Naturerkenntnis und Wirklichkeit (1967), Die Erkenntnis des Lebendigen (1968), Einführung in die Kybernetik (1971), Technik und Verantwortung. Probleme der Ethik im technischen Zeitalter (1972). Technik und Gesellschaft, Bd. I: Literaturführer (als Hrsg., Uni-Taschenbücher 413, 1974).

HANS SANER, geboren 1934 in Großhöchstetten (Schweiz), studierte in Lausanne und Basel Philosophie, Psychologie, Germanistik und Romanistik und war von 1962 bis 1969 persönlicher Assistent von Karl Jaspers. Promotion 1966 mit einer Arbeit über Kants politische Philosophie. 1968 Hermann-Hesse-Preis. Saner arbeitet zur Zeit an der Edition des umfangreichen Nachlasses von Karl Jaspers. Sein INITIATIVE-Beitrag über Geburt und Geburtlichkeit basiert auf einem zuerst im Herbst 1972 vor Gynäkologen in Aarau gehaltenen Vortrag.
Wichtigste Veröffentlichungen: Kants Weg vom Krieg zum Frieden, Bd. I: Widerstreit und Einheit. Wege zu Kants politischem Denken (München 1967); Philosophie aktuell (1974ff., Taschenbuchreihe, Verlag Schwabe & Co, Basel – Stuttgart; als Mitherausgeber); Erinnerungen an Karl Jaspers (München 1974, als Mitherausgeber).

RUDOLF SCHOTTLAENDER, geboren 1900 in Berlin, studierte 1918–1923 Philosophie und klassische Philologie. Als „Volljude" im Hitler-Reich diskriminiert. 1947–1949 Professor der Philosophie an der Technischen Hochschule Dresden, dann zehn Jahre lang Studienrat für alte Sprachen in Berlin (West), seit Ende 1959 Professor der klassischen Philologie an der Humboldtuniversität in Berlin (Ost). 1965 emeritiert, seither als Privatgelehrter in Berlin (Ost) lebend. Der mehrmalige Amts- und Ortswechsel nach dem Zweiten Weltkrieg war eine Folge öffentlichen Auftretens – in Ost und West – gegen den „Kalten Krieg".
Wichtigste Veröffentlichungen: Theorie des Vertrauens (1957), Früheste Grundsätze der Wissenschaft bei den Griechen (1964), Römisches Gesellschaftsdenken. Die Zivilisierung einer Nation in der Sicht ihrer Schriftsteller (1969), Geschichtsphilosophische Aspekte konservativer Fortschrittsbejahung. In: Konservatismus international. Hrsg. von G.-K. Kaltenbrunner (Stuttgart 1973, S. 213–225), Politische Beredsamkeit und staatsmännische Weisheit. In: Sprache und Herrschaft (INITIATIVE 5, Freiburg 1975, S. 130–150).

RUDOLF ZIHLMANN, geboren 1925 in Luzern. Studium der Rechte an den Universitäten Zürich und Bern. Seit 1952 als freier Anwalt tätig.
Wichtigste Veröffentlichungen: Vom Kosmos des Staates. Fragmente zur Wiedergeburt des konservativen Denkens (Zürich – Paderborn 1962), Zur Mutation des Konservatismus. In: Konservatismus international, hrsg. von G.-K. Kaltenbrunner (Stuttgart 1973).